中国国情调研丛书
乡镇卷
China's national conditions survey Series
Vol. Towns

中国国情调研丛书·乡镇卷
China's national conditions survey Series · **Vol. Towns**
主 编 裴长洪 刘树成 吴太昌
副主编 周 济

# 一个贫困山区的发展

## ——贵州省威宁县麻乍镇调研

The Development of A Poor Mountainous Area:
Research on the Town of Ma Zha in Weining County, Guizhou Province

程锦锥 张于牧 乔发进 等著

中国社会科学出版社

## 图书在版编目(CIP)数据

一个贫困山区的发展：贵州省威宁县麻乍镇调研 / 程锦锥等著. —北京：中国社会科学出版社，2018.12
ISBN 978-7-5161-8401-1

Ⅰ.①一… Ⅱ.①程… Ⅲ.①山区—经济发展—研究—威宁彝族回族苗族自治县 Ⅳ.①F127.734

中国版本图书馆 CIP 数据核字(2016)第 138828 号

| 出版人 | 赵剑英 |
|---|---|
| 责任编辑 | 冯春凤 |
| 责任校对 | 张爱华 |
| 责任印制 | 张雪娇 |
| 出　版 | 中国社会科学出版社 |
| 社　址 | 北京鼓楼西大街甲 158 号 |
| 邮　编 | 100720 |
| 网　址 | http://www.csspw.cn |
| 发行部 | 010-84083685 |
| 门市部 | 010-84029450 |
| 经　销 | 新华书店及其他书店 |
| 印　刷 | 北京君升印刷有限公司 |
| 装　订 | 廊坊市广阳区广增装订厂 |
| 版　次 | 2018 年 12 月第 1 版 |
| 印　次 | 2018 年 12 月第 1 次印刷 |
| 开　本 | 710×1000　1/16 |
| 印　张 | 15 |
| 插　页 | 2 |
| 字　数 | 244 千字 |
| 定　价 | 68.00 元 |

凡购买中国社会科学出版社图书，如有质量问题请与本社营销中心联系调换
电话：010-84083683
**版权所有　侵权必究**

**课题组成员**

王砚峰　中国社会科学院经济研究所研究馆员

周　济　中国社会科学院经济研究所研究馆员

陈　勇　中国社会科学院经济研究所副研究馆员

李彦伟　中国社会科学院经济研究所

蒋维慎　中国社会科学院经济研究所

郑月莲　江苏省常州市新北区孟河镇党委宣传统战委员

程协润　江苏省常州市新北区孟河镇历史文化研究会副
　　　　会长

朱志文　江苏省常州市新北区孟河镇农村工作局农业服务
　　　　科副科长、农产品质量监督管理站站长

张叶波　江苏省常州市新北区孟河镇大学生村官

施文洁　江苏省常州市新北区孟河镇大学生村官

耿晓燕　江苏省常州市新北区孟河镇大学生村官

中国国情调研丛书·企业卷·乡镇卷·村庄卷

# 总 序

陈 佳 贵

为了贯彻党中央的指示，充分发挥中国社会科学院思想库和智囊团作用，进一步推进理论创新，提高哲学社会科学研究水平，2006年中国社会科学院开始实施"国情调研"项目。

改革开放以来，尤其是经历了近30年的改革开放进程，我国已经进入了一个新的历史时期，我国的国情发生了很大变化。从经济国情角度看，伴随着市场化改革的深入和工业化进程的推进，我国经济实现了连续近30年的高速增长。我国已经具有庞大的经济总量，整体经济实力显著增强，到2006年，我国国内生产总值达到了209407亿元，约合2.67万亿美元，列世界第四位；我国经济结构也得到优化，产业结构不断升级，第一产业产值的比重从1978年的27.9%下降到2006年的11.8%，第三产业产值的比重从1978年的24.2%上升到2006年的39.5%；2006年，我国实际利用外资为630.21亿美元，列世界第四位，进出口总额达1.76亿美元，列世界第三位；我国人民生活水平不断改善，城市化水平不断提升。2006年，我国城镇居民家庭人均可支配收入从1978年的343.4元上升到11759元，恩格尔系数从57.5%下降到35.8%，农村居民家庭人均纯收入从1978年的133.6元上升到2006年的3587元，恩格尔系数从67.7%下降到43%，人口城市化率从1978年的17.92%上升到2006年的43.9%以上。经济的高速发展，必然引起国情的变化。我们的研究表明，我国的经济国情已经逐渐从一个农业经济大国转变为一个工业经济大国。但是，这只是从总体上对我国经济国情的分析判断，还缺少对我国经济国情变化分析的微观基础。这需要对我国基层单位进行详细的分析研究。实际上，深入基层进行调查研究，坚持理论与实际相结合，由此制定和执行正确的路线方针政策，是我们党领导革命、建设与改革的基本经验和基本工作方法。进行国情调研，也必须深入基层，只有深入基层，才能真正了解我国国情。

为此，中国社会科学院经济学部组织了针对我国企业、乡镇和村庄三类基层单位的国情调研活动。据国家统计局的最近一次普查，到2005年底，我国有国营农场0.19万家，国有以及规模以上非国有工业企业27.18万家，建筑业企业5.88万家；乡政府1.66万个，镇政府1.89万个，村民委员会64.01万个。这些基层单位是我国社会经济的细胞，是我国经济运行和社会进步的基础。要真正了解我国国情，必须对这些基层单位的构成要素、体制结构、运行机制以及生存发展状况进行深入的调查研究。

在国情调研的具体组织方面，中国社会科学院经济学部组织的调研由我牵头，第一期安排了三个大的长期的调研项目，分别是"中国企业调研"、"中国乡镇调研"和"中国村庄调研"。"中国乡镇调研"由刘树成同志和吴太昌同志具体负责，"中国村庄调研"由张晓山同志和蔡昉同志具体负责，"中国企业调研"由我和黄群慧同志具体负责。第一期项目时间为三年（2006—2008），每个项目至少选择30个调研对象。经过一年多的调查研究，这些调研活动已经取得了初步成果，分别形成了《中国国情调研丛书·企业卷》、《中国国情调研丛书·乡镇卷》和《中国国情调研丛书·村庄卷》。今后这三个国情调研项目的调研成果，还会陆续收录到这三卷书中。我们期望，通过《中国国情调研丛书·企业卷》、《中国国情调研丛书·乡镇卷》和《中国国情调研丛书·村庄卷》这三卷书，能够在一定程度上反映和描述在21世纪初期工业化、市场化、国际化和信息化的背景下，我国企业、乡镇和村庄的发展变化。

国情调研是一个需要不断进行的过程，以后我们还会在第一期国情调研项目基础上将这三个国情调研项目滚动开展下去,全面持续地反映我国基层单位的发展变化,为国家的科学决策服务,为提高科研水平服务,为社会科学理论创新服务。《中国国情调研丛书·企业卷》、《中国国情调研丛书·乡镇卷》和《中国国情调研丛书·村庄卷》这三卷书也会在此基础上不断丰富和完善。

2007 年 9 月

中国国情调研丛书·乡镇卷
# 序　言

　　中国社会科学院在2006年正式启动了中国国情调研项目。该项目为期3年，将于2008年结束。经济学部负责该项目的调研分为企业、乡镇和村庄3个部分，经济研究所负责具体组织其中乡镇调研的任务，经济学部中的各个研究所都有参与。乡镇调研计划在全国范围内选择30个乡镇进行，每年10个，在3年内全部完成。

　　乡镇作为我国最基层的政府机构和行政区划，在我国社会经济发展中，特别是在城镇化和社会主义新农村建设中起着非常重要的作用，担负着艰巨的任务。通过个案调查，解剖麻雀，管窥蠡测，能够真正掌握乡镇层次的真实情况。乡镇调研可为党和政府在新的历史阶段贯彻城乡统筹发展，实施工业反哺农业、城市支持乡村，建设社会主义新农村提供详细具体的情况和建设性意见，同时达到培养人才，锻炼队伍，推进理论创新和对国情的认识，提高科研人员理论联系实际能力和实事求是学风之目的。我们组织科研力量，经过反复讨论，制定了乡镇调研提纲。在调研提纲中，规定了必须调查的内容和自选调查的内容。必须调查的内容主要有乡镇基本经济发展情况、政府职能变化情况、社会和治安情况三大部分。自选调查内容主要是指根据课题研究需要和客观条件可能进行的各类专题调查。同时，调研提纲还附录了基本统计表。每个调研课题可以参照各自调研对象的具体情况，尽可能多地完成和满足统计表所规定的要求。

　　每个调研的乡镇为一个课题组。对于乡镇调研对象的选择，我们没有特别指定地点。最终确定的调研对象完全是由课题组自己决定的。现在看来，由课题组自行选取调研对象好处很多。第一，所调研的乡镇大都是自己工作或生活过的地方，有的还是自己的家乡。这样无形之中节约了人力和财力，降低了调研成本。同时又能够在规定的期限之内，用最经济的支出，完成所担负的任务。第二，在自己熟悉的地方调研，能够很快地深入下去，同当地的父老乡亲打成一片、融为一体。通过相互间无拘束和无顾忌的交流，能够较快地获得真实的第一手材料，为最终调研成果的形成打下良好的基础。第三，便于同当地的有关部门、有关机构和有关人员加强联系，建立互惠共赢的合作关系。还可以在他们的支持和协助下，利用双方各自的优势，共同开展对当地社会经济发展状况的研究。

第一批的乡镇调研活动已经结束，第二批和第三批的调研将如期进行。在第一批乡镇调研成果即将付梓之际，我们要感谢经济学部和院科研局的具体安排落实。同时感谢调研当地的干部和群众，没有他们的鼎力支持和坦诚相助，要想在较短时间内又好又快地完成调研任务几乎没有可能。最后要感谢中国社会科学出版社的领导和编辑人员，没有他们高效和辛勤的劳动，我们所完成的乡镇调研成果就很难用最快的速度以飨读者。

# 目 录

第一章　要素禀赋 …………………………………………（1）
　　第一节　基本乡情 ………………………………………（1）
　　第二节　资源概况 ………………………………………（7）
　　第三节　本章小结 ………………………………………（11）
第二章　麻乍民族宗教文化习俗 …………………………（15）
　　第一节　民族人口总体结构 ……………………………（15）
　　第二节　民族宗教 ………………………………………（17）
　　第三节　红色麻乍 ………………………………………（28）
　　第四节　习俗 ……………………………………………（30）
　　第五节　本章小结 ………………………………………（33）
第三章　人口与村民生活 …………………………………（34）
　　第一节　人口数量与计划生育工作 ……………………（34）
　　第二节　人口质量与教育卫生文化事业 ………………（43）
　　第三节　人民生活 ………………………………………（62）
　　第四节　人口流动与务工经济 …………………………（73）
　　第五节　本章小结 ………………………………………（75）
第四章　麻乍镇经济发展 …………………………………（78）
　　第一节　总量 ……………………………………………（78）
　　第二节　具体产业 ………………………………………（88）
　　第三节　经济增长动力 …………………………………（119）
第五章　外力助推——戛利互助金融试验 ………………（138）
　　第一节　项目选择 ………………………………………（138）
　　第二节　互助借款管理委员会 …………………………（143）

第三节　互助借款运行情况 ………………………………（161）
　　第四节　本章小结 …………………………………………（170）
第六章　我的家乡我的理想 ……………………………………（173）
　　第一节　我的家乡 …………………………………………（173）
　　第二节　我的理想 …………………………………………（191）
第七章　访谈录 …………………………………………………（202）

# 第一章

# 要素禀赋

## 第一节 基本乡情

### 一 行政区划

麻乍镇是贵州省毕节市威宁彝族回族苗族自治县下辖的一个镇。1953年2月,麻乍设乡;1958年10月改称管理区;1961年与得磨合并为麻乍公社;1963年分开,但麻乍仍为公社;1984年6月改称乡,属黑石区管辖。1992年,威宁县实施"撤并建"行政区划改革,将原黑石区的麻乍、得磨、戛利、富乐乡合并,建立麻乍乡。全镇辖营脚、吊水、坝海、双包塘、二田、长方、启戛、戛利、箐岩、岩格、松木坎、营河、乐利、得坪、新水、双河、得营等17个村民委员会,113个村民组。2013年,麻乍乡改为麻乍镇,所辖行政区域不变。本书所使用的主要是1992年之后资料数据。

### 二 地理交通

麻乍系彝语地名,意为杜鹃花冲子。麻乍镇位于贵州省威宁自治县南部56公里处,东经104°03′—104°10′,北纬26°36′—26°43′,南面、东南隔马摆河(珠江北源北盘江上游)与云南省宣威市的倘塘乡、杨柳乡相望,东与威宁县幺站镇相连,东北与草海镇相邻,北与双龙乡相依,西与黑石头镇毗邻,西南与哲觉镇接壤,地图上看,麻乍镇从像一只鲤鱼游弋在威宁县南部,鱼头朝向威宁自治县城关镇——草海镇。麻乍镇人民政府

（麻乍镇政府，由乡改镇后，匾牌还未来得及换）

（麻乍镇街道）

驻该乡吊水村，距威宁县城直线距离29公里，南距云南省宣威市区120公里。

326国道从麻乍北边的龙街子、岩格箐、松木坎等地经过，是贵州西北部通往云南的一条重要通道。岩格箐至麻乍通乡油路长18.2公里，是麻乍镇走出大山，走上国道，上威宁下云南的交通要道。通往马摆大山的7公里油路解决了游客进入景点难的问题，为旅游业的发展打下了基础。

三　地形地貌

麻乍镇境内地貌大部为河谷，其余为高中山，地形东北高，西南低，

（麻乍镇政府所在地俯视图）

（麻乍通往县城的公路）

（正在建设的乡村公路）

(通往马摆大山的油路)

(道路常因山体滑坡而中断)

山地谷地相间，河流多为南北向切割，丘陵、坝子并存，地貌多样，是典型的喀斯特地貌区。地面高程一般在海拔1800至2000米。最高马摆大山海拔2762.2米，最低海拔大穿洞1400米，平均海拔在2200米以上，麻乍镇政府所在地海拔1980米。地貌多样，是典型的喀斯特地貌区。地面高程一般在海拔1800至2000米。最高马摆大山海拔2762.2米，最低海拔大穿洞1400米，平均海拔在2200米以上，麻乍镇政府所在地海拔1980米。

麻乍镇的耕地多集中在山脚下坪坝地区，农民住房大多也以坪坝地区

(典型的喀斯特地貌，石头裸露在外)

(麻乍镇河谷地带)

为中心分布。喀斯特地区山地石多土少，植被稀少。耕地储水能力薄弱，因此，麻乍镇农作物以旱作物为主。高原台地气候温凉湿润，日温差大，适宜马铃薯、芸豆、党参、天麻、苦荞等喜凉作物的种植，且品质优良。

## 四 气候条件

麻乍镇属于低纬度亚热带温凉湿润气候，具有中低纬度高原气候特色，冬无严寒，夏无酷暑。年降雨量960毫米，降雨时间不均衡，雨水一般集中在夏季，七至八月降雨量可占全年降水的一半。

(山腰处开垦出来的耕地)

麻乍与东边的夸都、抱都地区以及西边居乐地区同为构造小盆地，属可渡河水系（马摆河为可渡河上游）。这一水系光热水条件好，土质好，特产和物种均很丰富。该水系北边背靠高原面，坐北向南，高原面和大山脉对冷空气层层屏障，中等偏弱的冷空气不易影响，强冷空气影响时已为强弩之末，下沉增温，降温不明显。加之这一地区为南坡，吸收的太阳辐射多，所以该水系光能和热量资源为威宁县最好。冬季晴天多，雪凝轻，温暖如春，夏季东南季风和西南季风沿山上移易成云致雨，所以夏季晴雨相间、阳光和煦、温和湿润、夏旱不明显，光热水条件为威宁县最好，植物的光合效率为威宁县最高。该水系1800至2100米的山坡（也是山腰暖带所在高度）占该水系的65%，为四季如春的南温带温和湿润气候，年平均气温11.5至14.3℃，最冷月一月平均气温3.0—5.0℃，最热月七月平均气温18.5—21.3℃，年温差小，日温差大（盆坝日温差大、高山日温差小），多年平均无霜期252天，年日照时间1920小时（威宁县以平均日照1812小时被贵州省气象学会命名为"阳光城"。麻乍镇光照时间长，辐射强，光质好，有利于植物碳水化合物的积累和转化，适宜优质苹果、黄梨、核桃、猕猴桃、中药材以及旱作物的生长。由于雨季开始晚，雨水落后于光能，又加之生长季气温低，热量不足，致使喜温作物光效率为全省最低，但利于喜凉作物的生长。

麻乍镇冬无严寒但较冷，夏季温凉而宜人；冬春干旱、夏秋潮湿。按均温划分，威宁1900米以上地区长冬无夏，春秋相连；雨热同季，干湿二季明显；有"四季无寒暑，一雨便成冬"之感。贵州的冬天，天气湿冷，常伴有冻雨，地冻路滑，给人们的生活带来不便。威宁是贵州的阳光之城，光照时间远高于贵州其他地方，麻乍冬天的气候更好于威宁县城，阳光更充足，当威宁县城还是阴雨天气时，麻乍往往阳光明媚，这种气候接近于云南，又因为麻乍毗邻云南，因此，当地人往往将麻乍气候称作视为"云南气候"。

威宁由于地势高，空气稀薄，大气透明度好，辐射冷却强，霜灾是贵州全省最重的。其中，麻乍的戛利地区是霜灾最严重的地区之一。

低纬度、高海拔、高原台地则赋予了麻乍丰富的光能资源和风力资源。

## 第二节 资源概况

### 一 土地资源

威宁自治县国土面积6296.3平方公里，麻乍镇辖区东西最大距离16千米，南北最大距离24.65千米，麻乍镇国土面积275.39平方公里，占全县4.3%，是威宁县国土面积最大的乡，人口密度为每平方千米151人。

2010年人口密度对比表　　　单位：人/每平方千米

| 区域 | 全国 | 贵州 | 威宁 | 麻乍 |
| --- | --- | --- | --- | --- |
| 人口密度 | 141 | 197 | 227 | 151 |

2010年，麻乍镇实际耕地面积3.64万亩（习惯亩，每亩1000平方米），占土地总面积的8.80%，人均耕地0.87亩；林地21万亩，占土地总面积的50.79%；牧草地5万亩，占土地总面积的12.09%；其他土地面积11.7万亩，占土地总面积的28.30%。

### 二 水利资源

麻乍镇境内主要水源有新田水库和大山水库，两个水源点基本解决了戛利片区和麻乍片区群众的生产生活用水问题。马摆大山上有多处泉眼，可供周边农民生活用水。

麻乍镇有田坝河、起黑河、头道沟、利小河均汇入马摆河，但这四条河流水流量很小，不具备开发的潜力。马摆河河宽水缓，水流量较大，具有较大的开发价值，但河流两边山高崖峭，提水成本高，开发难度大，目前尚未得到有效利用。

麻乍镇主要为喀斯特地区，地表严重缺水，库区容易发生渗漏，因此，水利设施对于麻乍镇的生产生活非常重要。农民生产用水主要依赖于附近的水库，但水渠建设简陋，只有在戛利等少部分坝子地区才有农业综合开发工程修建的水渠，但大多数时候也处于闲置状态。

（水土流失严重）

总体而言，全镇水资源较为丰富，足以解决人畜饮用水、农业灌溉用水和工业用水。2010年底，全镇共有小水窖40口，人畜饮水工程18公里，70%的农户用上洁净的自来水，二田水库和马摆大山水库尚待开发利用。

### 三 矿产资源

矿产资源主要有：煤、铁矿、铜矿、锌矿等，尤其以铁矿、铜矿储量大，具有较大的开发价值。

### 四 生物资源

麻乍镇立体气候明显，全镇林地面积 21 万亩，退耕还林 4650 亩，森林覆盖率达 49%，主要以云南红松和华山松为主，种类繁多，据不完全统计，仅红杉就有 50 万株。黄杉保护区总面积得营村 1300 亩，营脚村 500 亩。有 7 个规模果林场，分布在 17 个村、2 个镇办场（所）。在林业用地中，生态公益林面积 24188 亩（原界定面积 28374 亩，2004 年 12 月经上级有关部门批准退出 4186 亩转为商品林地），商品林面积 48013 亩（97 年 II 类调查面积 48292 亩，扣已被征占用 425 亩、外镇插花面积 998 亩，增加插花外镇面积 1144 亩）。麻乍镇古树较多，其中有 4 棵树龄在 100 年以上的三角枫生长在麻乍镇岩格箐清真寺旁，3 至 4 人才能合抱。

麻乍镇物产资源种类繁多，主要粮食作物有玉米、马铃薯、荞麦；经济作物有烤烟；干果有核桃、板栗；蔬菜以辣椒出名；中药材有天麻、半夏、杜仲等。马铃薯和畜牧业发展较具优势。

### 五 旅游资源

麻乍镇旅游资源主要有：马摆大山、马摆河、大穿洞、大龙潭等。马摆大山，有天然草场 5 万多亩，千年矮松 500 多亩，俗有"九十九道湾，九十九道滩"之称，乡政府每年在此举行民歌对唱赛，挖掘民族民间艺术，丰富群众的精神文化生活，"马摆山歌"已被地区列为非物质文化遗产。

马摆大山地处黔滇交界，是重要的地理分界线，冬季日照数据威宁之首，风和日丽；夏天气候凉朗，具有独特的喀斯特地形地貌、高原草场风光、原生态古木景观。马摆大山位于威宁县西南 40 千米，326 国道从西北角经过，距草海 20 千米，交通便利，柏油路直通山顶，林间小道通往各景点，能够让游客进得来，散得开，出得去。马摆大山海拔 2763 米，面积约 40 平方千米。其"干由云岭经云南迤逦而来，一路蜿蜒起伏，如群马奔驰。""高大绵延，登之渴望东（川）、昭（通）、彝（良）、宣（威）各县，高山上有龙潭 99 口，为南岭最大山"（《威宁县志》）。在万里无云之际登上马摆大山，贵州屋脊的雄浑壮阔尽收眼底，有一种"会当凌绝顶，一览众山小"的感慨，站在山顶举目眺望，山外有山，层层叠叠。马摆大山四周山势陡峭，多悬岩绝壁，其山体庞大，巍峨雄壮，气势恢宏，大自然风化雕琢，东缘山谷悬崖万丈，峡谷沟壑幽深，惊险异常，一年四季时有云雾缭绕，云起云涌，景象万千。在起雾时节，如逢阳光斜照，在山下一带常常形成神奇的"佛光"景色，七色祥光，彩环笼罩，如梦似幻，生态旅游资源极具特色。旅游资源主要有：万亩草场，位于马摆大山顶部，南北长7千米，东西宽4千米，夏秋绿草茵茵，草花盛开，富有高山草原特色，一年四季可供观赏。百亩杜鹃，位于马摆大山东、西、北山腰之间，高大者5米以上，树龄百年，品种数十，从春到夏，花期三月有余。千年矮松，又名巴地松，位于马摆大山南部黑龙潭梁子周围，数百亩，远远望去金黄一片。高山流水，位于马摆大山西南部，由马摆水库、龙泉沟、江子林和吊水岩组成，江子林有千年古树百株，吊水岩因当地人称瀑布为吊水而得名。

（马摆大山）

每年5月初五端午节，麻乍本地、周边乡镇以及威宁县城的游客到马摆大山旅游，车辆排起长队，原本清寂的小山村，一下热闹拥挤起来。对山歌是这天必备的节目，青年男女通过唱山歌表达爱慕，展示才华，寻找爱人。有生意头脑的人将其中动听的山歌录下来，制成碟片出售。

岩格箐新农村与农家乐位于马摆大山西北山脚，古木尚多，古松苍翠，清真寺旁有数株千年枫树，堪称枫树中的老祖宗。岩格箐少数民族聚居，民族风情独特。戛利农业花卉长廊，位于马摆大山东缘山脚戛利坪子,春夏戛利周围成片种植土豆、荞麦、兰花,形成马铃薯花、荞花、兰花等喜凉作物的农业花卉长廊,具有特别的观赏价值。位于马摆大山山脚的戛利村塘上组是上马摆大山的必经之地,也威宁县生态文明家园示范点,村民热情好客,花园式小区建设,独特的清真寺,具有一定的开发潜力。

(麻乍镇的岩格菁村是威宁县重点打造的乡村旅游点)

综上所述,马摆大山旅游资源集高原风光、草原草场风光、水库山水瀑布风光、乡村农业花卉风光、民族风情民俗风光于一体,是避暑观光休闲、生态旅游的好地方。

除马摆大山,还有珠江北源和北盘江发源地的马摆大河;大河沿岸有星罗棋布的溶洞,大穿洞就是其中之一,洞深2千米,宽达几十米,钟乳石、石笋等千姿百态,极具观赏价值。另外,也有黄家大龙潭等自然风光,引人入胜。

独具特色的民族村寨,五彩斑斓的民族服饰,原始古朴的民族舞蹈,独特的音律,淳厚的风情,让人叹为观止,流连忘返。

## 第三节 本章小结

麻乍镇地处云贵高原山区,长期以来,这一地区自然条件恶劣,交通闭塞,生产力发展水平低下。新中国成立以来,特别是改革开放以来,这一地区经济社会发展发生巨大变化，基础设施建设日新月异，人民生活水平显著提升，但由于底子薄、基础差、历史欠账多、第二、三产业非常薄弱，地区经济仍然水平仍相对落后。2011年12月6日，国务院发布《中国农村扶贫开发纲要（2011—2020年）》，指出将集中连片特殊困难地区作为扶贫攻坚主战场是新阶段扶贫开发工作的重大战略举措，麻乍镇所在的乌蒙山区即在此之列。宏观的发展环境是麻乍镇贫困的外在决定因素。全镇现有通村公路里程短、路况差，绝大部分通村路晴通雨阻，远远不能满足生产生活需要，全镇只有一条通往乡外的公路。326国道从乡境北部穿过，是全镇物质流动、人员往来的大动脉。前文提到，麻乍镇就像一只鱼头朝向县城的鲤鱼，而326国道就像一条线从鱼嘴上划过。因此，326国道对麻乍镇腹地经济的带动作用有限，即使从麻乍镇驻地上326国道开车也需50分钟。交通设施的落后，使得麻乍镇农产品进入市场的成本相对较高，劳动力外出也较其他交通便利的地方要付出更多的时间与金钱。而在山区修建公路的成本又非常之高。这是限制麻乍镇发展的一个重要障碍。

　　水是一个地区生产生活不可缺少的重要资源。麻乍镇位于岩溶地区，水资源分布不均，水源点较少，缺水面大。虽然相对于威宁县其他乡镇，麻乍镇的水利资源较为丰富，但与大部分的山区一样，麻乍镇也存在靠着水，却没有水喝（用）的尴尬境地。因为绝大部分的水资源水位低，提水成本非常高。农业水利建设的资源只能优先分配给像戛利这样的交通便利、地势相对平坦的地区。大部分的山坡耕地往往只能望天收，少数区域可以利用水库水或山泉水。水利资源的缺乏也成为麻乍镇工农业发展的障碍之一。

　　麻乍镇的人均耕地低于全国平均水平，且可耕种土地总体上质量较差，其主要体现在以下几个方面：1、土地平整度较差，麻乍镇以山地为主，有限的耕地高低错落，农资运进、农产品运出的成本很高，有些耕地属坡地，为农作物浇水施肥的成本较高；2、麻乍镇耕地缺水，影响农作物收成；3、某些山坡上的耕地土层较浅，肥力不足，能够带来的收成有限。4、大部分地区土地零碎，农民承包的耕地相互交错，难以实现土地集中，进行规模化生产。因此，农业生产的效益并不高。麻乍镇海拔高，热量条件差，气候变化异常，发展农业时可选择的余地较小，农产品单位产量也往往低于平原地区。

麻乍镇的矿产较为丰富,但开采成本较高。麻乍镇的煤多为鸡窝煤,煤层浅,储量少;且麻乍属喀斯特地区,缺水严重;同时在这一地区开采煤矿,要较非喀斯特地区更容易发生矿难,整个毕节地区的安全生产都是政府工作的重中之重,2000年以来,该地区曾发生数起影响较大的矿难。因此,如要开采,则投入高,效益却相对较低,一般机械化程度较高的大中型煤矿企业不愿意进入。为鼓励煤炭生产的规模化生产,防止矿难发生,2011年,贵州省出台《关于加快推进煤矿企业兼并重组工作的指导意见》,要求煤炭企业兼并重组,规定重组后毕节地区单个煤矿企业的年最低产能为200万吨。对不符合煤炭产业政策规定的最低规模且不参与兼并重组的煤矿将分期、分批实施关闭,贫煤地区及煤层赋存条件复杂地区可适当保留9万吨/年规模煤矿。按此规定,麻乍镇大量的煤矿就被限制开发,暂时无法实现其经济价值,这也影响到麻乍镇生产生活用煤。全镇没有合法生活煤井,沼气池很少,群众生产生活燃料主要靠木柴,对生态环境的破坏较大。环境破坏反过来又影响到农作物收成。

麻乍镇的其他金属矿也存在同样的问题,由于分布不够集中,存储量不够多,又开采实力且能保障安全生产的矿业公司不愿意进入,小型企业难以保障生产的安全,令政府不敢轻易为其颁发许可证。同时,工程性缺水也加大了这些矿产开采的潜在成本。

因此,虽然麻乍镇有一些矿产,但在目前的技术水平与政策环境下,这些大都只能躺在地下,成为死资产,当然黑煤矿仍然难以杜绝,但其数量、产量很有限,并且只有极少数人可以从中获取利益。因此,从整体上而言,矿产资源尚不能为麻乍镇经济社会发展做出有效贡献。

麻乍镇拥有以马摆大山为核心的旅游资源,在威宁县各乡镇中拥有显著优势。然而,旅游业的发展面临如下几个难题:1、旅游基础设施欠缺。如前所述,麻乍交通不便,游客进出困难。2、远离著名旅游景点。马摆大山在当地较有名气,在外则闻之者少。仅靠自身,马摆大山尚无法吸引游客,它必须借助其他景点聚集人气,扩大知名度。离马摆大山最近的著名景点当属黄果树瀑布,然而黄果树距马摆大山有近5个半小时车程,中间还要经过险峻的梅花山。这种情况下,绝大多数的旅客不会专程到马摆大山一游。事实上,到马摆大山旅游的基本上是本县人,而本地游客为本地旅游景点付费的习惯尚需培养。4、麻乍镇旅游资源可开发性不够。从在更大的范围来看，比如全省、全国，马摆大山等旅游资源对游客来说，缺乏足够的吸引力：千年矮松虽然奇特，但美感不足，观赏性不高；高山台地乍一看有一定的冲击力，但耐看性不足；新建的风力发电风车成为新看点，但能否带来足够的人气尚待观察。因此，从当前来看，麻乍镇旅游资源仍只具有潜在的经济价值，距离带来直接收益还有相当长的路要走。

所以，目前麻乍镇经济发展所能依靠的主要资源只能是耕地与劳动力资源。依赖耕地资源就只能以农业发展为主，但农业是天然的弱势产业，又限于人均耕地数量的制约，无法形成规模经营，提高整体效益。麻乍镇远离城市，交通不便，高附加值农业在此难有市场。因此，主要依靠传统农业是由资源禀赋所决定的，这也构成了麻乍镇贫穷的主要原因。麻乍镇劳动力资源较为充足，是麻乍镇民众能否摆脱贫困，提升生活水平的重要变量。近些年来，劳动力外出务工曾显著上升趋势，这一方面增加了农民的非农收入，另一方面也减轻了麻乍镇土地的人口压力，这是麻乍镇整体摆脱贫困的希望之路。但总体而言，麻乍镇外出务工人员数量不多，层次不高，这是农民增收缓慢的一个制约因素。

# 第二章

# 麻乍民族宗教文化习俗

## 第一节 民族人口总体结构

麻乍所在的威宁自治县是一个民族自治县，汉族人数最多，少数民族以彝族、回族、苗族为主，在麻乍地区除了这三个少数民族外，还有布依族、土族、蒙古族、侗族等；另有蔡家族，其不属于我国 55 个少数民族之一，但在当地被当作少数民族对待。

**麻乍镇各民族人口分布（1994—2011）**

| 年份 | 总人口 | 汉 | 彝 | 回 | 苗 | 其它 | 少数民族总人口 | 少数民族人口比例 |
|------|--------|-------|------|------|-----|------|--------|--------|
| 1992 | 28126 |       |      |      |     |      |        |        |
| 1993 | 28498 |       |      |      |     |      |        |        |
| 1994 | 28726 | 18983 | 2191 | 6680 | 787 | 85   | 9743   | 33.9%  |
| 1995 | 29106 | 18978 | 2227 | 6937 | 829 | 135  | 10128  | 34.8%  |
| 1996 | 29580 | 19275 | 2261 | 7078 | 827 | 139  | 10305  | 34.8%  |
| 1997 | 30138 | 19386 | 2250 | 7510 | 863 | 129  | 10752  | 35.7%  |
| 1998 | 30559 | 19523 | 2330 | 7688 | 881 | 137  | 11036  | 36.1%  |
| 1999 | 31445 | 20216 | 2404 | 7726 | 910 | 189  | 11229  | 35.7%  |
| 2000 | 34039 | 22587 | 2404 | 7930 | 910 | 208  | 11452  | 33.6%  |
| 2001 | 34460 | 22524 | 2388 | 8537 | 877 | 134  | 11936  | 34.6%  |
| 2002 | 34792 | 22358 | 2712 | 8682 | 897 | 143  | 12434  | 35.7%  |
| 2003 | 35063 | 22338 | 2805 | 8843 | 963 | 114  | 12575  | 36.0%  |

续表

| 年份 | 总人口 | 汉 | 彝 | 回 | 苗 | 其它 | 少数民族总人口 | 少数民族人口比例 |
|---|---|---|---|---|---|---|---|---|
| 2004 | 35323 | 22295 | 2894 | 8967 | 998 | 169 | 13028 | 36.9% |
| 2005 | 35844 | 22279 | 3004 | 9364 | 1024 | 173 | 13565 | 37.8% |
| 2006 | 37856 | 23843 | 3109 | 9662 | 1064 | 178 | 14013 | 37.0% |
| 2007 | 38749 | 24352 | 3217 | 9932 | 1070 | 178 | 14397 | 37.2% |
| 2008 | 39103 | 24550 | 3266 | 10196 | 1090 | 1 | 14553 | 37.2% |
| 2009 | 39572 | 25640 | 3001 | 9815 | 892 | 224 | 13932 | 35.2% |
| 2010 | 41570 | 27114 | 3374 | 10104 | 928 | 230 | 14636 | 35.1% |
| 2011 | 42070 | 27132 | 3444 | 10244 | 1016 | 234 | 14938 | 35.5% |

（注：1992、1993年缺乏少数民族人数统计数据；2008年关于其他少数民族人数的统计可能有误；此处引用的人口数据，不是来自于公安人口统计，而是指民族人口统计，理由是公安人口不统计民族。这两项统计数据有一定出入，历年民族人口都大于公安人口。资料来源：威宁县历年统计年鉴）

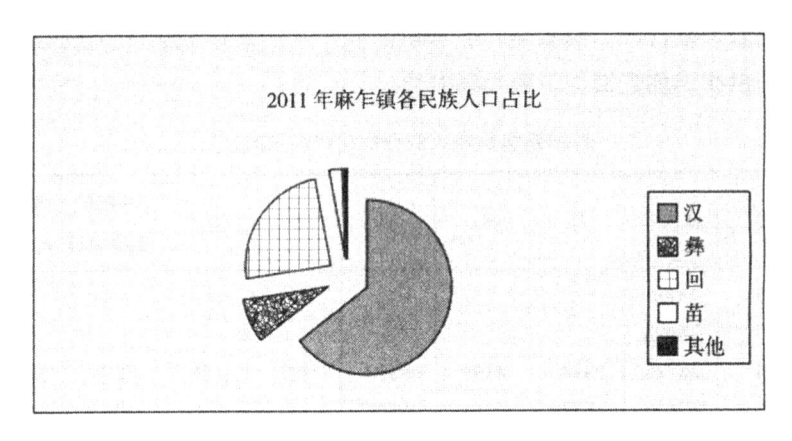

2011年麻乍镇各民族人口占比

从各民族人口分布来看，汉族人口仍占人口的大多数，其次为回族、彝族、苗族、布依族等。总人口以及各民族人口均呈整体上升趋势。19年间，麻乍镇总人口增长了41%，年平均增长率1.82%。其中，17年间，汉族人口增长了37%，年平均增长率1.67%；彝族人口增长了47.6%，年平均增长率2.07%；回族人口增长了43.8%，年平均增长率1.93%；苗族人口增长了28.8%，年平均增长率1.34%。彝族增长最快，回族次之。按照我国计划生育政策，少数民族人口可生二胎，这是两个民族人口增长较快的主要原因。和预期不符的是苗族人口增长率低于汉族人口增长。从整体看，少数民族人口占总人口比例稳定在33%至38%区间内，变动不大。

## 第二节 民族宗教

威宁本身就是民族自治县，民族宗教在该地的政治经济社会生活中占有重要地位。麻乍镇虽然不是民族自治乡，但由于本地少数民族人数众多，因此，民族宗教在麻乍镇也很重要。党委、人大、政府、村党支部、村委会及其组成人员中要保证少数民族干部比例。如在新建乡的1992年，全镇有干部94人，其中少数民族34人。2011—2012年间，麻乍镇党委书记为彝族，乡长是回族，多名副乡长由苗族干部担任。本地少数民族民间艺术人员参加上级组织的展览活动和文艺汇演的热情高，政府也积极支持。基层政府还须做好少数民族尤其是回族宗教活动登记发证工作，保护合法的宗教活动。挑拨民族之间感情的言行是当地大忌，会受到严厉谴责与激烈反击。

麻乍镇有处理民族宗教事务管理部门，其主要职责为宣传、贯彻、落实党的民族宗教政策，协调宗教活动场所，落实宗教界人士政策，落实宗教团体的房产政策，把宗教活动从地下逐步引导到地面上来，走向正常轨道，团结教育广大宗教界人士和信教群众，维护社会稳定，维护民族团结。

为加强对民族宗教事务的管理，提高为民族宗教活动服务的能力，1997年7月麻乍镇成立伊斯兰教教务管理委员会。2011年，全镇辖区内有各宗教场所15处，其中：伊斯兰清真寺有14处，阿訇75名。在全县35个乡镇中，麻乍的清真寺数量居于前列。下面介绍三个主要的少数民族。

### 一 彝族

麻乍彝族历史悠长，属于本地土著，分布呈大分散、小聚居特点。麻乍彝族有彝姓称"候独"和汉姓，基本实行双姓制。明代以来，麻乍彝族使用汉姓。汉姓虽已使用广泛，但在彝族社会中，则严格通行彝姓，而且只能用彝姓，方能弄清族内的各种社会关系。不过父子连名世系在麻乍日渐减少，只有近年来，才逐步复兴。

麻乍彝族主要信仰本民族的传统原始宗教，以祖先崇拜为主，通过传唱民族歌谣祭奠怀念祖先。除此还有图腾崇拜、自然崇拜。麻乍彝族图腾崇拜主要有"虎、鹰、鹤、鹃、龙、竹"6种。麻乍彝族部分信仰基督教，从年龄看，30岁以上者占多数，从性别看，女性占绝大多数。

麻乍彝族过彝年，是根据彝族太阳历（1年10个月，每月36天）的历法所确定的，过年日是10个月终了以后的几天，习惯称"过十月年"。过年的几天里，每次进餐之前都要给祖先换上热饭热肉献之，以示祭祖。年节首天接祖、末天送祖（称送年）。期间，人们拜亲访友，游乐饮宴、放牧逐猎、唯忌农事。彝年娱乐活动有打磨秋、玩顺风耳、打毛蛋、荡秋千、弹月琴、歌唱舞蹈等。有的青年男女上山对歌，有的玩起古彝戏撮泰吉（属非物质文化遗产），挨家挨户地去扫火星，扫除祸秽。20世纪80年代末，威宁自治县条例规定放假1天共度彝年佳节。如今，大部分彝族也重视过春节，但仍保留着原来的彝年习俗。火把节是麻乍彝族的第二大节日，从农历6月24开始，一般持续3天，当畜归厩、鸟入巢，人们吃过晚饭后，青年男女点燃用干柏柴、干树枝扎成的火把，走出家门，顺田边地坎、沿大路小路，聚集一起，或围着篝火唱歌跳舞，或在田边地角追逐嬉戏，抢火把欢闹。

麻乍彝族属彝语东部方言黔西北次方言的乌撒土语，彝族家庭用语和彝族之间社会交际均用彝语；一般是年长者和女性多操彝语；青壮年和男性多习汉语。麻乍彝族的诗歌大致可以分为诗歌和歌谣，又可分作书面文学和口头文学。

彝族同胞大多热情好客，大气奔放，有亲朋好友拜访，多有宴请，宴必有酒，饮必尽兴。在大型的民族节日中，彝族同胞喜喝勾藤酒，一大缸酒摆放在过道处，弯管自缸内引出，来宾通过弯管饮酒，酒度数不高，微甜。

彝族以农牧业为主，以玉米、马铃薯、荞麦为主食，喜食猪肉、羊肉、鸡肉，特别喜食大块肉，肉有巴掌大小，俗称"盖碗菜"。农村中成年男子和部分老年妇女多吸叶子烟，喜喝醇香略带苦味的罐茶，爱吃转转酒和咂酒。

彝人皮肤黝黑，肤色健康，逢节假日爱着民族服饰。彝族服饰由其他民族的大量迁入和政治经济文化的发展，彝族服饰随之发生了变化。男

（彝族钩藤酒）

女老人包包头，男性穿对襟短衫或长衫，系腰带，穿宽裤脚裤子，女性老人穿长衫、系腰带，脚着布鞋、胶鞋或皮鞋，青壮年一般穿现代服装。彝族服饰崇尚褐色，常做成长袍状，头顶独角帽是彝族服饰的显著特征。

麻乍彝人分布较广，占据了较好地理位置，他们一般居住在平坝地区，交通便利，土地平整，土质良好，水利设施相对完善，具有良好的农业种养殖条件。以前，彝族多数居住土墙房，屋顶用野滑竹、茅草、荞草覆盖。现在大部分都住上砖瓦房。

彝族婚姻程序及礼仪比较讲究，一般须经过："扶菊"说亲，"啊曲祖"（烧鸡吃），"肘贺"（送财礼）及迎娶4个阶段。婚嫁礼仪隆重而热闹，出嫁要唱"劝嫁歌"、"出嫁歌"，当接亲人来到姑娘家门前时，姑娘们立即拦住接对唱"酒礼歌"，如答不上来时，就要被姑娘们用冷水泼身，黑灰抹脸，树条抽打。当接亲的小伙子们闯过篱门，入席后姑娘们又围上来和他们对唱"酒礼歌"。古老淳朴的彝族"酒礼歌舞"贯穿于婚嫁礼仪的全过程。

麻乍彝族葬礼场面较大，主办人家要在附近选一宽敞空平地，用柏木棒和树枝搭1座有东、南、西、北门的城池，里面用绳索牵隔成小巷形状，将死者灵堂置于中央，前来祭奠的亲戚自带粮食、牺牲（祭奠用的牲畜）等。祭奠开始时，鸣放地炮，杀猪宰羊或打牛，"跳脚队"摇铃起舞于前，唢呐队吹奏丧乐居中，所有祭奠者或是舞动祭礼，或是手提灯笼弯腰哭泣后行。20世纪80年代后，许多彝寨又兴起了请"布摩"建立祠堂，人死后找坟山定向指、设祖筒，为死者指路，"数补"、"数挣"，人死时兴"跳脚"，并打立彝文墓碑。清明节有扫墓祭祀等礼俗。

麻乍彝族被认为是传统的牧业民族。土地承包到户后，农牧经济快速发展，从牧业经济发展为以农为主的经济，大片牧场已垦作农耕地，辅之以畜牧业，并广泛应用科学技术，扩大收入，提升生活水平。到 2011 年年底，全镇彝族农民解决了吃饭问题。

### 二 回族

回族全民信仰伊斯兰教，重视宗教礼仪。麻乍回族重要的节日有古尔邦节、开斋节。麻乍镇回民聚居村均有清真寺，有的村甚至有两个或两个以上，如戛利村，箐岩村等。清真寺是回民最为重要的宗教活动场所，礼拜、诵经、聚会等均在此进行。清真寺由清真寺管理委员会管理，其成员由回民选举产生，一般由本村有一定文化水平，道德品质较高，能够服众的人担任，他们利用农闲时间义务劳动，不收任何报酬。管理委员会账目、事务完全公开、行事公平公正，能够得到拥护。阿訇负责清真寺的日常管理。阿訇在回族地区流动任职，戛利村塘上清真寺的阿訇是临近哈喇河乡人，从云南学习归来。清真寺一般修建在回民聚居处，同时交通便利。村委会提供免费建筑用地，一般由回民自发捐款建设。在新农村建设的示范村，政府往往会提供大部分的建设资金。如据岩格箐清真寺碑记，政府补贴 7 万元修建该寺。清真寺风格独特、大气庄重，坐落在村庄田野间，形成一道美丽的风景线。

**麻乍镇清真寺一览表**

| 镇村 | 清真寺名 | 建寺时间 | 信徒数 | 镇村 | 清真寺名 | 建寺时间 | 信徒数 |
| --- | --- | --- | --- | --- | --- | --- | --- |
| 箐岩村 | 玉角清真寺 | 1997 年 | 500 人 | 箐岩村 | 白泥沟清真寺 | 2006 年 | 250 人 |
| 箐岩村 | 小岩洞清真寺 | 2005 年 | 350 人 | 箐岩村 | 箐口清真寺 | 2003 年 | 306 人 |
| 箐岩村 | 老房子清真寺 | 1997 年 | 500 人 | 坝海村 | 三角庄清真寺 | 2006.3 | 250 人 |
| 启戛村 | 李家窝清真寺 | 2003 年 | 300 人 | 戛利村 | 塘上清真寺 | 1995 年 | 360 人 |
| 戛利村 | 新房子清真寺 | 1995 年 | 356 人 | 戛利村 | 尖山清真寺 | 1998.12 | 280 人 |
| 启戛村 | 龙街子清真寺 | 1998 年 | 1015 人 | 岩格村 | 小银厂清真寺 | 1992 年 | 200 人 |
| 岩格村 | 银盘清真寺 | 1997 年 | 70 人 | | | | |

（岩格菁村清真寺）

回族民众勤劳节俭、聪明细心、热心社区事务。本课题组多次深入麻乍镇回族聚居地。初到该地，常有回族大妈上前询问到此干什么，找什么人。后据当地人解释说，回族人警惕性高，对进入寨子的陌生人都会上前盘问，摸清底细。所以在回民寨子极少发生耕牛被盗等情况，此种盗窃事件在其他民族聚居地则并不少见。

麻乍回族重视文教事业，聪明好学。80年代以前，多数清真寺设有规模不同的学堂，在教学过程中，早期以《古兰经》为主，学习阿拉伯文，也学习汉文。现在，学校均由政府创办，顾及回民学生在饮食上的特殊习俗，学校都建有回族食堂。许多回民为让孩子有良好的学习条件，会放弃家中农活，到县城租房打零工陪读。

麻乍绝大多数回族已不认识本族文字，虽然，在比较讲究的家庭，正面外墙上还写着醒目阿拉伯文。回族普遍使用汉语，在聚居地区履行宗教礼仪举办民族节日活动时，使用部分阿拉伯语或波斯语词汇。随着普及九年义务教育，回族学生以学汉文化为主，口头语言也是汉语。有的学生读完初中后，因种种原因不上高中的，一部分选择学阿文当阿訇，所学阿文只限于各种宗教活动的运用，不作为交流语言。当然有相当水平和造诣的阿文学者，也可作为语言交流，但这在回族中相当罕见。

（回族房屋外墙写有阿拉伯文）

多数回族家庭由4、5口人组成，多以夫妻及其子女两代人组成。家庭有家长，以辈分、性别、年龄等排列尊长，兄弟姐妹之间以年长为尊，夫妻之间以男性为尊，代际以长辈为尊，一般以辈分最高的男性为家长，在家中享有最高威望。家庭、家族、社会关系中的称谓，在农村除子女用"dā"称父亲外，其余称谓均与汉族相同。麻乍回族姓氏以马姓居多，但往往同姓不同宗。麻乍回族各姓均有族谱，定有字辈排行，据此确定本族代际关系。在通婚范围内，与异姓氏进行同辈通婚，并须遵循姓氏与字辈规范。麻乍回族各姓氏均有族规，内容以注重道义、遵守教规、倡导勤劳为主。

麻乍回族以大米、土豆为主食。本地已不种植水稻，大米从市场上购得。逢年过节打饵块粑，饵块粑切成丝条形、常作待客之用。肉食以牛、羊、鸡、鸭肉为主。牛肉在各种肉食品中消费量最大，麻乍地区最有特色的回民食物是牛干巴，其制作方法是将牛肉切成块，用烘炒过的盐拌匀，涂上作料，装坛封口，约半月取出晒干即成，冬季腌制的牛干巴可保质1年以上。吃时切成薄片炒熟，味道香脆，是待客的常见食物。随着时代的发展，回族饮食逐渐倾于大众化。

90年代以来，麻乍回族传统服饰逐渐淡化，走向大众化、潮流化。回族服饰的显著特征体现在头饰上，妇女服饰最显著的装饰是盖头和鸠尾式包头，以青色、白色或浅绿色布料做成三角形状头巾，戴在头上。男士戴圆顶白帽，帽口比帽顶略大，边缘浅，以能戴到齐耳根部为宜。在日常

生活生产中，麻乍妇女一般戴头饰，而男士则不戴。

（节日时穿着民族服饰回民女性）

麻乍回族大多耕作居住在河谷或平坝地区，地理环境较为优越，住在凉山、半凉山地带的为少数。麻乍回族房屋一般坐落于适宜农业的坝子和宜商的交通沿线。在麻乍地区，回民房子大多沿着公路建造，距离有时近至2米左右。回族聚族而居，以姓氏命寨名居多，各院子相连构成村落。回民房屋建筑原来以土木结构的瓦房为主，随着经济的发展，现在多建成钢筋混凝土砖瓦房，并尤其喜欢盖成楼房。如果家庭经济条件好，其二楼卧室以及客厅装修很讲究，往往与一楼的简单朴素、略显凌乱形成鲜明对比。

麻乍回族家族内不能通婚，家族外强调辈分相合，但一般不与其他民族通婚。回族比较推崇"亲上加亲"，如"姨表亲"、"姑表亲"。以前，男女婚姻多依父母之命、媒妁之言定终身。随着观念转变，社会进步，婚姻法的落实，许多传统习俗日渐废除。男女青年自由恋爱，大部分父母一般不再干预儿女婚姻。从提亲至结婚的基本流程有：提亲、订亲、成亲。订婚到结婚之间，男方要履行"谢亲"，即请媒人送一份厚礼和婚期帖子到女方家。礼物主要为钱、服装、布匹、茶等。钱的多少根据男方经济状

（回民家中的墙贴画）

况，由男女双方商定。女家收礼后，以礼金购买陪嫁用品。彩礼钱与女家陪嫁品，依礼往往成正比，基本平衡。婚期嫁娶为同一天。来客赠送女家的贺礼通常为温瓶、壶、脸盆等常用物品或者钱，赴男家则以送钱为多。结婚的第三天，新郎新娘与送亲人到娘家回访，俗称"回门"。结婚后，每年正月初，夫妇一同到娘家拜年。凡新娘叔伯弟兄家均户户拜到。被拜者均设盛宴款待来拜者。当地俗语："要得胖，丈母娘家走一趟"。

在麻乍地区，回族的丧葬习俗有着自己独特之处。凡回族之人死后，称之为归主，即回归于真主。回族人对正常死亡，不视为痛苦之事，认为人类来于自然，又归于自然，乃真主造化。回族丧葬遵循教义，正常死亡者，停止呼吸前要阿訇代念《古兰经》作证言，心脏没有跳动意为归主。尸体不分老幼一律土葬，以入土为安。回族葬地常用集体坟山，以各姓氏各分支为单位，共用1个坟山。坟墓则以夫妻2座相依成对，以辈分长次自上而下排列，井井有条，一般忌讳葬入外姓死者。坟山墓地的选择，不信龙脉风水，以平整、干燥、幽静为宜，讲究后有靠山，前景开阔，风光秀丽。

麻乍回族的经济主要以种植业、畜牧业为主，辅以商业、运输业。在麻乍地区，回族耕作地区一般地势平坦，地力相对较好，在长期的耕作实践中积累了不少的经验，同时引进良种，采用套种覆膜等种植方式，不断提高单产，实行轮作，用地养地相结合，保持土地质量。牛、马是回民基本生产工具，同时可产出大量农家肥，用于农业生产。回民重视畜牧饲养，以养牛、羊为主，这给农户带来了可观的经济效益。实施退耕还林、保护生态政策以来，木材不再是经济来源，林业经济方面主要发展经果业，种有桃、核桃、梨、苹果等。现回族除少数个别特殊情况外，基本已摆脱了贫困，正向小康迈进。商业在回族经济中有着悠久的历史，在夏利、麻乍街道开办有数十家清真餐馆。从事运输业的也以回民为主，其业务范围远至云南等地。回族勤劳耕作，精于盘算，吃苦耐劳，家庭经济发展较快，平均生活水平相对较高。

### 三　苗族

麻乍苗族一般信仰基督教。威宁地区的基督教由20世纪初西方传教士柏格理传入。伯格理在云贵交界的石门坎，修学校，建医院，创苗文，传播现代文明。石门坎成为川黔滇交界苗族聚居区的"文化圣地"，被誉为海外天国。以至于在20世纪上半叶，从欧洲寄往这儿的邮件包裹，收件位址只要写"中国石门坎"就可送达。生活贫穷的苗人受其影响，信仰基督教。笔者曾在一苗民家看到两本圣经，一本英文版、一本苗文版。麻乍镇与石门坎相距约108公里，但传教士的布道遍及整个滇黔交界地区的苗民，麻乍镇的苗民们也多信仰了基督教。

苗语有着顽强的生命力，即使与他族聚居，都能较完整地保留自己的语言。两首苗族古歌《测天量地》、《召觉诗那和娥赞》提及，苗族先民会读、会写、会画，但苗族文字不见于史书记载，亦没有考古发现。伯格里传教期间，曾帮助苗民创造苗文，许多苗族妇女和农村苗族青年都能读、能写。新中国成立后，新苗文产生，老苗文逐渐被取代。

每年农历五月初五的"花山节"是当地苗族最重要的传统节日。据苗族古歌，此节原为纪念战场上阵亡苗族将士的祭祀活动，苗人一起登山，缅怀故人，回望故地。随着频繁迁徙和历史变迁，祭祀内容淡化，节日逐渐成为亲朋相聚，青年相会的日子。每家每户杀鸡宰羊，苗族男女老少着节日盛装，相聚一起，举行吹芦笙、歌唱、绩麻等活动。现在，欢快明朗的花山节不再局限于苗族，其他民族也会参与其中，齐聚花山，踩花山、互敬酒、互祝福。麻乍镇的马摆大山是威宁苗族花山节的重要场所。

(苗族少女向客人敬酒)

苗族人重义轻利，崇尚人情往来，凡邻居亲朋有喜丧事，必凑份子前往。苗族人在这种由人情编织起来的利益共同体中，互帮互助。

麻乍苗族传统上以玉米、马铃薯、荞麦等为主食，随着经济水平的提高，现在大部分家庭以大米为主食，以鸡、鸭、猪、牛、羊为主要肉食。饮品除白酒外，还有甜酒，在民族节日，苗族同胞会准备牛角酒喜迎八方来客，酒微甜，度数不高，呈微黄色，入口清爽，后劲绵长。苗族饮茶较少。酸、辣是苗家菜的主要特征，甜食较少。因受经济条件和地域限制，过去苗族饮食比较简陋：汤菜合一、饭菜置地、酒不上桌。20世纪80年代以后，随着经济条件的改善，饮食更为多样，同时形成了汤菜分开，饭、菜、酒上桌的新形式。过去结婚办酒席，通常有九碗汤菜，故称"九大碗"，如今已达十多乃至二十多碗，同时质量也大为提升。

苗族服饰一般只在节日、婚庆、宴客、待客等场合穿着，颜色鲜艳，粗犷拙朴。贵州花苗有大小花苗之分。相比较黔东南的小花苗族服饰，麻乍苗服风格较为粗犷，裁剪更为大胆，服饰装饰多花纹，因此被称为大花苗。麻乍苗族服装在制作的过程中主要包括了绩麻、纺线、织花、蜡染、刺绣和缝制等工艺步骤。颜色基本以本麻、黑、红三色为主。蜡染的靛蓝色与毛麻织花的黑红两色形成鲜明对比，白色与大面积的本麻色则加强了色彩对比，色彩效果分外夺目。图案多为大小、疏密相间的各种菱形。麻乍苗服上衣内部衣体由白麻布制成，外部是一件开襟大披衣。男装大批衣黑白相间，女装则红白相间。上衣背部缝有一块方形部分，当地人称为"吊牌"。下衣为白麻布或蜡染长裙，下身裙部的蜡染色彩非常厚重，图案感却并不强，充满了靛蓝的整体色彩意味。现在多数青少年女子上装已着汉装，下装仍系裙子，以示苗族标志。传统的苗人着装常用裹腿。进入20世纪后，裹腿已不多用，仅在节日时有部分青年少女使用。现在，除较少苗族保留传统服饰外，绝大多数已着现代装。

据考证，南宋时期苗族进入威宁地区，属于后来者，总体上多居于凉山和半凉山等生存环境相对恶劣的地方，住在河谷或平坝地区的较少。苗族迁入威宁后，早期住横木垒房和树杈立房，后来，横木垒房用于关牲畜，人已居住土墙房，后期渐住砂墙房。20世纪80年代后期以来，麻乍苗族住房有了更大的改善，渐兴石木结构房，上盖瓦，门从正中开（以前是两侧开），留长方形窗，室内家具摆设也逐渐多样化。到21世纪初，房屋居住逐步趋于现代化，钢筋混凝土、水泥平房也在逐渐普及，家用电器及现代化通讯设备均进入苗族家庭。

麻乍苗族婚姻以姑舅表婚为优先，同一苗姓不通婚，姨妈姐妹不能开亲，以前还不同外族人开亲。婚姻一般要经过自由恋爱、请媒人求婚定亲、完婚成家几个步骤。未婚青年男女自由恋爱，完婚后，新娘在夫家住满1个月后，才能回娘家探望父母，俗称："回门"，回门时要带上鸡、蛋、炒面等礼品去孝敬女方父母。

麻乍苗族传统丧葬，无论老人去世，还是婴儿夭折，均装棺土葬。苗族停棺一般是3天，特殊情况的可延至5天。村寨人数少的坟山，以姓氏划分，如果寨大人多则不分姓氏；非正常死亡者严禁葬入公用坟山。不论信教与否，整个丧葬过程不用花圈、不立碑、不烧香化纸、不燃放爆竹、不披麻戴孝。近年来，老人去世时，都选阴地，看向山，不少富裕起来的人还以苗汉文对照打碑立墓。

麻乍苗族主要种植玉米、马铃薯、荞、麦、豆类，后来又种植烤烟和中药材。种植庄稼所用肥料，过去主要源于各户饲养的牛、马、羊、猪、鸡等牲畜的圈肥。过去苗族经济纯属半农半牧、自给自足的自然经济，除少数食用盐和农具铁器需到市场购买外，均自己生产粮食，自己织布制衣，油肉靠饲养的牲畜解决，较少参与市场交换。20世纪80年代以来，麻乍苗族开展了诊所、百货、饭馆、旅店、修理铺以及车辆运输等多种经营。外出打工已成为麻乍苗族家庭收入的重要来源，很多苗族青年涌向经济发达的大城市和沿海一带，通过自己的辛勤劳动，养家糊口，同时也学到了不少技术和赚钱本领。

## 第三节　红色麻乍

麻乍是由贵州通往云南的交通要道，中国工农红军第二方面军长征时曾经过麻乍，在红军的发动带领下，麻乍人民纷纷响应，支援革命。

由贺龙、任弼时、王震、肖克、关向应等同志率领的红军二、六军团于1936年2月9日到达毕节县城，发表了告群众书和致川滇黔地方武装的代电，号召人民团结起来，反蒋抗日，拥护红军。红军抗日救国的主张和严明的纪律，博得了毕节各族人民的拥护。

3月19日，红二军团到达麻乍、马摆河一带，红六军团进到得胜坡、布戛大山一带。红六军团宿营麻乍坝海营。次日清晨五时左右，部队即将开拔，一红军战士手执火把去农民杨小发家喂马，不慎点烧了杨家屋角对面的稻草，天干风大，水源又远，难以扑灭大火。结果烧毁了20户人家的房屋及财产。六军团政委王震等领导当即决定赔偿群众损失，用一床单铺在河岸上堆放银元两千块，分别给予赔偿，对不慎失火的战士作了严肃处理，还张贴布告，以儆后续部队。红军走后，当地群众夸赞红军纪律严明，编唱歌谣："天还很不明，火烧坝海营；红军要起身，赔了一驮银。"传颂至今。

20日，二军团先头部队到达宣威倘塘（与麻乍相邻），后续部队有的往水城方向兜圈子迷惑敌人，有的还在哈喇河。六军团进到韭菜冲以后，曾配合二军团在松树油地方和滇军孙渡部队打了一仗，消灭了滇军一个团，夺得了大批军用物资。

20世纪30年代，威宁地区人烟稀少，地瘠民贫，老百姓处于饥寒交迫之中，没有多余的粮食供应部队，部队常常缺粮，饿着肚子行军打仗。

更困难的是，部队处在敌人四面包围之中，加上地方的地主武装不时阻拦捣乱，大仗或小仗几乎天天在打，再加上部队初进乌蒙山区，没有后方，缺医少药，日渐增加的伤员得不到起码的休息和治疗。重伤员都是由所在部队的同志用树枝木棒绑的担架抬着走，轻伤病员全靠自己拄着拐杖，由战友搀扶跟着部队转移。

当时，部队不断接收大批各族贫苦青年入伍，他们没有经过系统的政治教育和军事训练，有的新战士连枪都不会放，提高他们的政治觉悟和军事技术是急需解决的问题，但环境不允许在强行军中完成这项工作。所以，各级指战成员都抓紧在宿营后，出发前的短暂时刻，对新战士进行政治思想教育和军事训练，使他们的政治素质、军事技术得到迅速提高，有的成长为英勇善战的红军战士。

红军在威宁转战二十余天，除了打仗之外，还作了大量的宣传群众、动员群众、组织群众的工作，每到一处，都在墙上留下了"打倒土豪劣绅！""打倒蒋介石，打倒日本帝国主义""跟着共产党，穷人翻身得解放！"的标语。行军沿途打土豪，分浮财给群众，对那些不杀不足以平民愤的地主恶霸就地正法，受到了威宁各族人民的欢迎。

红军把土豪家的盐巴、苞谷统统分给了贫苦农民。在盐巴比金子还贵的年月里，乡亲们捧着盐巴，感动得泪流满面，称红军为"菩萨兵"。

红军纪律严明，尊重威宁各族人民的风俗习惯，不拿群众一针一线，买卖公平，给威宁人民留下了不可磨灭的印象，退休老干部张国相同志回忆说："1936年2月初，红军长征路过我们长箐苗寨，那时我们不了解红军情况，还以为红军和国民党军一样，都逃到山上躲了起来，等红军走了才下山回家，见家里什么东西都没丢。我家幺爷爷见柜子里有两只碗扣在一起，拿开来看，里面扣着一块大洋，后来在磨子眼里，又发现了三块伍角小洋，原来，是红军吃了老百姓的一些粮食留下的价款。我幺爷爷万分感动，捧着大洋不知说什么才好。后来他念念不忘这件事，常常给家里的人讲红军的好处。"

红军爱人民，人民拥护红军，长箐寨的张光明（苗族）见大队红军走后，有两个红军战士因过度疲劳睡熟在姬天贵家，他赶快把这两个红军战士喊醒，亲自把他们送到银匠口子，追上了部队，自己才放心转回家。

杨玉姐老人回忆说："红军对我们穷人家好，牛羊、粮食、衣物一样也不拿，还拿东西给我们的娃儿吃，告诉我们许多穷人跟着共产党翻身的道理。他们叫我和妯娌陈金芝、刘秀英给他们缝笼带，说是要去打滇军，一提起烧杀抢掠的滇军土匪，我们的血就会翻腾起来。我和陈金芝、刘秀英每人给他们缝六股笼带，三条米口袋，从天黑一直缝到天亮才赶制好"。

红军离开时，各族人民都争先恐后地为红军带路、送东西。陆万堂老人当年帮红军送东西，从马摆河一直送到二田坝，返回时，红军给了他两块大洋。

贺龙当年在麻乍使用过的一张八仙桌，成为了革命历史文物，现在保存在贵州省博物馆。

2006年7月31日，威宁县委、县政府明确，包括"火烧坝海营"遗址在内的7处革命遗址为县级爱国主义教育基地和红色旅游重点景区（点），不久，"火烧坝海营"遗址又被中共毕节地委、毕节地区行署明确为地区红色旅游重点景区（点）。

征编中国工农红军二、六军团长征经过威宁史料，为划定威宁为革命老区提供了依据。1998年6月17日，中共贵州省委、省人民政府划定威宁县为革命老区县。

## 第四节　习　俗

习俗的牵涉面很广，但本节主要从经济角度来探讨麻乍地区的习俗，这种分析并不涉及价值判断。

从总体上看，麻乍镇民众轻储蓄重消费。消费的方式主要是交际性消费，以人情往来为主要代表。

麻乍镇民众操办酒席、宴请宾客的名目繁多，比如，孩子出生、满月、周岁、小孩理发、上大学、参军、结婚、50以上的周岁、去世等均要请客吃饭。

大操大办、多操多办对当地经济有一定的正面带动作用。由于乡里宴请多，带动了乡上百货市场发繁荣，也为屠宰业创造了不小的市场。据项目组访谈，一家屠户一个月下来，有近1/4的销售量批发给了乡民操办大事。百货商家销售额的一半也依靠于此。

名目繁多的人情往来也给老百姓的经济生活带来较大压力。据我们访谈的家庭，他们家一年的收入有一半以上用于礼金支出。许多民众私下里都认为，人情支出让其不堪重负，但他们又认为这些人情债无法躲过去。操办婚丧嫁娶、生寿学军也给操办人家庭带来一次性的大额开支。近些年，按照平均水平，办一场寿席下来，要花费1.5万左右的费用，这相当于当地中等家庭一年的收入。这些花费主要用于购买烟、酒、肉、菜等。操办婚丧嫁娶则花费的更多，如娶媳妇，则还要装修房子、购买家具、床上用品、以及给女方的聘礼等。事实上，普通家庭在操办这些家庭大事，总是先筹借一笔钱，或者预先储蓄几年。人们在操办大事时往往会衡量要花多少钱，最后礼金能回收多少。一般家庭收回的礼金往往只能抵得上开销，还有一些亲朋好友送来的是实物，无法直接变现。基层官员、生意人以及亲朋好友多的家庭往往乐于操办大事，因为他们能收取较多的礼金，除去花费外，还可以余下一笔收入。

人情往来成为当地乡民较大的经济压力，但需要辩证看待人情往来在麻乍镇经济生活中的作用。1、人情往来是麻乍镇互助金融缺失的一种补充。金融的一个重要功能是实现金钱在空间、时间的合理分配。人的生活中会有一些可预期的大笔支出，同时也总无法避免一些预期外的开支。在以农业为主的麻乍镇，现金流是稀缺的。当遇上可预期大笔支出事项时，乡民尚可以通过储蓄来勉强应对。当预料外事件发生时，则往往需要来自他人的帮助，包括金钱上的帮助。人们通过礼金将自己的收入在空间、时间上进行分配，操办大事的大笔支出，可通过收到的礼金用以填补。每家操办大事时，会有专门收礼金的人，并将礼金数记录在案。这相当于一种契约，下次对方家要办事时，需要根据其礼金数，加上行情，奉上一笔礼金。这份契约极少违背，乡民奉行的是不欠人情。2、人情往来是建立熟人社会的需要，其有助于乡民之间有限资源的合理配置。人情往来与熟人社会你中有我，我中有他，相伴相生，犹如一对孪生兄弟。农村社会往往是一个熟人社会，其根本原因是人类生存的需要。因为，个人或者家庭无法单独生存下去，它必须与外界发生交换。而在欠发达地区，市场发育不够充分，外界不足以提供人们生存需要的必需品，或者成本高昂，超过乡民所能承担的限度，因此必须通过社区内部的交换，而只有在相互信任的熟人之间，这种交换才能扩大并持续下去。比如，操办大事时，因为交通、成本、习惯等原因，农民往往在家操办，然而需要有人洗菜、做饭、洗碗刷锅等，仅靠家人远远不够，只能依靠街坊邻居，一般情况下，所在生产队，每户出一人。麻乍农村乃至街道就是这样的一个熟人社会，欺骗的成本很高，监督的成本很低，因此，对正式制度的要求很低。一个人借钱不还，在很短的时期内，就可能传遍整个社区，这个人再借钱就很难了。所谓有借有还，再借不难；有借无还，再借就难。熟人社会的互帮互助其实也是一种交换，只是这种交换不同于正式市场的交换，后者是一种即时交换，交易商品的价值立即得到实现。互帮互助是一种远期交换，今天我帮了你，实际上暗含着一种契约，就是当我哪天需要帮助的时候，你也需要帮我。这样双方的资源完成了交换，从而实现了资源的合理配置。

因此，在外界无法提供足够的、便捷的、相对低廉的服务时，熟人社会中的这种人情往来无法杜绝，其在人们的经济社会中还将发生重要作用。当然，即使中介服务取代了人情往来的经济功能，因为人类情感的需要，此类现象将一直存在。

人情往来并不是稀罕事，也远非麻乍的独特现象，只是麻乍镇表现得更为突出，程度更深。一个地区人情往来的程度往往与贫困程度成正相关。其逻辑关系是，一个地方越贫困，非人格化交易越少，其市场化程度越低，人们从市场购买商品和服务的成本越高；因此，人们就更依赖于熟人社区，越需要通过人情往来维持一个适当规模的熟人往来，而人情往来需要成本，这种不菲的成本又称为民众贫困的原因之一。

更进一步的观察发现，在麻乍，人情往来的开支比例还与民族有关。回族因为伊斯兰教教规的约束，崇尚节俭的生活作风，礼尚往来之时，并不特意看重数量，因此，相比于本地其他民族，人情费对于回族的压力相对较小。事实上，伊斯兰教的教规教义类似于一种制度安排，对回民内部的交换作出了规范，起着替代制度的作用，如此一来，就对人情往来的依赖相对要轻，其他民族缺乏如伊斯兰教这样的约束，因此，人与人之间关系的维持就不得不更多依赖人情往来。回族婚宴餐席有特定规格，8人1桌，每桌汤菜9碗，花费不算多。陪嫁礼物为服装、床、箱柜、家电、暖水瓶等。回族丧葬，非常俭朴，实行薄葬，不用棺木，无论死者贫富，均以10米多白棉布缝制的3层"卡番"裹尸。女尸另加一块盖头布和一块裹胸布，小孩量体而裁。送葬不能超出3天，讲究速葬，以朝亡午葬，晚亡次晨葬为好，避免腐臭。其他民族一般一个星期，有的甚至长达半个月。停葬期间，每天开流水席，亲朋好友街坊邻居在此吃饭、相聚、打麻将，来的人越多，越热闹，表明对死者越尊重，主人家越有面子，一场丧事下来，花费不菲。因此，回族人情往来的数量、支出明显少于其他民族。又因为回族的经济水平一般较高，因此回族的人情往来消费占总收入比重较低。汉、彝、苗三个民族热衷于人情往来，人情消费较高。总体上，三个民族的收入水平低于回族，因此相对而言，这三个民族人情往来消费占总收入比重较高。

## 第五节 本章小结

19年间，麻乍镇总人口增长较快，而耕地面积在缓慢减少，因此，人均耕地面积曾快速下降趋势，这是麻乍镇摆脱贫困的一个不利因素。由于沿海和城市经济的发展，麻乍镇的劳动力有机会跳出本地区，寻找致富机会。回族因为饮食等生活习惯方面的差异，对外界环境需要适应的地方更多，自我调整的幅度更大，因此遇到的挑战也更大。也许还加上本地回族的生活水平相对较高的因素，回民外出务工的步伐稍稍落后于其他民族。

麻乍不同民族之间的贫困程度不同。其原因之一可能是不同的宗教信仰与民族传统对经济发展有不同的影响。回民有经商的传统，经济意识加强，经济能力也相对要高。这种意识和能力帮助回民获得相对高的收入。伊斯兰教规崇尚简洁，人情往来时，礼金较轻，同时操办婚丧等人生大事时，推崇节俭，这样以来，相对于其他民族，回族人情消费的花费远少于其他民族。多进少出，因此，回族总体经济水平高于其他民族。其他民族人情花费占总收入比例高，挤压了用于生产的费用，再生产经济支持能力相对较弱，因此发展相对缓慢。

# 第三章

# 人口与村民生活

　　人口基数大、整体素质不高、贫困人口多，是麻乍镇人口状况长期以来的真实写照和突出特征。在这个偏远的乡村里，毫无节制的生育，成为村民们多年来的习俗。一对夫妇生下六七个孩子，这六七个孩子成家后，又很快各自生下六七个孩子，在这块土地上是很常见的现象。一代又一代的麻乍人就这样延续下去。人口的过快膨胀，远远超过了当地水、土地、森林乃至于教育、医疗等资源的承载能力，导致村民们深陷于越生越穷和越穷越生的恶性循环怪圈。"超生"、"贫穷"、"落后"、"偏远"等词语似乎成为了这里难以撕去的标签。

## 第一节　人口数量与计划生育工作

### 一　麻乍人口和计划生育工作的历史回顾

　　人口和计划生育工作既是麻乍各项工作的大事，又是直接影响全镇经济社会发展的难事。1992年"建并撤"后，麻乍当即便设立了计划生育股并建立人口教育领导小组。不久，根据全县统一安排，麻乍将计划生育股改建为计划生育委员会，配备计生办主任、统计员等，主抓计划生育工作。

　　1993年，威宁县出台《关于计划生育工作实行集团承包的实施办法》，开始对计划生育工作实行集团承包式的管理，设目标管理项目24个，其中核心指标有出生率、计划生育率、自然增长率等。这种集团承包模式具有以下几个特点：一是党政一把手是计划生育工作的"第一责任人"，党政一把手亲自抓，负总责。二是实行计划生育工作的"一票否决"，实行"五定"，即定领导、定人员、定任务、定责权、定奖惩。三是自上而下层层分别签订承包合同。年终审核时，哪一级没有完成目标，追究哪一级负责人的责任。

麻乍随即组建了计划生育承包集团，上与县、下与村层层签订承包合同。同时，不断充实和完善计划生育集团承包的内容，不断优化目标管理项目和各项指标。

（麻乍镇人口和计划生育妇幼保健服务站）

从2001年起，随着全县人口和计划生育工作管理模式的转变，麻乍的人口和计划生育工作管理模式开始由集团承包向计划生育专业队伍、"村为主"管理相结合转变。此后，麻乍进一步建立完善了人口和计划生育工作机构，形成了由计生办、人口和计划生育妇幼保健服务站、流动人口管理办公室组成的人口和计划生育专业队伍，并且多层次、全方位对村、组计生人员进行培训，确保他们掌握基本人口计生业务技能。

经过不断的丰富和完善，麻乍人口和计划生育工作逐步形成了"村为主"管理模式，这种管理模式的特点主要有：

一是"村为主"的全程管理服务体系。通过选好配强村两委负责人和育龄妇女自管小组长，充分发挥村两委的组织带头作用，在"决策民主化、运作程序化、村务公开化、工作制度化"上下功夫，引导群众实行自我管理、自我监督、自我教育、自我服务；制定计划生育村民自治章程，以"村规民约"为保障，规范计划生育村民自治工作；建立健全镇、村两级月报、例会制度和基础表卡册填报制度，确保计生台账、月报告单填报及时、准确、清楚、整洁；完善村级绩效考核机制和建立健全村干部养老保障体制，加强对村人口计生目标管理责任落实情况的动态管理、全程跟踪，加强考评、兑现奖惩，提高村干部的工作积极性。

二是严格的干部管户责任制。党政一把手亲自抓，分管人口和计划生育领导直接抓，班子成员联系分管工作配合抓，在人力、财力、物力等方面加大投入，抓好重点难点村工作。全镇建立了干部包村民组、包重管户的责任制。副科级以上领导干部联系到村，一般干部工作到村、管理到户、责任到人。管户干部要确保所服务管理对象人口计生变动信息上报准确，按要求开展每季度的妇检，及时落实相应避孕节育措施。按照"就近、便于管理"的原则，帮助村干部划定"包组"责任范围，落实村干部包组责任制。镇计生办要根据人口清核结果，提出重点服务管理对象名单，由镇党委、政府将对象落实到具体村干部。对动员政策外怀孕对象在县、镇两级人口计生技术部门或县医院、妇保院落实补救措施的，经核实对管户干部予以奖励。对因管理不到位发现政策外怀孕后没有及时采取补救措施，造成政策外二孩或以上生育的，对管户干部严格追究责任。

三是保证高质量的统计信息。每月，在计生办指导下，村两委召开统计例会，完整收集当月人口计生变动信息；自管小组长每月按时向村两委上报信息；镇计生办结合村级绩效考核，组织开展人口计生自查工作，核实村级上报数据的准确性。

四是实行分类指导和严格的考核奖惩机制。全镇根据工作情况，按照"分类指导、狠抓后进、力促平衡"的原则，将17个村分成三个类别，一类村：新水村、双河村、双包塘村、营河村、乐利村；二类村：得营村、得坪村、长方村、二田村、岩格村、营脚村、吊水村；三类村：坝海村、夏利村、启夏村、菁岩村、松木坎村。全镇根据不同类别制定不同的工作标准和量化指标，分别进行指导和考核，实行不同的奖惩措施。对基础较差的三类村，采取"末位倒排定责任、明确标准定措施、限期转化定目标"的方法，全面实现无常住人口手术无措施管理目标；对基本扫清手术库存的二类村，开展高质量妇检，杜绝政策外多孩生育，提升"村为主"全程管理服务水平；对基础较好，已实现"村为主"全程管理服务目标的一类村，实行村民自治。镇里成立了计划生育考核督查组。每月抽查6个样本村，每个季度对17个村有一次以上考核检查，并将考核结果上报。

五是高度重视手术消化工作和孕前型管理。全镇把落实节育措施、补救措施作为规范化管理的第一要务，采取一切行之有效的措施扫除手术库存，确保以村为单位实现无常住人口手术库存和不出现政策外生育的目标。镇计生办每月根据村级上报数据，筛选出及时期内手术对象名单，交管户干部兑现手术；服务管理对象在生育孩子90天内必须落实相应避孕节育措施，否则将追究管户干部责任；建立查环查孕奖励机制，坚持定点、持证、B超妇检，杜绝无效妇检；强化查环查孕包户责任制，严格奖惩，对在规定时间内没有参加妇检的对象，要责成管户干部进行追踪管理，并安排力量督促落实妇检，确保查环查孕工作落到实处；在妇检中发现政策外怀孕的，要坚决采取补救措施，杜绝政策外生育。通过抓紧抓实抓好查环查孕工作，使控制政策外生育防线进一步前移；对二女户结扎的家庭除县委、县政府给予的奖励外，镇里将通过项目、技术等帮扶二女结扎家庭脱贫致富，真正解决计生家庭后顾之忧。

除了努力推进人口和计划生育工作管理模式的转变，麻乍的计划生育工作者还在努力转变群众的婚育观念。计划生育工作要产生实效，改变群众的婚育观至关重要。

1990年以后，麻乍围绕宣传贯彻中央历次计划生育工作座谈会议精神、《贵州省计划生育试行条例》、《中国计划生育工作纲要》和计划生育政策法规，采取召开群众会宣讲、广播、墙报、标语等形式进行宣传，把宣传计划生育政策法规与落实节育措施，开展优生优育结合起来，把宣传"三为主"、"三结合"与帮助群众解决困难，脱贫致富结合起来，提高宣传工作的实效。

1998年以后，麻乍主要宣传"33321"的内容，即"三不变"、"三为主"、"三结合"、"两个转变"、"一个目标"。"三不变"即坚持现行的计划生育政策不变，既定的人口目标不变，各级党政一把手亲自抓，负总责不变；"三为主"即宣传教育为主、避孕为主、经常性工作为主；"三结合"即计划生育与发展经济相结合，与帮助农民勤劳致富奔小康相结合，与建设文明幸福家庭相结合；"两个转变"即计划生育工作思路和工作方

(计划生育宣传栏)

法要实现由以往单纯就计划生育抓计划生育向与经济社会发展紧密结合，采取综合措施解决人口问题转变，由以社会制约为主向逐步建立利益导向与社会制约相结合，宣传教育、综合服务、科学管理相统一的机制转变；"一个目标"即达到控制人口数量，提高人口素质，促进人口与经济社会协调发展的目标，推动计划生育工作逐步进入良性循环的新阶段。

为了吸引群众参与，麻乍宣传计划生育的手段也更加多样和丰富。例如，2012年，经党政联席会研究，麻乍决定在全镇开展计划生育"升位摘帽"宣传教育活动。活动为期一年，共分为组织动员、节目编排、文艺表演、总结四个步骤，利用"五四"、"六一"、"端午"等节日进行表演。为此麻乍专门成立了文艺表演队开展人口和计生工作宣传领导小组。

各文艺表演队表演的节目有：

(1) 快板：《生男生女都一样》；
(2) 舞蹈：《为了明天》；
(3) 歌曲：《五星红旗》；
(4) 七字朗诵：《优生幸福春来早》；
(5) 歌曲：《关爱女娃》；
(6) 《计划生育好处多》；
(7) 《破旧俗换思想》；
(8) 《近亲结婚害处大》

这种文艺演出，集娱乐性、知识性、趣味性于一体，既宣传了计划生育政策法规，又能够很好地同群众们进行现场互动；既给群众以美的享受，又教育群众转变"男尊女卑"、"多子多福"、"早生儿子早享福"的旧婚育观，树立晚婚晚育、优生优育、少生快富、男女平等等观念，因此能够起到良好的宣传效果。

## 二 超生问题与"少生快富扶贫工程"

尽管麻乍把计划生育工作当作一项非常重要的工作来抓，投入了相当的人力财力，但在相当长的时间里，这里的超生问题仍然比较严重。为什么会出现这么多超生的家庭？除了"延续香火"、"养儿防老"等传统观念根深蒂固外，麻乍还有其特殊的地理原因。麻乍是山区，在这里生存，要比平原艰难的多。日常割个草，挑个水，向邻居借个东西，赶场卖个鸡蛋，都必须走上半天山路，更别说上远处的山坡去开荒种地。这里生产生活的一切体力消耗都比平原地区要大得多，一家没几个男劳力撑不下来。这就是麻乍村民们的逻辑，在某种程度上，也是整个威宁乃至全国山区农民的逻辑。无论你政策讲得再好，说得再是个理，他们就是不买你的账。这样的逻辑，就直接决定了麻乍计划生育工作的长期性、艰巨性和复杂性。

由于计划生育工作难做，最早时期的工作方法难免简单生硬，有的时候甚至是粗暴。针对计划生育重点对象、钉子户等，一旦说服教育方式不通就用牵猪拉牛、扒瓦铲粮等方式。在麻乍，就曾经流传有这样的顺口溜，"计划生育，干部带头，抬走家具，牵猪拉牛"。这些简单粗暴的工作方法，与时代发展相悖，侵害了群众利益，容易引起干群关系紧张和村民们的抵制、不满。实践表明，在麻乍这样的少数民族贫困地区，要稳定和降低生育水平，解决超生问题，单靠行政手段和惩罚措施远远不够，必须要从大多数村民的现实状况和切身利益出发，建立一套切实可行的利益导向机制，使落实计划生育政策同广大村民的根本利益结合起来，使"少生"同"脱贫致富"有机结合起来，改变过去惩罚多生为现在的奖励少生，实现工作机制上的创新。

2009 年至 2012 年，当时的麻乍镇党委和政府为探索计划生育利益导向机制的建立，扶持村民们尽快脱贫致富，在全镇开展了人口和计划生育"少生快富扶贫工程"试点工作。

"少生快富扶贫工程"试点工作的主要任务是：围绕"开发扶贫、生态建设、人口控制"三大主题，以完善"奖励、优惠、养老"为重点的人口和计生利益导向机制为导向，以项目发展资金为拉动，以贴息贷款为支持，以相关涉农项目资金为推动，全方位扶持有关项目户家庭，使这些家庭生活有保障、生产有扶持、致富有门路，居住环境、生产生活得到明显改善，生活水平得到明显提高，从而带动更多的家庭自觉实施计划生育，促进人口与经济、社会、资源、环境的协调可持续发展。

"少生快富扶贫工程"项目主要包含"千户示范"、"万户工程"和"幸福工程"三个子项目。"千户示范"工程以农村独生子女户、二女扎户为主要对象，每户给予6000元项目启动金发展养殖、种植和加工等致富项目。示范项目根据实际需求，可同时申请"万户工程"财政贴息贷款。"万户工程"主要是针对全镇以农村独生子女户、二女结扎户和计划生育家庭为对象，先行试点，实行政府贴息贷款，每户可申请3万元"少生快富"工程项目贷款发展致富项。"幸福工程"项目原则上是每户发放项目资金5000元，采取"滚动运作"的方式，每轮次项目户使用时间为2至3年。

试点工作的主要做法是：

一是试点先行、示范带动。按照"近期作示范、长远探路子"的要求，通过项目示范、财政贴息、部门帮扶等方式，选取一些项目户积极开展试点。然后通过项目户示范、引导，带动更多的群众走少生快富之路。

二是政府引导、群众自愿。镇政府首先做好宣传、发动、引导工作，力求做到动之以情、晓之以理，家喻户晓，人人明白。根据村组产业发展方向，指导项目户根据其家庭的经济状况、技术特长、环境条件等综合因素，选择合适的经营项目，努力做到风险小、见效快。在具体项目设置、项目运作过程中，广泛听取群众的意见和建议，确保切实可行。

三是社会参与、多策并举。力争经济较发达地区开展对口帮扶，动员全社会力量捐款捐物，帮助计划生育家庭"治穷、治愚、治病。

四是整合资源、综合治理。镇各相关单位共同组织实施"少生快富扶贫工程"试点，严格对象确认和资金管理，确保资金安全。

试点工作对项目户资格条件作了严格的规定，要求项目户夫妻双方均为麻乍镇农业户口；按照省人口计生政策规定只生育一个子女、领取了《独生子女证》（或《独生子女父母光荣证》）或"两户"家庭；有较强的致富能力，并有能力形成一定规模的致富项目。

项目户申请、确认的程序是：

1、符合条件的家庭提出财政贴息贷款、项目启动资金、参与"幸福工程"的申请；

2、村委会审议并张榜公示后，报镇政府初审。

3、镇政府初审并张榜公示后，报县人口计生局审核批准；

4、承贷金融机构对由县人口计生局核准的对象提出的经营项目进行贷款安全性审查，并根据需要确定贷款数额和贷款使用期限，按照程序为符合要求的申请人办理贷款手续。金融机构办理贷款后，将贷款人员名单、贷款数额及使用期限等信息反馈给县人口计生局和财政局，作为结算和支付利息的依据。

麻乍的"少生快富扶贫工程"实施后，取得了明显成效。一方面，项目户得了实实在在的经济效益，干部们也腾出了时间和精力帮助群众发展经济，干群关系明显改善，收到了较高的投入产出效应。另一方面，群众计划生育的积极性提高了，促进了全镇生育水平的下降。例如，岩格箐村二组村民马永早，放弃政策内二孩生育，主动领取了《独生子女父母光荣证》，在帮扶部门的指导下，自筹资金创办了根雕园艺中心。他的根雕作品远销贵阳、昆明、六盘水等大中城市，年收入逾5万元，成为当地"少生快富"的模范典型，走上了"少生快富"之路。

### 三 麻乍的人口变化

应该说，经过多年不懈的努力，麻乍过快的人口增长势头已经得到有效遏制，为进入低生育水平打下了坚实基础。下表是20年来麻乍人口变化的情况。

户口人口表（1992—2012）

| 年份 | 村委数 | 小组数 | 总户数 | 农村户数 | 非农业户 | 农业户 | 总人口 | 乡镇人口 | 农村人口 | 按户口性质分 ||
|---|---|---|---|---|---|---|---|---|---|---|---|
| | | | | | | | | | | 非农业人口 | 农业人口 |
| 1992 | 17 | 113 | 6229 | | | 6229 | 28126 | | | | 27890 |

续表

| 年份 | 村委数 | 小组数 | 总户数 | 农村户数 | 非农业户 | 农业户 | 总人口 | 乡镇人口 | 农村人口 | 按户口性质分 ||
|---|---|---|---|---|---|---|---|---|---|---|---|
| | | | | | | | | | | 非农业人口 | 农业人口 |
| 1993 | 17 | 113 | 6363 | 6363 | 14 | 6349 | 28498 | 0 | 28498 | 331 | 28167 |
| 1994 | 17 | 113 | 6459 | 6459 | 12 | 6447 | 28726 | 0 | 28726 | 291 | 28435 |
| 1995 | 17 | 113 | 6616 | 6616 | 12 | 6604 | 29106 | | | 274 | 28832 |
| 1996 | 17 | 113 | 6749 | 6749 | 15 | 6749 | 29580 | | | 237 | |
| 1997 | 17 | 113 | 6890 | | 15 | 6875 | 30138 | | | 143 | 29995 |
| 1998 | 17 | 113 | 6988 | | 1 | 6987 | 30559 | | | 163 | |
| 1999 | 17 | 113 | 7115 | | | | 31445 | | | 172 | |
| 2000 | 17 | 113 | 7364 | | 4 | | 34039 | | | 213 | |
| 2001 | 17 | 113 | 7497 | | | | 34460 | | | | 33426 |
| 2002 | 17 | 113 | 7606 | | 16 | 7723 | 34792 | | | 265 | 34527 |
| 2003 | 17 | 113 | 7865 | | 16 | 7849 | 34913 | | | 219 | 34694 |
| 2004 | 17 | 113 | 8043 | | 25 | 8018 | 35659 | | 35659 | 293 | 35366 |
| 2005 | 17 | 113 | 8219 | 8219 | 25 | 8194 | 36468 | | 36468 | 293 | 36175 |
| 2006 | 17 | 113 | 8459 | 8459 | 25 | 8434 | 37856 | | 37856 | 326 | 37530 |
| 2007 | 17 | 113 | 8634 | | 28 | 8606 | 38749 | | | 337 | 38412 |
| 2008 | 17 | 113 | 8744 | 8744 | 32 | 8712 | 39103 | 0 | 39103 | 340 | 38763 |
| 2009 | 17 | 113 | 8762 | 8762 | 38 | 8724 | 39572 | 0 | 39572 | 359 | 39213 |
| 2010 | 17 | 113 | 8942 | 8942 | 39 | 8903 | 41750 | 0 | 41750 | 377 | 41373 |
| 2011 | 17 | 113 | 9020 | 9020 | 43 | 8977 | 42070 | 0 | 42070 | 382 | 41688 |
| 2012 | 17 | 113 | 9092 | | | | 42362 | | | | |

从人口自然增长率看，麻乍总体呈现下降的趋势，由1993年的13.14‰降至2012年的6.92‰，下降了6.22个千分点。但在这一总体下降过程中，其中也经历了曲折和反复。

同时，人口增长的绝对数量也多有反复，其中2000年、2006年和2010年是三个高峰，分别达到2594人、1388人和2178人，其余年份均在千人以下。年增加人口由1993年的372人减少至2012年的292人。

2013年，麻乍出生326人，政策内318人，符合政策生育率97.55%。落实避孕节育手术531例，其中：上环190例（二孩上环2例），结扎327例（其中：二女户结扎12例），补救14例。全镇人口出生率8.2‰，自然增长率控制在4.6‰以内。

## 第二节　人口质量与教育卫生文化事业

### 一　麻乍教育的基本状况

教育是提高人口质量的基本手段。上个世纪80年代，麻乍办学的条件非常艰苦，教育经费一般来自村民们的集资。但是，由于麻乍经济较为落后，因此，筹集到的教育经费非常有限。从下面的两则资料中，就可见一斑了。1988年，坝海村三角庄小学向当时的乡政府申请经费992.90元，其中为做课桌800元，单价25元。乡政府批示，同意从1988年的集资办学款拨付。1989年3月6日，二田村在致乡政府的一份请示中说，"山大人稀，居住分散，人口众多，只有一所小学、教室又少。大部分适龄儿童无学可上。四、五、六、七组的学生离校远，来回十多华里，中途还要过河"。

为改变教育基础设施落后的状况，努力改善办学条件，麻乍镇党委和政府认真研究上级政策，积极主动与上级有关部门衔接，制定各种教育项目建设规划，多方争取项目和资金支持。同时，积极邀请上级有关领导和社会各界爱心人士来镇实地调研考察、指导工作，通过认真汇报全镇教育发展成绩，反映教育实际困难等，赢得有关领导、部门和爱心人士的重视、关心和支持。

例如，1995年，麻乍利用外资8万元建设青岩小学教学楼，同时争取到县里自筹的配套资金2万元，其他资金2万元。1999年，麻乍争取到"义务教育工程"、"希望工程"等项目，实施麻乍小学教学楼、戛利小学教学楼及围墙、丁力希望小学教学楼建设项目，新增教室33间，同时自筹资金，新建了三家村小学5间简易教室，维修了乐利小学、丰收小学。总建设资金达32万元。

（修建中的学校）

各地各单位个人捐资兴学建设项目表列如下：

各地各单位个人捐资兴学建设项目表列如下：

| 学校名称 | 项目名称 | 投资额（万元） | 建筑面积(平方米) | 竣工时间 | 捐资金额（万元） | 捐资时间 | 捐款单位（或个人） |
|---|---|---|---|---|---|---|---|
| 红乐小学 | 教学楼 | 18 | | | 18 | 2006 | 统战部 |
| 三角庄小学 | 教学楼 | 10 | | 2000 | 7 | 1999 | 香港善启慈善基金会 |
| 松木坎小学 | 教学楼 | 10 | | 2001 | 7 | 2000 | 香港善启慈善基金会 |
| 启嘎小学 | 教学楼 | | 522 | | 10 | 2005 | 善启慈善基金会 |
| 双河小学 | 教学楼 | 11 | | 2002 | 7 | 2001 | 香港智行教育促进会 |
| 二田小学 | 绣山教学楼 | 38.9 | 895.2 | 2006 | 12 | | 朱英龙 |

2003年，国家提出实施西部地区"两基"攻坚计划（2004—2007），即基本实施九年义务教育和基本扫除青壮年文盲。此后，麻乍镇党委和政府抓住"两基"攻坚的契机，多渠道筹集教育经费，包括财政转移支付资金、"两基"专项资金、危房改造资金、希望工程、扶贫工程资金等，使全乡教育基础设施得到很大程度的改善。

2006年底，威宁县顺利通过了国家"两基"验收，但基本是按最低标准通过，距离东部发达地区的水平还相差甚远。就麻乍而言，当时比较突出的问题是，教室环境普遍存在着脏、乱、差的情况，课桌椅、黑板、讲桌、门窗、灯具等教室设施存在着大量破损和不规范现象，许多学校水电不正常。

为了全面提升各中小学面貌，2008年，威宁在全县中小学实施了"亮丽工程"，力争实现"规划、硬化、绿化、美化、文化"。麻乍各中小学通过实施"亮丽工程"，维修、整修了校门、校园、校舍，整理、净化了教室、行政用房、宿舍和食堂等，使全镇中小学的校园环境为之一新，面貌得到很大改善。

（麻乍中学）

不过，当时的麻乍中小学校舍仍有相当部分达不到抗震设防和其他防灾要求，C级和D级危房仍较多存在；尤其是20世纪90年代以前和"普九"早期建设的校舍，问题更为突出；已经修缮改造的校舍，仍有一部分不符合抗震设防等防灾标准和设计规范。恰好此时党中央、国务院决定从 2009 年开始，用 3 年时间，在全国中小学校开展抗震加固、提高综合防灾能力建设，使学校校舍达到重点设防类抗震设防标准，并符合对山体滑坡、崩塌、泥石流、地面塌陷和洪水、台风、火灾、雷击等灾害的防灾避险安全要求，即"校安工程"。

借着全国实施"校安工程"的东风，2009 年至 2011 年，麻乍在全镇中小学共投入 452 万元，实施"校安工程"项目 19 个，其中重建教学楼项目 14 个，厕所项目 5 个，总面积达 4112 平方米。这一工程为麻乍诸多学校撑起了地震保护伞，确保将学校建成家长最放心、学生最安全的场所。2012 年 9 月，云南省彝良县和贵州省威宁县交界处发生 5.7 级地震。包括麻乍在内的全县所有"校安工程"项目无一垮塌，全部经受住了地震的考验。

2011 年至 2012 年，根据全县的统一安排，麻乍又利用公用经费提标资金，在全镇中小学实施了"优美教室工程"。

仅 2012 年一年，麻乍就为此投入 45.34 万元。其中，麻乍中学 8.02 万元，二田小学 3.02 万元，三角庄小学 1.51 万元，麻二中 3.30 万元，嘎利小学 3.75 万元，启嘎小学 0.94 万元，岩格小学 1.46 万元，箐岩小学 2.35 万元，玉角教学点 0.38 万元，红乐小学 1.23 万元，龙街小学 0.29 万元，长方教学点 0.56 万元，红岩和德坪小学 1.34 万元，得营小学 1.88 万元，坪营小学 2.05 万元，乐利小学 1.52 万元，富乐小学 2 万元，双河小学 1.78 万元，新水小学 1.19 万元，麻乍小学 6.77 万元。总共加固、维修课桌椅 526 套，门窗 42 平米，黑板 24 块，讲桌 24 张，灯具 32 套。2013 年以后，为保持教室的长期美化，使之成为一项长期机制，麻乍将公用经费提标资金的 2% 作为专项资金，用于对需要维修的教育设施的维修。

近些年来，通过实施一系列教育工程项目，强化教学教研管理工作，麻乍中小学的基础设施得到极大改善，教学质量不断提升。截至 2013 年底，麻乍的学校总占地面积 97749 平方米，人均占地面积 14 平方米。全镇现有小学 19 所（含教学点），在校生 4485 人，小学教师 215 名；初级中学 2 所，在校生 2493 人，初中教师 94 名。现有图书 95526 册，人均图书 13.7 册。全镇小学入学率 13—15 周岁少年入学率 93%、集镇区"三残儿童"入学率 90%、九年义务教育覆盖率均达 100%，初中非正常辍学率控制在0.2%以内，初中毕业生升学率达100%。

（岩格小学）

麻乍的义务教育取得明显成效的同时，也存在一些不容忽视的问题：一是中学"大班额"现象突出。麻乍两个中学的班级人数较多，基本都在50人以上。对学生来说，班级人数过多，人均生活学习空间就狭小，容易导致教室内空气质量下降。教室里往往摆满了课桌凳，有的学生甚至要共用课桌。学生被挤在课桌之间，无法活动，时间长了就会影响学生的身体健康发育。同时，上课时前边的学生距离黑板太近，后边的学生离黑板太远，又会影响学生的视力发育。对教师来说，大班额的存在，也明显加重了教师的教学负担。教师每天除了备课、上课之外，还要批改大量作业，抽不出时间对学生进行教学辅导，与学生的沟通交流时间也十分有限，这样就会影响整体教学质量的提升。对学校来说，大班额的出现，使学校承担的教学任务及学校安全任务成倍增加，学校的安全形势日益严峻。二是部分小学的生源逐年减少。在麻乍，"有学上"的问题已经得到了根本解决，但"上好学"的问题依旧十分突出。有些富裕起来的农村家庭为了使孩子能有一个更好的教育环境，就把孩子送进县城读书。同时，有些农民进城务工，他们的孩子也跟随父母到城镇学校就读。这样就导致一些小学的生源锐减，公用经费投入也相应减少，与其他学校的差距就进一步拉大。三是师资力量不足。目前麻乍虽然引进了很多特岗教师，但从总体上看，其师资力量还是很弱，教师素质也明显低于县城，特别是在音乐、体育、美术等课程上，教师更是极为缺乏。麻乍中学的师生比为26∶1，远远低于国家有关标准。相当一部分教师是民办转公办或村聘教师，没有经过正规的师范教育，凭经验施教，观念落后、教法陈旧。同时由于经费不足，学校给教师提供外出学习培训、交流的机会少，教师知识结构老化，素质难以提高，面对繁重的教学任务，往往显得力不从心。四是教学设施落后。学校图书大多陈旧，试验、电教仪器不完备，多媒体设备缺乏，学生与计算机比远远低于县城里的学校。有些学校，虽然配备了少量多媒体教学仪器，但由于缺少必要的维护和仪器的落后，不少课程都无法保证教学任务的完成，有些现代化的教育设施也成了摆设。

（麻乍小学图书室）

## 二 辍学问题及应对

作为一个少数民族地区的贫困镇，同其他贫困地区一样，麻乍的辍学问题曾经是比较突出的。从麻乍的实际情况看，辍学的学生主要集中在中学，特别是初三。造成这些学生辍学的因素是多方面的，也是极为复杂的，其中既有教育方面的原因，也有教育以外方面的原因，涉及到社会、经济、教育、家庭、文化等各个方面。可以说，一个学生的辍学，往往是多个因素并存或交织在一起。

根据调查，麻乍中小学生辍学的原因主要有：一是观念的错位。由于经济文化的落后，一部分家长受着"读书无用论"思潮的影响，对读书的重要性认识不够。特别是在村民中经常流传着某某的孩子读完了大学还没有找到工作,最后还是要出去打工的说法。这样一来,这些家长看到那些不上学而外出打工的孩子每月都能向家里交几百甚至上千元钱,就认为:读书只是让孩子会识几个字、会算几个数就够了。读书读多了也没有什么用,还不如早点出去赚钱补贴家用。二是学生的厌学情绪。对于许多农村孩子来说,考上高中和大学,是他们脱离农村的最好途径。一旦这个孩子学习成绩不是太好,面对老师、家长的压力和批评,往往就会产生自卑心理和厌学情绪,对学习失去兴趣、对前途失去信心,感到低人一头,升学无望。三是应试教育的弊端。由于一些学校教育教学方法陈旧,使得学生感到学校生活枯燥无味。再加上追求应试教育,学校的办学形式、教育内容与当地生活环境和农业生产实际很不适应,使得学校缺乏对学生的吸引力。除了以上三个原因外,也有一些学生是因贫辍学;还有极少数学生因上学路途远而辍学。

从表面上看,辍学好像只是一个简单的读不读书的问题,但事实上,它往往会引发和反映一系列深刻的社会问题。如果大量学生在未完成九年义务教育的情况下就放弃学业,势必会产生新的文盲,影响人口结构,降低人口的整体素质。同时,大量低文化程度的人涌入社会,也会对经济发展起消极的影响作用,而且还易引发青少年犯罪问题。

为保证"普九"各项指标逐年上升,降低青壮年文盲率,杜绝学生辍学,麻乍镇党委、政府逐渐建立起"双向控辍保学"责任制,将"控辍保学"责任落实到教育行政干部、落实到学校教师身上,在控制辍学问题上取得了显著成效。具体做法是:

一是提前做好控辍保学排查工作。各学校根据自身实际,抓住重点,强化管理,及时准确掌握基本情况,抓住重点时间(春季开学)、重点片区(外出打工人员集中地)、重点人物(学困生、留守儿童少年和经济困难学生),强化管理,确保辍学和有辍学想法的儿童少年返校上课。

二是健全和完善"控辍保学"管理制度。

1、对清理排查出的留守儿童少年或监护人无力监护的儿童、少年,以学校为单位建立成长记录档案,配合政府、家庭、村委会形成"四位一体"的工作机制,一对一落实帮扶、关爱措施。

2、每学期开学一周内,学校对学生辍学情况进行排查统计,了解原因及去向;发现学生旷课要及时追踪,寻找未果的要及时告知家长或监护人寻找，并向公安部门和相关部门报告。

3、完善和落实辍学工作报告制，出现学生旷课现象，班主任须立即想办法与学生家长取得联系，通报情况，同时向学校递交书面报告（写清学生的基本信息、旷课原因、与家长联系及追踪查找情况等），学校接到报告后，上报中心校并立即组织教师追踪查找，劝其返校学习，若耐心劝说仍未返校的，应在三日内向旷课学生户籍所在地镇政府递交学生辍学书面报告。镇中心校在每月月底前将学生变动情况报县教育局基础教育股。

4、对清理排查出未入学的适龄儿童少年，经核查属实的，各学校必须无条件接受，并做好他们的心理疏导工作和救助帮扶义务。

三是加强"控辍保学"工作考核，实行责任追究制。对工作不到位的相关学校校长、中心校校长实行"一票否决"，并按规定追究责任；实行在校学生周报告制度，加大监控力度，加强督促检查，坚决制止在校生流失；及时摸清底数，准确掌握好校外适龄生分布情况及去向，制定措施，落实责任，组织动员校外适龄生入校就读；开展捐资助学活动，做好扶贫控辍工作。同时对不能保障适龄少年儿童入学权利的家长或监护人、拒不参加补偿教育和扫盲教育的对象以及违反《中华人民共和国义务教育法》、《中华人民共和国教育法》、《中华人民共和国教师法》等法律法规的单位和个人，坚决依法予以查处。

四是做好中小学留守儿童的帮扶工作。

1、完善留守儿童少年普查登记和专档管理制度，实行动态跟踪管理。由镇政府、中心校、中学、派出所、村委会组织排查所在区域留守儿童少年底数，建立健全每个留守儿童少年档案，对监护人情况、父母外出打工地点、时间、联系方式，留守儿童少年的教育、心理、安全需求、结对帮扶情况进行登记，密切关注留守儿童少年的家庭情况、心理状况、成长变化等。

2、完善结对帮扶制度，动员组织机关干部职工、教师、社会各界人士参与开展关爱留守儿童活动，签订留守儿童少年帮扶协议，确保留守儿童少年受到"一对一"或"一对几"的结对帮扶。

3、领导干部必须带头结对帮扶 1 名以上留守儿童少年，结合帮扶对象实际开展捐资助学、心理指导、精神关怀等，撰写关爱受助留守儿童少年关爱笔记。结对帮扶期限直至受助对象完成九年义务教育，或者留守儿童少年身份结束。

4、以学校为主阵地，学校教职工要实行"1+1"或"1+几"结对帮扶留守儿童少年。每位帮扶教师要切实负起责任，从学习、生活、情感上帮扶，定期家访，及时掌握帮扶儿童的思想动态，积极为他们解决所面临的各种困难和问题。结对帮扶期限直至受助对象完成在该校的学业，或者留守儿童少年身份结束。

5、父母外出务工不能履行对未成年人监护职责的，应委托有监护能力的其他成年人代为监护，并签订委托协议。

6、寄宿制学校优先满足留守儿童少年的住宿需求。

为了做好"控辍保学"工作，麻乍还非常重视开展有关宣传工作，在镇交通要道、主要街道醒目位置、各中小学、中心学校附近显要位置张贴、悬挂了许多标语，营造良好"控辍保学"的社会氛围。

控辍保学工作宣传标语三十条
1、教育是中华民族振兴和社会进步的基石！
2、教育是国计，也是民生；教育是今天，更是明天！
3、家事国事天下事，办好教育是大事！
4、富民必先强教，兴黔必先兴教！
5、经济振兴，重在人才；人才振兴，重在教育。
6、经济要发展，教育要先行。
7、教育改变命运，知识创造财富，学习充实人生。
8、全社会行动起来，打一场"控辍保学"攻坚战！
9、孩子是祖国的未来和希望，"控辍保学"任重道远！
10、依法控辍，提高义务教育水平！
11、"控辍保学"，利国利民，人人有责！
12、攻坚克难，真抓实干，提高巩固率，降低辍学率。
13、国家兴旺靠教育，农民致富靠读书。
14、脱贫致富，教育铺路。
15、家庭的希望在孩子，孩子的希望在教育。
16、土地不种误一季，人不读书误一生。
17、要想致富奔小康，先送子女进学堂。

续表

18、世界再大也不怕,学好文化走天下。
19、农民小康路上走,学习文化是帮手。
20、贫穷不读书,穷根难断。富贵不读书,富贵不长。
21、有田不耕仓库虚,有书不读子孙愚。
22、今天的辍学生也许就是明天的贫困户!
23、送子女入学接受义务教育是每一个家长的法定责任!
24、放任接受义务教育的子女辍学是违法行为。
25、招用不满16周岁的未成年人做工是违法行为。
26、坚决打击招用童工的违法行为!
27、挽救一个辍学生,造福一个家庭。
28、多培养一个优秀生是贡献,多留住一个辍学生同样是贡献!
29、不放弃每一个学生。
30、该入学的一个不能少,已入学的一个不能走。

## 三 营养改善计划和五心教育

麻乍是山区,农村孩子上学非常困难。距离学校远的家庭,孩子上学往往需要走一个半小时的山路。到了冬天,往往天还未亮,就要起床出发。加上学校条件简陋,没有食堂,学生中午只能马铃薯就着白开水充饥。由于孩子没有吃正常的午餐,学校只好提早放学,一般下午四点前就放学了。这样算来,麻乍镇的孩子在学校学习时间至少要比城里的孩子少一个小时。又加之营养不良,学生上课注意力难以集中,学习效果大受影响,如此一来,山区孩子的学习成绩难免不甚理想。

麻乍的情况在我国西部贫困山区并不罕见,在当地人眼里,学生中午不吃饭并不是一件奇怪的事情,一天吃两顿饭、多天才吃一次肉是许多家庭的常态。为了保证学生吃好午餐,威宁从2012年开始,在全县实施了农村义务教育学生营养改善计划。营养改善计划的资金由中央财政全额承担,实施范围是县以下不含县城的农村义务教育阶段一至九年级学生;补助标准是每生每天3元,每生每年补助600元。中央财政对威宁自治县每年将投入资金近两亿元,受益学生达32万人。

在营养改善计划中,明确了镇政府与学校的职责。其中,镇政府的职责是：负责本镇辖区内学校"营养改善计划"的具体实施工作；制定本镇学校"营养改善计划"实施方案，明确镇相关部门的职责，负责对本辖区内学校学生供餐、用餐工作进行监督、管理；督促学校完善各项制度；制定学生食品安全应急预案，及时组织学生食品安全应急救援；充分发挥好相关组织、人民团体、学生家长在确定供餐模式、配餐食谱和日常监督管理等方面的作用。

（麻乍小学食堂）

农村义务教育学校的职责是：学校校长是"营养改善计划"的第一责任人，具体负责学校"营养改善计划"的实施工作，负责成立学校学生供餐领导小组和监督小组，明确职责、细化分工、落实责任，确保学生营养餐用餐工作落到实处；学校要切实承担起"营养改善计划"的组织实施和相关管理责任，要按照有关法律法规、标准做好食堂建设和设施设备配备，严格管理、规范操作，保证各个环节的食品卫生安全，妥善组织和管理好学生用餐；要严格落实国家教学计划规定的健康教育时间，对学生进行营养健康教育，建立健康的饮食行为模式，使广大学生能够利用营养知识终身受益，身体素质得到明显提高。

麻乍中学食堂饭菜质量和价格：

（一）饭菜质量、数量及品种

早餐：包子、馒头、炸洋芋、油炸饼、米线、鸡蛋、花生牛奶等。

中餐：保证两菜一汤一饭

晚餐：保证两菜一汤一饭

夜宵：包子、馒头、炸洋芋、油炸饼、米线、鸡蛋、花生牛奶等。

（二）价格：包子、馒头、油炸饼、鸡蛋一元一个，炸洋芋一元一提，米线叁元一碗，花生牛奶二元一瓶；中餐、晚餐叁元一餐。

立德树人是教育的根本任务。要成才，必须先成人，德字为先。《左传》有言："太上有立德，其次有立功，其次有立言，虽久不废，此之谓不朽。"然而随着社会经济的发展，学校未成年人思想道德教育在新形势下面临着许多新的挑战。尤其是近些年来社会上出现的一些道德滑坡现象令人忧心忡忡。为了做好中小学生的思想教育工作，麻乍在全镇中小学校广泛深入地开展了以"把忠心献给祖国、把孝心献给父母、把爱心献给社会、把诚心献给他人、把信心留给自己"为主要内容的"五心"教育活动，希望通过"五心"教育活动，引导学生做到胸怀祖国、尊老爱幼、奉献社会、诚实守信、自立自强，增强师生忠孝、仁爱、诚信的社会主义道德观、荣辱观，建设文明和谐校园，解决教育系统在政治思想、纪律作风方面存在的突出问题，进一步激励教师爱岗敬业、勤奋工作，培养合格人才，增强教育发展的内在动力。

"五心"教育活动的内涵如下：

一是把忠心献给祖国。主旨是以爱国主义为核心，弘扬优良传统，培养时代精神。教师爱岗敬业，忠诚党的教育事业，学生勤学苦练，立志奉献祖国。把忠于祖国、忠于党和人民统一起来。以热爱祖国为荣，以危害祖国为耻。热爱家乡、热爱威宁，依恋故土、挚爱乡亲，遵纪守法、团结向上。

二是把孝心献给父母。强调"百善孝为先"。把孝敬父母与尊敬师长、尊敬长辈、礼貌待人、敬老爱幼等紧密结合。学生要尊敬体贴父母，为父母分忧，分担家务。教师要以身作则，言传身教，做"孝心献给父母"的模范，引领学生理解父母、体贴父母、关心父母。

三是把爱心献给社会。强调社会是个大家庭，爱人者，人恒爱之；敬人者，人恒敬之。以集体主义为核心，坚持以人为本，弘扬助人为乐、与人友善的良好风尚，营造扶贫济困、团结互助、礼让宽容的人际关系。教师要增强服务意识，履职尽责，增强责任意识，宽厚博爱，教书育人，服务社会，奉献社会。学生间要从小培育互爱互助精神，以宽广的胸怀学知识长本领，以开放的视野学会交流，学会沟通，学会感恩，融入社会，爱护环境，增长才干。

四是把诚心献给他人。强调诚实做人，信誉待人。诚信是立身之本。要重信誉、守信用、讲信义。教师要真诚关爱每个学生，关心学习生活有困难的学生，关怀帮助思想品德有差异的学生，不断加强学生行为习惯的养成教育，认真分析研究每个学生的闪光点，扬长避短，因材施教，真心实意教育好每个学生，让每个学生都有进步，学生要懂得诚信，自觉培育诚信的种子，诚实奋进。

五是把信心留给自己。强调信心是事业学业成功的基石。要以自信自强为核心，培育自信、自强、自立的个性意识。教师要有自尊自信、奋发向上的积极心态，消除职业倦怠，突出我能我行、工作创一流、目标争第一的时代特征，创先争优，不甘落后，拼搏进取，不断提高教书育人的质量和水平。要培养学生昂扬向上的学习风貌，激发学习兴趣和内在动力，尝试成功教育，树立自信心，提高学习质量和效果。

麻乍各中小学校在校园文化建设上优先保障校园文化富有"五心"教育的育人氛围和特色，广泛深入持久地宣传"五心"教育，力图使忠心、孝心、爱心、诚心、信心有机融入校训，让"五心"的具体内容进入学校文化橱窗、宣传栏，努力打造有深度内涵的"五心"教育校园文化。同时要求学校、学校校长、教师认真践行"十个不"承诺，严格"六个禁止"（禁止在校园内或社会公共场所参与打牌赌博；禁止私自调课、停课、组织或参与罢课；禁止侮辱、体罚或变相体罚学生；禁止私下补课等各种乱收费行为加重家长负担；禁止私下强迫学生订购学习用品；禁止一切有害学生身心健康的行为）的规定，依法依纪文明执教，规范办学行为，恪守教师职业道德规范，认真研究教育教学规律。禁止在教育教学行为过程中出现与"五心"教育不相符合的言行，禁止有碍于素质教育全面推进的违规违纪行为。

每年，各学校都会把"五心"教育与各种活动有机结合，组织开展忠心献给祖国、孝心献给父母、爱心献给社会、诚心献给他人、信心留给自己的系列活动。比如，抓住重大传统节日如清明节、端午节、重阳节及"五·四"、"六·一"、"七·一"、"十·一"等节日活动契机，在升旗仪式、诵读经典、唱红歌、主题班会等活动中，有针对性地开展"五心"

教育，营造浓厚的"五心"教育氛围。又比如，组建学生志愿者服务队伍，帮助社区街道、农贸市场等公共场所打扫卫生、整脏治乱，人人动手清洁家园。帮助贫困留守儿童解决学业上的困难和问题等。

### 四 麻乍的文化事业

过去，麻乍镇的文化事业非常落后。1990年，麻乍只有电影放映机2台，收录音机276部，收音机145部，收录音机、收音机普及户数仅为22.3%。镇里的群众，干完了农活，晚上没有别的事情，不是上床睡觉，就是凑在一块打牌或打麻将。输了钱，不仅伤和气，还会闹得家庭不和睦。近些年来，随着生活水平的提高，特别是随着国家广播电视"村村通"工程的实施，麻乍基本上家家户户都买了电视机，看上了电视节目。2012年7月，麻乍建立了有线电视台，发展有线电视用户420户，入户率1%。村民们足不出户就能了解天下事，极大地开阔了眼界。渐渐的，看电视成为了村民们最主要的文化生活方式。但很多村民仍然表示，与城里相比，农村的文化生活太枯燥了，不要说农闲，就是过年都没有多大意思，除了看电视，就是打牌。

为了丰富村民们的文化生活，当时的乡党委和政府也一直在想办法，采取了不少措施。2006年，乡党委、政府专门联系县里的文艺宣传队一起深入麻乍开展宣传，充分利用文艺演出形式，宣传《妇女权益保障法》，发放有关资料5000多份。2008年春节期间，镇里专门邀请县里的书法作者到全镇为老百姓义务写春联。

2011年国庆期间，全镇开展了送电影下乡活动，受到了广大群众的热烈欢迎。这一活动覆盖全镇17个村，保证让全镇每个人都能够看到电影，因为人多，麻乍镇派出所每晚都安排警力在放映场地进行巡逻，维护秩序。放映人员向群众承诺，"只要你们想看，我便可以到你们院子里放，并且在这次放映结束后，若你们还想看，可以向镇政府反映，我随时可以再来放映"。为了组织好放映工作，让电影给群众带来乐趣的同时能够学到更多的知识，使电影发挥更好的作用，放映人员与镇领导在选择影片和放映顺序上下了功夫，一场精彩的《血战陈庄》过后，再放一些《婚育新风》、《农村生育与致富》等科教片，让观众赞不绝口，虽然天气寒冷但广场上仍然站满了聚精会神观看的群众。

在经费紧张的情况下，镇政府多方筹措资金，为吊水村的群众购置音响设备，安装舞场照明灯光，免费供给村民开展镇村丰富多彩的娱乐活动，麻乍人也开始跳起了广场舞。刚开始跳舞时，镇里很多人还不太好意思学，认为跳舞是城里人做的事情，乡下人干惯了农活，还跳什么舞哟。后来，学习跳舞的村民就越来越多了，即使不会跳的村民，也愿意去广场呆着，凑个热闹。有村民表示，"现在吃完饭，可以到广场上跳跳舞，自娱自乐，既健了身，又能感受一下这里的欢乐氛围，大家都很喜欢。"

每年的某个时段，麻乍都会集中开展"整脏治乱"志愿服务活动。在活动中，大家高举志愿者旗及相关标语，喊起口号，头戴小红帽，手拿火钳、扫帚、铁铲、塑料盆、手帕等基本清扫工具，在麻乍镇街道路打扫，既干净了街道，又营造宣传了讲卫生的氛围。

2007年，麻乍镇双包塘村被评为"四在农家"示范点，同时获得农村文化家园建设项目资金3万元。"四在农家"是贵州省余庆县在推进农村小康社会建设进程中，开展的一项具有创造性的农村精神文明创建活动。这项活动在丰富农村文化生活方面取得了显著成效，引起了有关中央领导同志及中宣部、中央文明办的高度重视，由此，"四在农家"创建的经验开始走向全国。

（双包塘村科技文化服务中心）

2010年，"威宁试点"工作启动，县委、县政府提出了以"四在农家"（富在农家、学在农家、乐在农家、美在农家）破解"三农"难题。

麻乍镇随之以此作为契机，开展新农村建设，着力打造乡村新貌，麻乍的卫生条件大为改观。一是新村建设步伐加快，一批与山水风光相映衬，与民族特色相吻合，与人文风情相统一、与经济发展相适应的独具特色的示范新村得以建成。二是村庄整治力度加大。全镇环境卫生、交通条件、镇容村貌明显改观，群众文明卫生意识明显提高。三是生态环境建设力度加大，森林覆盖率有所提高。以麻乍镇嘎利村为例，2011年，全村新建与改造民居565户，实施房屋立面整治15000平方米；改造圈舍100余间，1500余平方米，新建公厕1个、垃圾池9个，新修休闲娱乐广场1696平方米并安装健身器材，建成球场510平方米、凉亭2个、农家书屋一个，完成农户院坝硬化1360平方米、通组路网硬化3.5公里、通村油路5.2公里，结合绿化、美化、亮化工程，房前屋后植树1000余株，为发展镇村旅游业修建登山梯254米。

2013年末，麻乍有镇文化服务中心、广播电视站各1处，有村级文化活动中心17处，各类图书室22个，藏书10余万册。不过，与人民群众日益增长的文化需求相比，麻乍镇的文化建设还并不能令人满意。大家普遍感到文化生活提高缓慢。镇文化服务中心2010年设立，但实际上2013年才配齐人员、设备，尚未完全发挥好作用，群众的认知度也不高。全镇还有两个村尚未设村图书室。有些村子的图书室、文化活动室和阅报栏虽然建起来了，但往往徒有虚名，经常锁着门，或者因为宣传不到位，无人问津。不少自然村基本上还没有体育锻炼场所和体育器材，有的自然村在村容整治时建设了一些体育活动场地并安装了一些器材，但是随着时间的推移，不少设施因无人管理早已废弃生锈，场地长满杂草。因为大多数年轻人都外出打工了，留下来的大多是老人，他们本身文化程度不高，再加上还要干活，所以对文化活动的参与度不高。同时他们对文化生活的投入也非常有限，多数农民每年用于订阅书刊、看电影、上网的支出几乎为零，精神文化生活相对单调。

### 五 麻乍的卫生状况

近年来，麻乍建立和完善了"划片管理、职责明确、上下协调、办事高效、综合执法"的卫生监督新体制。由县卫生和食品药品监督管理局行文批准建立镇卫生监督协管站。麻乍镇卫生院现有正式职工35个

（53个编制，缺编18人），其中行政人员2名（兼职）。有17个村卫生室，每村配备有一名防疫员，一名妇保员，共计34名村医，均由镇财政每月支付400元工资。同时，每诊疗一名病人，国家补贴8元的诊疗费，由合作医疗统筹资金安排。

镇卫生院按照《执业医师法》、《食品卫生法》的有关规定，严格对卫生院、村卫生室实行量化积分管理；不断提高执法的能力，认真组织国家法律法规，以打击非法行医为重点，不断推动"蓝盾行动"的深入开展；对餐饮业含学校食堂住宿公共场所卫生量化分级管理实现全覆盖。扎实做好食品安全、协调、指导、监督、从业人员培训等工作，严厉打击食品非法添加和滥用食品添加剂、"地沟油"等不符合质量的专项行动。近年来办理和评审《医疗执业许可证》达90%，《餐饮许可证》、《公共卫生许可证》、《健康证》达90%以上，为全镇人民群众的身体健康，生民安全的保障，奠定了良好的基础。因此近年来全镇无重大食品安全事件。

2009年，麻乍镇卫生院新建的综合楼投入使用，建筑面积为500㎡。设有内、外、妇、儿、B超室、生化室、X光室、心电图室、中西药房、注射室、观察室、收费室、合医办公室、换药室、公共卫生科等科室，配置救护车一辆、显微镜1台、紫外线消毒灯2照，设置病床20张。年门诊人次约2万人，年住院人次约1千余人。17个村都新建了卫生室（60㎡）并投入使用，现有村卫生室人员34人，群众就医难问题得到了改善。

2011年3月后，麻乍镇开始实施国家基本药物制度，卫生院所有药品零加价，所有非基药全部下架，药价同比下降25%左右，减轻了群众的医疗负担。

新型农村合作医疗制度，是国家解决农民看病难、看病贵的一项惠民工程。2007年2月，贵州省合作医疗批准威宁县为全省新增的17个试点县之一，合作医疗工作随即在全县铺开。全镇积极对新农合工作进行宣传，有效地提高了群众的参合积极性。为了把这一惠民政策落到实处，镇卫生院要求所有医生对患者用药，必须全部使用国家基本药物，切实减轻了患者负担。同时，实行了住院报销直补工作，住院病人实现了出院即时报销，极大地方便了群众。

全镇至今共建立居民健康档案25000份，累计建档率达到80%以上；

管理高血压病人 1700 人，管理糖尿病人 50 人，管理精神病人 50 人。全部适龄儿童免费接种疫苗，免疫规划"五苗"接种率达 95%、新生儿乙肝疫苗接种率达 86%、麻疹疫苗接种率达 96%、卫生监督覆盖率达 85%、降低孕妇死亡率、新生儿破伤风死亡率控制在 1‰ 以内。

应该说，麻乍预防接种的覆盖率及全程合格率是比较高的，但在工作实践中也还是存在不少问题。2011 年 8 月，在金黔在线《满意在贵州》栏目专门报道了威宁县麻乍镇儿童接种工作存在问题。为此，威宁县卫生局及县疾病预防控制中心组成调查组，对麻乍镇卫生院及箐岩村进行了免疫规划综合工作调查。调查情况如下：

一　基本概况

箐岩村位于威宁县城西南，距威宁县城 48 公里，距麻乍镇卫生院 8 公里，全村长约 7.5 公里，宽约 5 公里，总面积约 37.5 公里，境内沟壑纵横；全村共分 8 个村民组，约 793 户，总人口 4747 人，居住有回族、汉族、彝族；当地居民经济欠发达，文化素质偏低，思想意识落后；有村医 2 名（李兴磊、马永巧），村妇保员 1 名（王秀花），村医对免疫规划工作中的疫苗接种实行划片包干，其中 5、6、7 组由李兴磊负责；村卫生室不居中，位于箐岩村与嘎利村交界处，距箐岩村七组约 8 公里，致使儿童预防定点接种距离较远，接种一次疫苗来回需走 4 小时，致使免疫规划工作下滑。

二　调查存在的问题

（一）人口资料不清楚：镇卫生院防疫人员及村医对箐岩村基本人口资料仅能提供本村总人口数，对户数及 0—7 岁各年龄组儿童数，各组总户数、人口数及 0—7 岁各年龄组儿童数等基本信息不清楚。（二）报表数据不吻合：箐岩村接种报表与接种卡册及儿童预防接种信息系统数据不完全吻合，其中 4 月份报表卡介苗接种 9 人次，接种卡册上只有 2 人次；6 月份乙肝疫苗（第 1 针）报表接种 98 针次，接种卡册接种 9 针次；7 月份报表麻疹疫苗（第 1 针、含麻风疫苗）接种 8 针次，儿童接种信息系统接种 5 针次。（三）疫苗管理：箐岩村卫生室（包括冰箱、疫苗、资料柜等）资产被刘升占用，此事分管卫生的安副乡长在 2010 年麻乍镇免疫规划培训会上要求对箐岩村卫生室及冰箱等物资进行交接，但至今仍无人过问，致使疫苗定点接种在嘎利村进行，由于疫苗用冷藏包保存，保苗效果差,再加村医责任心差,7月12日至今未更换冰排,致使疫苗因保存不当而失效;麻乍镇卫生院在免疫规划工作会议上安排,剩余疫苗应交回乡卫生院统一保存,此事村医认可;失效疫苗包括乙肝疫苗11支,A+C流脑疫苗5支,A群流脑疫苗4支,精制百白破疫苗7支。(四)接种率调查:调查组到箐岩村5组、6组进行接种率调查,在组长的帮助下调查2005年1月1日—2010年12月31日出生儿童30名,建卡10名,建卡率33.33%;持证8名,持证率26.67%;卡介苗应种儿童30名,实种11名,接种率36.67%;脊灰疫苗基免应种儿童30名,实种10名,接种率33.33%;百白破疫苗基免应种儿童30名,实种9名,接种率27.27%;百白破疫苗加强应种26名,实种6名,接种率23.08%;麻疹疫苗基免应种30名,实种10名,接种率33.33%;麻疹疫苗复种应种26名,实种8名,接种率30.77%;乙肝疫苗应种30名,实种(完成3针)8名,接种率26.67%;A群流脑疫苗应种30名,实种5名,接种率16.67%;流脑A+C疫苗应种19名,实种1名,接种率9.09%;乙脑疫苗基免应种30名,实种5名,接种率16.67%。

三 处理措施

(一)责成麻乍镇卫生院制定出整改措施,并将整改措施及时报县卫生和食品药品监督管理局及县疾控中心,并负责将整改措施具体落实到位,整改完成后县卫生食药监局将组织业务人员进行检查。(二)要求麻乍镇卫生院对箐岩村卫生室及冰箱等物资进行交接,以利免疫规划工作的正常有序开展。

四 建议

(一)开展免疫规划综合业务培训,提高防疫人员及村医业务素质,提高报表质量,熟悉儿童预防接种免疫程序,提高合格接种率;同时加强村医职业道德培训,增强村医责任感与使命感,及时发现目标儿童并建卡发证,接种疫苗。(二)麻乍镇卫生院要按照贵州省卫生厅黔卫发(2008)30号《贵州省卫生厅关于开展免疫规划规范管理的通知》要求,每季度对各村进行免疫规划综合督导一次,每半年对村医进行量化考核及接种率调查,及时发现问题并及时处理解决,以免造成严重后果。(三)麻乍镇卫生院每月分发各村的各种疫苗要严格按照县疾控中心要求,根据常规免疫完成情况记录表及未种通知单应种各种疫苗针次数×上一年疫苗耗损系数分发疫苗,接种完成后剩余疫苗及时收回镇卫生院保存,以免造成疫苗浪费。(四)加大免疫规划特别是疫苗接种的宣传力度,提高群众的知晓率及疫苗接种意识,让群众知道接种疫苗的好处,主动到村卫生室进行接种。

## 第三节 人民生活

由于历史、自然条件的原因,麻乍镇经济社会发展较为缓慢,人民群众生活水平相对较低。为详细了解全镇人民群众的生活情况,2014年,笔者多次深入村民家中,与村民沟通交谈,并从吊水村、箐岩村、得营村三个村子中选择了60户村民,向他们发放了调查问卷。问卷发放60份,回收59份,有效问卷59份,回收率98%,有效率98%。

调查项目主要包括家庭基本情况、家庭收入情况、家庭支出情况这三大项。

### 一 被调查家庭基本情况

家庭户人口情况:家庭户人口2人的有1户,3人的有3户,4人的有14户,5人的有26户,6人的有10户,7人及以上的有5户,平均每户有4.9人。

耕地情况:拥有2亩及2亩以下土地的有10户,拥有2亩以上至3亩土地的有16户,拥有3亩以上至4亩土地的有16户,拥有4亩以上至5亩土地的有9户,拥有5亩以上至6亩土地的有2户,拥有6亩以上土地的有6户。平均每户拥有土地3.8亩,每人拥有土地0.77亩。

房屋面积:60平米及60平米以下的有13户,60平米至70平米的有4户,70平米至80平米的有11户,80平米至90平米的有11户,90平米至100平米的有6户,100平米以上的有14户。平均每户拥有房屋面积为68平米,每人拥有房屋面积为13.9平米。

受教育程度:家庭中受教育程度最高的成员是小学的有7户,是初中的有26户,是高中的有19户,是大专的有3户,是大学本科及大学本科以上的有3户。

(普通农户家中)

## 二 家庭收入情况

被调查的 59 户家庭中，2013 年家庭年收入在 1.5 万元以下的有 10 户，1.5 万至 2 万的有 17 户，2 万元至 3 万元的有 18 户，3 万元至 4 万元的有 7 户，4 万至 5 万元的有 6 户，5 万元以上的有 1 户，家庭平均年收入为 25308 元，人均纯收入 5164 元。

分析麻乍农村居民家庭收入情况，有以下几个特点：

第一，麻乍镇农村居民家庭收入是持续增加的，村民们的生活水平在不断提高。被调查的 59 户家庭，有 58 户家庭总收入是增长的，与上年同期相比户平均增加 3507 元，增长了 14%。通过走访，我们了解到，麻乍镇农民收入持续增加的原因主要有两个，一是国家惠农政策的广泛实施，比如种粮直接补贴、良种补贴、农资综合补贴、一事一议财政奖补、新型农村社会养老保险、农村危房改造项目等，极大地促进了农民收入的增加。二是外出务工人员的不断增加，对农民增收的贡献进一步加大。

第二，与全国相比，麻乍镇农村居民人均纯收入仍然偏低。根据政府统计数据，2012 年，全国农村居民家庭人均纯收入为 7917 元，贵州省农村居民家庭人均纯收入为 4753 元，威宁县农村居民家庭人均纯收入为 4861 元。而麻乍镇农村居民家庭人均纯收入仅为 4664 元，相当于全国的 58.91%，贵州省的 98.13%，威宁县的 95.95%。从以上统计数据可以看出，麻乍的人均纯收入与贵州省和威宁县的差距还不算太大，但与全国农村居民人均纯收入相比尚有较大的差距。

第三,贫富差距问题凸显。从被调查的59户家庭来看,大致可以分为三个档次,家庭年收入在2万元以下的为低收入家庭组,有27户;家庭年收入在2万元至4万元的为中等收入家庭组,有25户;家庭年收入在4万元以上的为高收入家庭组,有7户。低收入家庭与高收入家庭相比,收入差距在2万元以上,且高收入家庭组户数远远少于低收入家庭组户数。根据政府统计数据,2012年,全镇共有民政救助户258户,900人,绝对贫困人口718户,2695人,低收入人口991户,3856人。值得注意的是,还有相当数量的家庭,虽然不属于统计中的贫困人口,但是收入水平很低,仅仅略高于贫困线,只要出现极端天气或者其他一些不利的变化,就会重新回到贫困人口的行列中去。

(贫困户的住房)

第四,从收入构成看,呈现多样化的特征。其中,种地、养殖和外出打工收入是村民家庭收入最重要的来源。种地和养殖收入是村民们最基本的收入,也是最稳定的一块,一般能占到村民家庭收入的50%以上。对村民来说,种地、养殖不难,但要想种好地、养好殖,靠种地养殖发家致富,确实需要一定的技术。在镇里,有一个特殊的群体,那就是种地能手和养殖能手。2012年,麻乍共评出种粮能手380人,种烟能手40人,种植半夏等中草药能手10人,养殖能手160人。这些种地能手和养殖能手一般都有经验、技术和资金的积累,收入大多也比较稳定,属于比较富裕的群体。但是,种地能手和养殖能手在镇里毕竟属于少数。为了发挥这些种地能手和养殖能手的作用,政府会鼓励他们牵头成立专业合作社或微小企业,并从各方面给予一定的扶持,从而带动大家共同致富。

外出打工也是村民家庭收入中十分重要的一部分。对于比较贫穷的家庭来说,外出打工似乎是最好的选择。一方面,可以为家庭带来比种地多得多的经济收入,同时还可以接触到更多的事务,开阔自己的眼界,进而带来思想观念上的变化。在走访中,有些村民表示,如果不出去打工,呆在家里也没有什么出路,虽然外出一年赚不到多少钱,但比在家里一分钱赚不到好。一些村民打工并不出远门,而是就近打些零工和短工。这样离土不离乡,上可管老、下可管小,就业成本低,安全系数高,有吹糠见米、立竿见影的效果。如果有些手艺,比如做泥瓦匠,木工、油漆匠等,就可以经常在附近为别人修房子和搞装修,这样的收入一般较为稳定,而且收入还不错,就麻乍来说,一个有手艺的青壮年,一个月可以收入2000元左右。如果没有手艺和技术,就只能用体力去换取收入,这种小工往往最辛苦,然而却赚到的钱却少,也最不稳定。

一些头脑更加灵活的村民,则是在附近做些小生意和小买卖。有的做小包工头,带着一些人给别人盖房子,有的做小商贩,从其他村民手中收购一些农副产品,然后出售给那些需求量更大的商人,从中赚取差价。做生意如果做得好,收入是很高的,但是要承担的风险也较大,如果运气不好,可能会亏很多钱。

(村民从事砖石运输)

第五，人均耕地少、文化程度低和缺乏启动资金是影响农民家庭收入增加的最为重要的几个因素。首先看看耕地这个因素。耕地是农民赖以生存和发展的根本。一个农民没有了耕地，就如同城市的居民失去了工作一样，就成了无业之民。农民有了耕地就有了生存权，丢失耕地就意味着走向贫困，甚至无法生存。麻乍的耕地原本就不充裕。近些年来，随着城镇化建设速度的加快和公路的修建，总人口的增加，特别是随着国家退耕还林政策的落实，麻乍的耕地日趋减少，土地资源形势更为严峻。耕地的紧张对农民收入增加形成了极大制约。耕地少其实就是生产资料少，人均产出自然也就少。再加上山地多，经营规模小，难以施行大规模机器生产，生产成本自然就高。有的村组，土地多、土质好，农民只要勤劳就会越来越富裕。但是，对于那些土地少、土质差的村组的农民来说，即便是很勤劳，生活也会很艰难。

其次是文化智力因素。随着知识经济时代的到来，文化智力因素已成为影响农民收入的重要因素。被调查的59户农民家庭，大多数文化水平较低。其中，小学及小学以下文化程度的约占42%左右，初中文化程度的约占48%左右，高中文化及以上的仅占10%左右。我们发现，他们的收入与文化水平基本上是呈正相关的关系。文化素质较高的，一般而言收入也就高一些；文化素质较低的，则收入相对低一些。这里面的原因不难发现。文化素质较高的，就能掌握到更为先进的科技知识，了解到最新的市场信息，种植一些更赚钱的农作物，养殖一些更有价值的牲畜，或者干脆做些小生意，搞些其他的营生。而文化程度较低的，则普遍缺乏劳动技能，只能守着自己的一亩三分地，从事传统的种养业。即使从事传统的种养业，他们也往往不去了解和掌握市场行情，不能进一步采用先进适用的种植、养殖技术，因而适应市场经济发展的要求。由于文化水平较低，他们在进行农业生产时，对市场需要什么，不会去深入思考和研究，更不会去搞深入细致的调查，顶多只是从去年的情况来判断今年，从小商小贩那里获得一些零散的信息，这样就经常出现"什么赚钱种什么，种出什么就赔钱"的状况。

然后是缺乏启动资金。在调查走访中我们发现，绝大多数村民都有强烈的增收意识，并有一些可行的增收设想，但往往苦于没有启动资金，又很难贷到款，所以无法实行。农民贷款难，关键是缺乏有效的抵押品，农民只有土地，但土地不能抵押，房子不能抵押，贷不到款就融不了资。当然，也有极少部分的贫困户素质比较低，有"等、靠、要"的思想，根本没有脱贫致富的目标、追求，得过且过，不思进取，只是一门心思依靠政府或社会援助过日子。

第六，改善农村基础设施是村民们最希望政府做的事情。农村基础设施与村民们的生产生活息息相关。由于贫穷，他们自己对这些基础设施无力改善，所以只能寄希望于政府加大这方面的投入。其中，路的问题，是村民们最为关心的问题。过去，麻乍的道路多是山路土路，非常的曲折。一遇到下雨或下雪天，满路泥泞。为改变这种状况，麻乍多方争取资金，先后修通了麻乍通镇油路18.2公里；修建了马摆大山油路5.2公里；修建马摆大山、启戛梁子、深沟—林场，小海子—得书、发拉箐—三家村—蜜蜂、松木坎—营河、臭水井—长梁子、新水—得营、戛利—黑石、耿家寨—付家寨、麻乍—得磨—蜜蜂、新街—营河—箐岩等通村公路120公里，17个村全部通上了公路。不过村民们还是迫切希望政府继续加大这方面的投入。有些村组，交通仍然很不便利；有些道路，由于使用强度过大，且缺乏有效的维护，变得坑洼不平，给村民们的生产和生活都造成了很大的不便。

除了道路，水也是村民们极为关心的一个问题。全镇17个行政村，虽然都已通了自来水，但一半以上的村用水还是不方便。境内水源点少，很多村要到3公里以外开沟引水，部分群众生活用水极为困难，饮水安全问题十分突出，灌溉用水更难。而且许多农田缺乏灌溉设施，既有的水利设施也大多功能老化，难以抵御大的自然灾害，农业生产能力受到很大影响。因此政府对这方面也比较重视，并且采取了一些措施。比如，2013年，政府实施了农村安全饮水工程，建设小水窖526口，解决526户1630人饮水困难问题；完善启嘎、嘎利、箐岩、岩格、营河五个村"安全饮水工程"，修建了双河、二田和启嘎小水窖工程，成立防汛领导小组，制定了防汛值班制度并成立救灾队伍。不过，我们也要看到，由于过去欠账太多，要从根本上解决麻乍饮水安全问题并使适宜发展灌溉的耕地得到有效灌溉，尚需时日。

此外，还有小部分村子生产生活用电困难，部分村现有变压器容量小，电压不稳定，电量不足。由于缺乏煤炭资源，很多老百姓都是靠木草维持基本生产生活需要，长此以往，必然对生态造成极大破坏。

### 三 家庭支出情况

被调查的59户家庭，有29户选择子女教育为经常性支出中花费最多的项目，比重高达49.15%。在走访中我们发现，村民们大都认为教育非常重要，强烈渴望子女能够得到良好教育，因而为了子女教育不惜各种花费。尽管随着义务教育的普及，特别是贵州省实施教育"9+3"计划（巩固提高9年义务教育和实行3年免费中等职业教育），在一定程度上减轻了农村家庭教育方面的支出，但从总体上看，教育支出仍然占了普通麻乍村民家庭经常性支出的重头。麻乍村民家庭普遍有2到3名以上的子女，对于那些比较贫困的家庭来说，教育支出的确成为一项沉重的负担。根据走访情况，一般有小学生以及初中生的家庭，每个孩子平均每年的花费在2000元至5000元左右。而有高中生和中职生的家庭，每个孩子每年的平均花费在8000元至10000元左右。家庭中有大学生的，则花费更多，高达1万元至3万元。有些家庭为了孩子的教育，甚至不惜大举借债，期望孩子读完书以后能够有出息，有个好的前程。而那些存在学前儿童的家庭，则在教育方面的支出不大，因为基本都是家中的老人帮着带孩子。

有22户选择食品为经常性支出中花费最多的项目，比重达37.29%。食品支出是所有居民家庭消费中最基本的、必不可少的一项支出。1857年，德国统计学家恩格尔提出，他在研究中发现这样一种现象：随着家庭收入的增加，该家庭用于食品方面的支出占其总支出的比例将逐渐减小。这一现象后来被称为恩格尔定律，反映这一定律的系数被称为恩格尔系数。根据国家统计局的数字，2013年中国农村居民恩格尔系数为37.7%。从被调查的59户家庭看，其恩格尔系数为40.16%。这个数据与全国农村居民恩格尔系数相差并不太大。应该说，恩格尔系数具有一定的参考价值，但也有相当的局限性。我们不能因此就说麻乍的生活水平已经接近全国平均水平，脱离贫困了。众所周知，一个家庭在收入增加十分有限时，家庭的总支出规模基本是不会减少的，但由于诸如孩子上学、农业生产资料、医药费、通信费等刚性支出的增加，一个现实的选择就只能是压缩食品支出。实际上，受传统文化的影响，麻乍人长期以来形成了"勒紧腰带过日子"的习惯。许多汉族家庭一天只吃两顿饭，早上都不吃早餐，中餐和晚餐也都非常简单。"省吃俭用"早已成为麻乍人的一种习惯。不过，与其说这是麻乍人的一种美德，还不如说是一种无奈之下的选择。

（村民家中的厨房）

其余几项较多的支出是：农业生产资料、人情往来、医疗和通信。1、农业生产资料支出。近些年来，由于农业生产资料比如种子、肥料、农药、农膜、燃料等价格有较大程度的增长，因此，农业生产资料的费用仍然要占到农民家庭支出中相当的比例。2、人情往来。麻乍的人情风历来是比较严重的。无论是喜事、丧事，大大小小都要邀请亲朋好友，收礼金、摆宴席，而且名目繁多，花样迭出。除了因为婚丧嫁娶、生孩子这些大事请客外，孩子升学、老人过生日甚至搬家、建房这些事情也要请客。同时，麻乍很讲究礼尚往来，收礼的人总要还"人情"，而还"人情"的时候礼金往往有增无减，你 100 元，我就 200 元，你 500 元，我就 1000 元。很多并不富裕的村民也这样你攀我比，打肿脸充胖子，为的就是一个面子，经常为此而不堪重负。

3、医疗费用支出。近几年来，医院治疗费、市场药品费，价格上涨又快又猛。因此，村民们生病，一般都是去卫生所、小药店买点药，或者干脆抗一抗就过去了。在这种情况下，村民们的医疗费用支出并不高。然而一旦遇到大病不得不住院或者患上严重的慢性病后，医疗费用支出的比重就会大幅度上升。对于家庭条件较好的还可以应付，但对于处在贫困线上的人群，就望而却步，根本看不起病也不敢看病，尤其是主要劳动力生病后，致使该家庭劳动力缺乏，再加上医疗费用，往往很快就会返贫。

4、通信支出。通信支出成为村民家庭支出的重要组成部分，主要原因是通讯基础设施的不断完善，移动电话的出现和普及，为村民的生产、生活带来了诸多的便利，村民们的消费观念也随之逐渐变化。特别是移动电话新产品的不断推出和价格的大幅下降，吸引了大量村民购买，成为村民们新的重要消费支出点。2011年，全镇固定电话用户只有216户，但移动电话用户却已达到1.8万人，移动电话普及率达42.79%，互联网用户有220户。越来越多的麻乍人也能够享受到现代通讯工具的方便与快捷。

从非常性支出来看，盖房子是受访家庭最主要的支出项目。在麻乍，人们手头略有宽裕的时候，总是会选择先盖房子。"现在农村里大家都在盖房子，你要是不盖，以后给孩子说个媳妇都很困难。"张玉生的家在嘎利，原来有三间土胚房，目前正在盖一栋二层小楼，房屋主体工程已经完工，但内外装修都还没有做。"目前已经花了十几万，断断续续好几年了，实在没钱了，以后有钱了再慢慢盖吧。"在麻乍，要想张罗一门亲事，"看房子"是其中一个不可缺少的程序。女方家的七大姑八大姨会首先到男方家看看房子的情况，只有所有人都对男方的房屋状况感到满意，这一门亲事才有成功的可能。在许多村民眼里，房子代表着经济实力、代表着体面，房子就是一辈子主要的生活和希望，尽管没有尽头，但他们对此却乐此不疲。

（较富裕农户的房子）

对于那些住在危房同时又非常贫困的家庭，政府则通过危房改造项目，帮助他们改善住房条件。2011年，麻乍镇对1857户实施了农村危房改造工程，其中：五保户二级危房27户、五保户三级危房17户；低保户一级危房50户，低保户二级危房190户，低保户三级危房58户；困难户一级危房276户，困难户二级危房395户，困难户三级危房159户；一般户一级危房71户，一般户二级危房390户，一般户三级危房224户。危房改造资金的筹集，按照农户自筹为主、外部扶助为辅的原则，采取"中央、省、地、县财政补助一点，农户自筹一点等办法，多渠道筹集。政府补助标准为：五保户二级危房每户0.5万元，五保户三级危房每户0.3万元；低保户一级危房每户1.6万元，低保户二级危房每户0.3万元，低保户三级危房每户0.2万元；困难户一级危房每户1.1万元，困难户二级危房每户0.3万元，困难户三级危房每户0.2万元；一般户一级危房每户0.9万元，一般户二级危房每户0.3万元，一般户三级危房每户0.2万元；抗震设防和建筑节能专项资金每户0.1万元。

为了保障公平，镇危房改造工程有比较明确的民主评议程序。1、村危房改造民主评议小组成员及组长，由村民代表会议选举产生，总人数原则上不得少于20人。村危房改造民主评议小组一般由村支"两委"组成人员、村民小组组长及村民代表等组成。其中，村民代表人数不得少于评议小组人数的二分之一，并保证每个村民小组都有代表进入。对已有村低保评议小组的，可作为村危房改造民主评议小组。村危房改造民主评议小组会议，每次会议必须有三分之二以上的小组成员参加会议方为有效，评议结果必须有三分之二以上参会人员同意方为有效。评议小组成员与申请人家庭有直系亲属关系的，应当回避。

2、民主评议程序在镇人民政府的统一组织和指导下进行，并委派镇农危改人员或包村干部参与和监督。镇农危改办在"民主评议程序"前，应按要求对村危房改造民主评议小组的产生程序、人员情况及构成比例进行审查，并对村危房改造民主评议小组成员进行相关政策培训。

3、民主评议程序应做到准备工作充分、过程发扬民主、结果客观公正。村危房改造民主评议小组会议由组长召集和主持，按下列程序进行：

（1）由评议小组组长指派专人介绍危改申请人的基本情况；

（2）评议小组成员评议并筛选出符合年度危改对象申请人；

（3）对符合危改对象申请人进行评序评议；

（4）对危改申请对象采取评议小组成员无记名投票、现场唱票、计票方式进行，超过半数的予以初步确认，其中排序在预安排任务数以内的初步确定为改造对象；

（5）参加评议的镇包村干部或评议监督人员就评议的真实有效性发表意见；

（6）明确专人负责如实记录民主评议程序会议内容并形成民主评议程序会议记录，一式两份，由评议小组组长签章进入危改档案。民主评议程序会议记录内容包括：民主评议小组产生程序、人员及构成比例情况，评议时间、地点、参会人员、评议小组组长、会议主持人，初步列入年度危改对象的名单及表决结果。

民主评议程序结束后，村民委员会将评议程序结果在村务公开栏及村民聚居地进行公示。公示结束后由镇政府进行审查及二榜公示。公示期满无异议或异议不成立的，批准成为农村危房改造工程改造对象。尽管有着严格的程序，工程在实际过程中还是会遇到不少麻烦。

被调查的59户村民家庭中，电视机拥有率达93.22%，洗衣机拥有率达88.18%，冰箱拥有率为1.69%，空调拥有率为零，汽车拥有率为8.47%，农业机械拥有率为15.25%。从这些"大件"的比例可以看出，电视机、洗衣机在麻竹基本上已经普及。而拥有冰箱的家庭则凤毛麟角，没有一户家庭拥有空调，少量家庭拥有汽车和一些小型的农业机械。冰箱和空调的拥有率比汽车还低，分析其中的原因，肯定不是因为贫困。因为这些家庭能够买得起汽车，就说明还是相对富裕的。之所以不购买冰箱和空调，主要和麻竹的气候有关系。麻竹冬无严寒，夏无酷暑，年温差小，年均气温13.4°C。这种气候环境下，很多村民即使买得起冰箱和空调，因为作用不大，购买的意愿也会很小。

从支出的地点看，村民们购买食品一般都是在村里的商店，购买服装、耐用消费品和农业生产资料一般则去镇里的商店或集市。一般情况下，大家是不会或很少去县城消费的。

根据调查情况，98%的村民对目前的生活状况是满意的。当然，这种感受应该是处于一种较低的层次上，即基本的温饱问题得到了解决，还谈不上对生活质量的更高追求。换句话说，农民更多地是跟自己以前的生活

(街上的小卖部)

作比较,而不是跟发达地区的情况进行比较。但不管怎么说,麻乍镇农民现在的生活水平无疑有了很大程度的提高。

## 第四节 人口流动与务工经济

2012年,麻乍镇在外务工人员共有6855人,占全镇总人口比为16.18%,占镇从业人员比为29%。其中在镇外县内的有1167人,占17.02%;在县外省内的有1298人,主要分布在省会贵阳及毕节市、六盘水市等地,占18.94%;在省外的有4390人,占64.04%,主要分布在广东、福建、江苏、浙江等东南沿海发达地区和云南、四川、重庆等邻近省份。

从麻乍外出务工人员的分布可以看出,省外的务工人员远远多于省内务工人员,东南沿海地区的务工人员远远多于内陆地区的务工人员。麻乍外出务工人员选择打工地,首先考虑的是就业机会。广东、福建等东南沿海发达地区就业机会比较多,由此也成为麻乍外出务工人员的首选之地。其次考虑的因素是离家远近,云南、四川等地都是麻乍外出务工人员比较集中的地方。总体而言,相较于其他地方的外出务工者,麻乍人留守家乡的意愿更为强烈。只要生活水平还可以的,就不愿意外出打工,外出务工者大多是生活比较贫困的家庭。外出务工者中途回家的意愿更强,频率更高。东南沿海发达地区的夏季远较麻乍炎热,因此,麻乍外出务工者往往夏季回家避暑。同时，还常常因收获马铃薯、人情外来等原因回家。因此，他们外出务工收入的相当一部分花费在了旅途消费上。

从外出务工人员的民族看，汉族外出务工人员较多，回族等少数民族外出务工人员较少。

从务工目的看，"赚钱养家"居于首位，约占60%，其次是希望"出去见见世面"、"将来能在城市里生活"等，约占40%。这表明，麻乍外出务工人员大多仍未摆脱生存之需，同时也有一部分以寻求发展为主要动机，呈现出"生存需要"与"寻求发展"并存的格局。根据调查得知，麻乍人进城的主要障碍是经济收入太少，没有稳定的可以获得体面生存的工作。

从务工渠道看，"亲友或同乡介绍"和"自己直接到用工单位应聘"成为麻乍外出务工人员获取工作的主要方式，分别占46%和38%，两者合计高达84%。而通过中介组织或政府劳动部门介绍、通过互联网信息等形式获取工作的比例都较小，均低于10%。由此可见，麻乍外出务工人员在寻求就业的过程中，自主择业、自主就业的意识越来越强烈，但总体上仍未摆脱对人缘、地缘和血缘关系的依赖，组织化程度较低。同时由于文化水平较低，这些外出务工人员大多还没有学会和习惯采用现代信息技术去求职的手段。他们的外出带有较大的盲目性，导致外出成本高，风险大，常常找不到工作，或徒劳返乡，或滞留城市，人身权益和经济权益十分容易受损。

从文化程度看，外出务工者中具有小学文化程度的，占50%，具有初中文化程度的，占33%，具有高中文化程度及上的，占17%。从这个比例可以看出，大多数外出务工者的文化程度不高。虽然县里许多部门都开展了相关的农民工职业培训，但因缺少宣传，同时缺乏统一计划和协调管理，培训资源没有得到很好的利用。有不少外出务工人员甚至表示，根本不知道有相关的培训。有些外出务工者则因培训内容的针对性和实效性不强，不愿意去参加这样的培训。就这样，多数的外出务工者没有经过技能培训便直接转移到城市务工，导致这些没有一技之长、文化也不高的务工者进城后只能从事一些初级体力劳动、收入水平普遍不高。从调查情况看也印证了这一点。麻乍外出务工人员中从事建筑业的，占33%；从事工业制造的，占27%；从事服务业的，占17%；从事运输业的，占5%；

从事其他行业的，占22%；平均月收入1000—2000元的，占33%；平均月收入2000—3000元的，占61%；平均月收入3000以上的，只占到4%。

从权益保护方面看，调查中40%的外出务工人员未与单位签订劳动合同或协议，80%的外出务工人员单位没有给上保险，不能享受带薪休假。这些外出务工人员大多缺乏自我保护意识，维权意识淡薄，认为只要有活干、有钱挣就行了，签不签合同关系都不大。即使签订了劳动合同的外出务工人员，很多人也不太清楚合同内容，无法依法维护自己的合法权益。多数外出务工人员不了解社会保险方面的政策，没有在单位参加社会保险，只在麻乍参加了农村合作医疗。

从工作生活环境看，外出务工人员工作、生活环境大多不佳。一是居住环境差。多数外出务工人员居住在简易的工棚或集体宿舍里，室内夏天闷热、冬天寒冷，空间狭窄拥挤，肮脏零乱，除了被褥衣物，几无他物。二是劳动保护措施不够。根据调查，40%的外出务工人员反映其工作岗位有一些安全防护措施，但管理漏洞很大。有少量外出务工人员则反映单位根本没有任何劳动保护措施。三是工作强度大，工作时间偏长。大部分务工人员平均每天工作时间达到10小时或以上，并且经常有加班的情况。四是医疗卫生条件欠缺。工伤问题、职业病和传染病是麻乍外出务工人员的三大风险。在生病时，多数外出务工人员都选择自己买药治疗或去个体诊所，只有少数人才会选择去正规的医院。

从子女受教育问题看，70%的外出务工人员，是将孩子交由单方照管或由爷爷奶奶、外公外婆等嫡系亲属代为照管。这样一来，家庭结构的不完整势必导致孩子的家庭教育功能的失调、弱化和缺失，势必对孩子的健康成长造成影响。只有30%的外出务工人员把子女带在身边。这些外出务工人员往往把子女带在身边，所遭遇的最大困难是学费高，负担重，加上没有城市户口，孩子经常受歧视。务工人员工作的不稳定也影响到子女的教育，经常因为父母的打工地点变化而被迫频繁转学，从而影响学习。

## 第五节 本章小结

从前面对麻乍人口状况、教育文化卫生状况和村民生活情况的描述，我们可以得出一些简单的结论：

第一，这些年来，麻乍镇人民的生活水平是越来越好的，贫困人口是越来越少的，但解决剩下的贫困人口温饱问题的难度却越来越大，扶贫已经进入了攻坚阶段。帮助类似麻乍这样的少数民族贫困地区尽快富裕起来，不仅是一个经济问题，同时还是一个政治问题、社会问题、民族问题；不仅是党委和政府的任务，同时也是全社会的共同责任，需要整合全社会的力量共同投入。

第二，控制人口数量是麻乍脱贫致富的重要举措，丝毫也不能放松。人口负担过重是导致麻乍人生活水平不高，全镇经济发展长期滞后的重要因素。人们在探寻贫困产生的原因时，总是喜欢从自然条件恶劣、制度缺陷和分配不公等方面去考虑，却很少从人口本身去找原因，因而没有把控制人口放在应有的战略地位上。实际上，人口多，吃饭的嘴就多，可分配的资源就降低，对周围生态的影响就越大，脱贫致富的步伐自然也就缓慢。麻乍属于生态的敏感区，为了保护青山绿水，就要减少这里的人类生产、生活等活动。因此，麻乍要脱贫，必须继续控制好人口数量，处理好扶贫开发与计划生育、生态环境之间保护的关系，克服单纯的利益驱动和短视行为，努力走出越穷越生、越生越穷的恶性循环怪圈。

第三，人口素质较低、观念落后、发展能力差是造成麻乍贫困的重要因素之一。脱贫致富关键在于解决人的观念和素质问题。目前麻乍总体人口素质仍然较低，而且观念落后。习惯了自给自足的山里人不愿意商品买卖。观念里，实在缺钱了或没有办法了才会卖牲口庄稼。成了家的人也不愿意离家出去打工，除非是实在需要钱。要转变人的观念，提升人的素质，就必须进一步加强基础教育，加快农村义务教育学校标准化建设，加大薄弱学校改造工作力度，优化农村学校办学条件，均衡配置中小学教育资源，普遍提高贫困人口受教育的程度；实行农科教结合，普通教育、职业教育、成人教育、学前教育统筹发展，有针对性地通过各类职业技术学校和各种不同类型的短期培训，增强农民掌握先进实用技术的能力，发挥贫困人口自身的能动性，从而提高农业的生产率；把农村文化建设放在农村经济发展同等重要的位置，加大投入扶持力度，切实抓好农村文化基本阵地、基本队伍、基本内容、基本活动方式的建设和管理。不断提高农民群众的思想道德素质和科学文化素质。

第四，农村青壮年外出务工，为麻乍带来可观经济收入的同时，也对麻乍农业生产、家庭结构、亲情关系带来强烈影响和冲击。大量劳动力外出，使农业生产极度缺工，增加了农业用工成本，同时也出现了大量的"留守儿童"和"代理家长"。由于家长和子女较长时间的分离，家长难以了解子女动态，双方缺乏互动，使子女在生活、学习等方面都受到影响。亲情的缺失使得留守儿童这一群体容易产生心理问题，性格容易变得内向孤僻，社交意识和能力较弱。由于隔代教育，看护的老人文化程度普遍较低，并且年老多病，通常都不能有效辅导孩子的功课，特别是老年人往往更容易纵容、溺爱孩子，管教不严，容易导致孩子学习成绩不好，厌学、逃学、甚至缀学。

# 第四章

# 麻乍镇经济发展

## 第一节 总 量

麻乍镇属农业镇，长期以来，主要依靠种植业和养殖业发展经济，种植业以马铃薯、玉米为主，少数农民按照规划种植烟叶；养殖业以猪、羊、牛、家禽为主，并成为农民的重要收入来源。90年代，麻乍镇曾兴办一批乡镇企业，但随着市场竞争越来越激烈，环境要求越来越严格，矿产资源开发限制越来越严，这批企业大多数都倒闭了，目前仅存少量的矿业类企业。麻乍风力资源优势明显，投资近5亿元的龙源风电项目落地，并投入使用，这成为麻乍镇工业发展的新特色。麻乍镇矿产、旅游等资源相对丰富，但限于资本、政策、环境、交通以及开发成本等方面的限制，目前尚处于待开发阶段。另有建筑、交通运输业也能带来少量收入。

威宁县年鉴并没有统计乡镇一级地区生产总值（GDP）、固定资产投入等数据，所以无法按照时间轴作一纵向描述，本文取某一时间节点的数据，以弥补这方面的不足。

2011年，麻乍镇实现地区生产总值1.94亿元；完成财政总收入420万元，比上年增长16.2%，实现固定资产投入6亿元，同比增长650%（因为有风力发电的投入，所以增长陡升）；农民人均占有粮食由2005年的420公斤增加到2010年的453公斤。

## 麻乍乡主要产业布局图

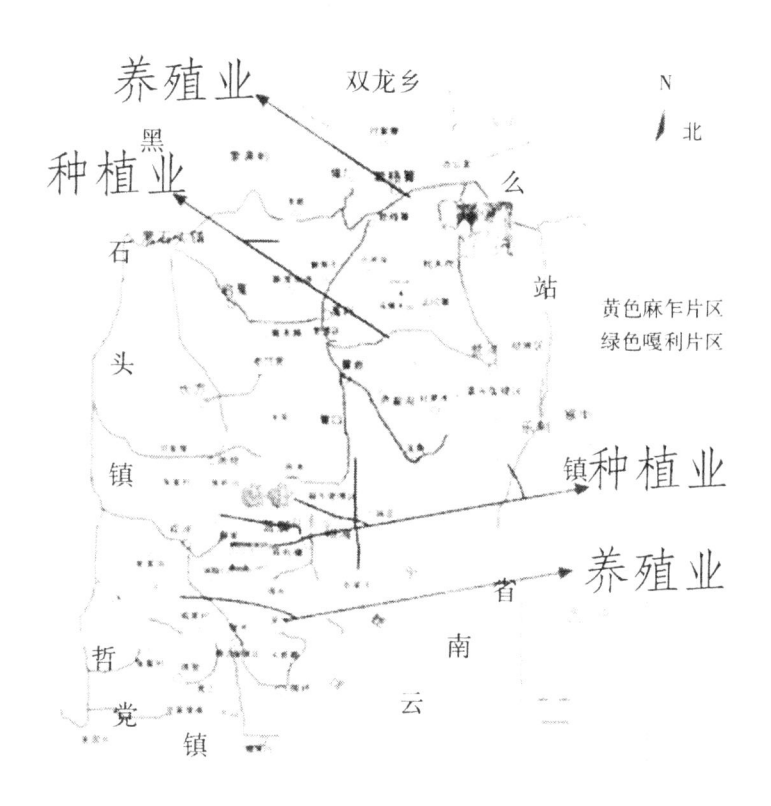

养殖业　双龙乡　　　N 北
种植业 黑
石　　　　　　　么
头　　　　　　　站
镇　　　　　　　黄色麻乍片区
　　　　　　　　绿色嘎利片区

　　　　　　　　　镇种植业
　　　　　　　　养殖业
　　　　　　省
哲　　　　　南
党　　　　　云
镇

### 麻乍镇收入情况（1992—2011年）　　单位：百元

| | 总收入 | 纯收入 | 一、农林牧渔业 总收入 | 纯收入 | 二、工业 总收入 | 纯收入 | 三、建筑业 总收入 | 纯收入 | 四、交通运输业 总收入 | 纯收入 | 人均纯收入 | 人均纯收入增长率 |
|---|---|---|---|---|---|---|---|---|---|---|---|---|
| 1992 | 153455 | 90666 | 130078 | 84975 | 15199 | 3701 | 340 | 187 | 1200 | 452 | 327 | |
| 1993 | 224196 | 129907 | 173264 | 119964 | 41332 | 8488 | 500 | 110 | 2000 | 426 | 463 | 41.6% |
| 1994 | 188713 | 110637 | 181201 | 110397 | | | 450 | 80 | 750 | 240 | 390 | -15.8% |
| 1995 | 243177 | 141964 | 222681 | 138447 | 8830 | 2382 | 700 | 105 | 1600 | 240 | 496 | 27.2% |

续表

| | 总收入 | 纯收入 | 一、农林牧渔业 | | 二、工业 | | 三、建筑业 | | 四、交通运输业 | | 人均纯收入 | 人均纯收入增长率 |
|---|---|---|---|---|---|---|---|---|---|---|---|---|
| | | | 总收入 | 纯收入 | 总收入 | 纯收入 | 总收入 | 纯收入 | 总收入 | 纯收入 | | |
| 1996 | 285942 | 177598 | 268642 | 173008 | 9500 | 3030 | 1200 | 240 | 3600 | 720 | 610 | 23.0% |
| 1997 | 285611 | 190972 | 273611 | 186572 | 11700 | 4200 | | | | | 643 | 5.4% |
| 1998 | 334073 | 230235 | 311473 | 219065 | 15300 | 4159 | | | | | 762 | 18.5% |
| 1999 | 425122 | 299872 | 394322 | 282624 | | | 1800 | 1008 | 7100 | 3976 | 979 | 28.5% |
| 2000 | 427266 | 309684 | 405566 | 293975 | | | 2100 | 1571 | 10200 | 7513 | 990 | 1.1% |
| 2001 | 500200 | 370100 | 446200 | 326900 | | | | | 10800 | 6800 | 1137 | 14.8% |
| 2002 | | | | | | | | | | | 1240 | 9.1% |
| 2003 | | | | | | | | | | | 1290 | 4.0% |
| 2004 | | | | | | | | | | | 1416 | 9.8% |
| 2005 | | | | | | | | | | | 1449 | 2.3% |
| 2006 | | | | | | | | | | | 1528 | 5.5% |
| 2007 | | | | | | | | | | | 1875 | 22.7% |
| 2008 | | | | | | | | | | | 1961 | 4.6% |
| 2009 | | | | | | | | | | | 2557 | 30.4% |
| 2010 | | | | | | | | | | | 2857 | 11.7% |
| 2011 | | | | | | | | | | | 3630 | 27.1% |

(数据来源：威宁县历年统计年鉴)

脱贫是麻乍镇一直以来面临的艰巨任务。2010年末，全镇农民纯收入2857元，分别比全县、地区、省的3066、3331、3472元低209、474、615元。按贫困村综合指标衡量，全镇17个村均属贫困村，其中一类贫困村7个，二类贫困村8个，三类贫困村2个，总人口8940户，41570人，贫困人口7632人，贫困发生率18.36%。近些年来，麻乍镇实施扶贫开发，编制镇、村扶贫发展规划，有序推进整村扶贫项目，积极争取各类扶贫项目，进一步加大劳动力转移培训力度，调整产业结构，试图增加农民收入。农民通过外出务工、扩大经济作物种植、加大畜牧业投入等多种途径，千方百计增加收入。

麻乍镇财源不足，财政税收形式单一，主要靠上级补助和烤烟税收。从有统计数据的年份来看，烟叶是麻乍镇第一税源，其他的收入来源有地税、国税收入，以及少量的三税一基金（农业税、烤烟税、耕地占用税和发展基金）计外费收入、契税收入、耕地占用税收入等。2000—2006年，麻乍镇财政总收入分别为93万元、46.27万元、81.06万元、89.68万元、114.64万元、151.07万元、124.74万元。2005、2006年分别支出219.36、248.94万元，收入远远不够支出，因此麻乍镇运转的经费来源主要源于上级拨款。2009年财政收入280万元，其中烟叶税200万元。

从有统计数据的年份来看，1992年到2001年，麻乍镇的总收入、纯收入、农林牧渔业的总收入、纯收入、人均纯收入均呈总体上增长趋势。工业总收入、纯收入在1993年达到峰值。但随后急剧下降至1995年的23.82万元，此后实现增长，到1998年达到41.59万元。9年间，麻乍镇总收入累计增长了138.4%，年均增幅为15.4%；农业总收入累计增长了136.4%，年均增幅为15.1%。1992—2011年的19年间，个人总收入增长了271.5%，年均增幅为14.3%。

人均纯收入增长（1992—2011年）

人均纯收入增长是一条向上倾斜的曲线，显示19年间人均纯收入稳步增长。特别是从2006年开始，斜率增加明显，证明收入增长加速。人均收入增加一方面是由于总的纯收入增加，另一方面是由于人口增速的相对下降，总收入的增加快于人口增长。麻乍镇的人口出生率由2005年的9.75‰下降到2010年的9.28‰。

建筑业、交通运输业所占比重较小，整体上呈上升趋势。另有商业餐饮业、服务业所占比重极小，在此省略不计。工业、建筑、交通运输业等行业带来的收入只占总收入极少的部分。

图表显示，总收入与农业总收入走势重合度非常高，表明农业所带来的收入占据了总收入、纯收入的绝大部分，总收入的增加主要是由农业收入的增加带来的。农业收入的增加主要是由于主要农产品产量的增加和价格上涨，后文将对此作具体分析。

在有统计数据的年份里，除1993年农业总收入占总收入占比略低于80%外，其他年份均在80%以上。最高时的1997年达到了95.8%。而农村纯收入占纯收入比值则总体上更高于农业总收入占比。两个数据都说明了麻乍镇的主要收入来自于第一产业。

**麻乍镇农业产值情况（1992—2011年）** 单位：万元

| | 农林牧渔业总产值 | | 农业产值（种植业） | | 林业 | | 牧业 | | 农林牧渔服务业 | |
|---|---|---|---|---|---|---|---|---|---|---|
| | 按90不变价计算 | 按现行价计算 | 按90不变价计算 | 按现行价计算 | 按90不变价计算 | 按现行价计算 | 按90不变价计算 | 按现行价计算 | 按90不变价计算 | 按现行价计算 |
| 1992 | 1424 | 1422 | 748 | 828 | 94 | 95 | 466 | 427 | 117 | 73 |
| 1993 | 1065 | 1295 | 437 | 535 | 148 | 157 | 480 | 603 | | |
| 1994 | 1418 | 1940 | 918 | 1238 | 72 | 86 | 428 | 616 | | |
| 1995 | 1388 | 2385 | 878 | 1492 | 48 | 67 | 462 | 826 | | |
| 1996 | 1407 | 2848 | 896 | 1950 | 49 | 71 | 462 | 827 | | |
| 1997 | 1533 | 2935 | 989 | 1870 | 38 | 56 | 506 | 1009 | | |
| 1998 | 1559 | 3254 | 985 | 2212 | 100 | 87 | 474 | 955 | | |
| 1999 | 2027 | 4058 | 1500 | 3047 | 21 | 27 | 506 | 984 | | |
| 2000 | 2276 | 4435 | 1259 | 2774 | 402 | 471 | 615 | 1190 | | |
| 2001 | 1995 | 4159 | 1289 | 2899 | 116 | 126 | 590 | 1134 | | |

续表

| | 农林牧渔业总产值 | | 农业产值（种植业） | | 林业 | | 牧业 | | 农林牧渔服务业 | |
|---|---|---|---|---|---|---|---|---|---|---|
| | 按90不变价计算 | 按现行价计算 | 按90不变价计算 | 按现行价计算 | 按90不变价计算 | 按现行价计算 | 按90不变价计算 | 按现行价计算 | 按90不变价计算 | 按现行价计算 |
| 2002 | 2460 | 4708 | 1755 | 3449 | 139 | 148 | 566 | 1108 | | |
| 2003 | 2652 | 4887 | 1078 | 2549 | | | 622 | 1237 | | |
| 2004 | 2997 | 5896 | 1386 | 3242 | 52 | 61 | 1045 | 2078 | 514 | 515 |
| 2005 | 2934 | 6600 | 1553 | 4009 | 63 | 96 | 1318 | 2495 | 137 | 125 |
| 2006 | 3215 | 7454 | 1509 | 4037 | 35 | 73 | 1671 | 3344 | | |
| 2007 | 3666 | 9539 | 1600 | 4613 | 40 | 89 | 1845 | 4655 | 181 | 182 |
| 2008 | 9177 | 11368 | 3137 | 3609 | 77 | 87 | 5789 | 7498 | 174 | 174 |
| 2009 | | 10609 | | 4451 | | 90 | | 5831 | | 235 |
| 2010 | | 13416 | | 6134 | | 32 | | 6823 | | 282 |
| 2011 | | 16335 | | 8418 | | 42 | | 7562 | | 310 |

（数据来源：威宁县历年统计年鉴）

（注：渔业产值只有少数的年份有数据统计，且数值极小，均在2万以下，因此在此表中略去。从2009年开始，统计部门不再统计按90不变价计算的各项数据。）

2007年以前，种植业占据绝对优势，2007年之后，畜牧业后来居上，其产值超越种植业，但在2011年，种植业重新超越畜牧业，回到第一的位置。从整体上看，畜牧业产值所占比重呈上升趋势，种植业产值绝对值稳步上升，但其所占农业总产值比重却由下降的趋势。数据显示，畜牧业在麻乍镇经济发展中的分量在增加，其根本原因是畜牧业能来带更高的收益，而经过多年发展，麻乍镇农民渐渐积累起畜牧业所需要的远远超过种植业的资本以及技术。当然，畜牧业发展得更快也是对外界市场食品消费结构变动的反应。

从产业结构上来看，总产值的增加主要来自农业的贡献。按现行价计算，麻乍镇农林牧渔业总产值从1992年的1424万元，增至2011年的16335万元，增长了11.5倍。其中种植业总产值从827.51万元增至

8418，增长了 10.17 倍；林业总产值从 94.64 万元降至 42 万元；畜牧业总产值从 426.66 万元增至 7562 万元，增长了 17.72 倍，增长幅度最大。农林牧渔服务业总产值从 72.85 万元增至 310 万元，增长了 4.26 倍。

以上统计中，只有林业总产值下降，这主要是政策原因。实行封山育林的生态保护政策，林业开发被限制，以前的伐木经济因此大大萎缩，因此，造成林业总产值的大幅下降。

麻乍镇是农业镇，土地是农业最重要的生产资料。一个地区农业总产量往往与其耕地面积、种植面积正相关。

麻乍镇耕地、粮食播种面积（1992—2011 年）　　单位：亩、吨

| | 年初实有耕地面积 | 粮食播种面积 | 粮食产量 | 粮食播种面积占耕地比值 | 农作物种植面积 | 农作物种植面积占耕地比值 | 粮食面积占农作物面积比值 |
|---|---|---|---|---|---|---|---|
| 1992 | 38442 | 42025 | 7057 | 109.3% | 69590 | 181.0% | 60.4% |
| 1993 | 38472 | 40300 | 6435 | 104.8% | 70100 | 182.2% | 57.5% |
| 1994 | 38452 | 42995 | 6476 | 111.8% | 70916 | 184.4% | 60.6% |
| 1995 | 38282 | 41008 | 6641 | 107.1% | 68818 | 179.8% | 59.6% |
| 1996 | 38232 | 40870 | 6830 | 106.9% | 69590 | 182.0% | 58.7% |
| 1997 | 37987 | 40850 | 8663 | 107.5% | 70100 | 184.5% | 58.3% |
| 1998 | 37972 | 45100 | 9892 | 118.8% | 93540 | 246.3% | 48.2% |
| 1999 | 37961 | 52921 | 12171 | 139.4% | 94120 | 247.9% | 56.2% |
| 2000 | 37952 | 55530 | 13327 | 146.3% | 94150 | 248.1% | 59.0% |
| 2001 | 37931 | 56490 | 14122 | 148.9% | 99840 | 263.2% | 56.6% |
| 2002 | 37913 | 55150 | 15617 | 145.5% | 107875 | 284.5% | 51.1% |
| 2003 | 36362 | 55010 | 15312 | 151.3% | — | — | |
| 2004 | 36348 | 57250 | 15356 | 157.5% | 82275 | 226.4% | 69.6% |
| 2005 | 36340 | 60410 | 16130 | 166.2% | 85549 | 235.4% | 70.6% |
| 2006 | 36328 | 69565 | 16996 | 191.5% | 81417 | 224.1% | 85.4% |
| 2007 | 36310 | 69610 | 17651 | 191.7% | 112273 | 309.2% | 62.0% |
| 2008 | 36300 | 46750 | 10831 | 128.8% | 82275 | 226.7% | 56.8% |

续表

|  | 年初实有耕地面积 | 粮食播种面积 | 粮食产量 | 粮食播种面积占耕地比值 | 农作物种植面积 | 农作物种植面积占耕地比值 | 粮食面积占农作物面积比值 |
|---|---|---|---|---|---|---|---|
| 2009 | 36285 | 69989 | 18564 | 192.9% | 85549 | 235.8% | 81.8% |
| 2010 | 36275 | 70507 | 16131 | 194.4% | 81417 | 224.4% | 86.6% |
| 2011 | 36275 | 68569 | 17702 | 189.0% | 112273 | 309.5% | 61.1% |

从整体上看，麻乍镇耕地小幅逐步下降，粮食种植面积在除去2008年异常数据之后，呈显著上升趋势。从播种面积耕地比来看，这一数值呈稳步上升态势，证明麻乍镇因人口压力与致富动力，耕地利用率在不断提升。

农作物种植面积波动较大，其最低时为耕地面积的1.81倍，最高时接近3.1倍，也可以证明麻乍镇通过复种、套种等技术，不断提高耕地的利用率。这些都为粮食产量的稳步增长提供了坚实基础。

除去2008年的异常数据，麻乍镇粮食产量呈现显著的上升趋势。19年间，粮食产量增长了136.1%，年均增幅4.63%。粮食增长一方面是因为种植面积增加，另一方面是因为生产力水平提高，本章第三节将对其进行具体分析。

粮食作物分为夏收粮食和秋收粮食，后者占绝大多数。在麻乍镇的统计标准中，夏收粮食有小麦、碗胡豆、马铃薯以及其他谷物。秋收粮食有稻谷、玉米、马铃薯、大豆、杂豆以及其他杂粮。其中马铃薯、玉米是麻乍镇最主要的粮食作物，也是该地农民最重要的收入来源。2011年，麻乍镇马铃薯、玉米的种植面积分别是26579、18000亩，产量分别是9157、6028吨，分别占粮食总产量的51.7%和34.1%。

烟叶是麻乍镇最重要的经济作物，但只有少部分农民可以种植烟叶，扩展收入来源。麻乍镇部分地区具有种植烤烟的优良条件，拥有这些土地的农民在烟草公司的统一组织下种植烟草。由于烤烟税是镇财政的主要来源，因此，政府非常重视烟草种植。2000年至2006年，统计年鉴中烤烟税的数据显示，这7年间，年平均烤烟税62.87万元，占全镇财政总收入达62.8%。2011年麻乍镇种植烟草8273亩，产量1025吨。

除此之外，麻乍镇还种植小麦、果树、蔬菜、豆类、中药等。2010年，麻乍镇种植小麦4000亩，产量125吨，蔬菜4200亩，产量1204吨；种植豆类10807亩，产量577吨；完成核桃2.1万亩（尚是树苗，还未形成产量）、精品苹果1000亩，种植板蓝根、半夏、党参等中草药500亩，青饲料8000亩。这些品种繁多的作物，种植面积总计近5万亩，但产量很有限，它们只是作为马铃薯、玉米种植以及畜牧业的补充，在农民收入来源不占有重要位置。

麻乍镇畜牧业较为发达，在该镇经济组成中占据重要地位，是农民收入重要来源。

**麻乍镇畜牧业生产情况表（1992—2011年）** 单位：吨、头、只

|  | 肉类总产量 | 猪牛羊出栏 | 猪牛羊存栏 | 禽蛋产量 | 家禽出栏 | 家禽存栏 |
| --- | --- | --- | --- | --- | --- | --- |
| 1992 | 1033 | 20871 | 31073 | 44.613 | 11800 | 11500 |
| 1993 |  | 15410 | 24934 | 41.1 | 12000 | 14143 |
| 1994 | 1012 | 13640 | 26079 | 16 | 8000 | 26040 |
| 1995 | 1014 | 14265 | 26345 | 16.02 | 7920 | 26200 |
| 1996 | 1015 | 14306 | 28435 | 16.4 | 7850 | 28000 |
| 1997 | 1081 | 14960 | 30687 | 16.45 | 8000 | 28500 |
| 1998 | 1127 | 15421 | 31663 | 16.8 | 8950 | 32541 |
| 1999 |  | 16192 | 33202 |  | 9665 | 34167 |
| 2000 |  | 16878 | 31757 |  | 5561 | 40738 |
| 2001 |  | 19079 | 44278 | 19.3 | 5691 | 42783 |
| 2002 |  | 17653 | 48560 | 61.5 | 7518 | 42986 |
| 2003 | 1518 | 18673 | 49066 | 71 | 8722 | 50019 |
| 2004 | 1680 | 19695 | 50040 | 74 | 9100 | 51180 |
| 2005 | 1855 | 22060 | 52977 | 102 | 10300 | 54100 |
| 2006 | 1808 | 29905 | 62178 | 112.4 | 18250 | 55400 |
| 2007 | 2695 | 31557 | 50585 | 119.1 | 19840 | 56010 |
| 2008 | 4153 | 38662 | 59869 | 123.4 | 20024 | 56194 |

续表

|  | 肉类总产量 | 猪牛羊出栏 | 猪牛羊存栏 | 禽蛋产量 | 家禽出栏 | 家禽存栏 |
|---|---|---|---|---|---|---|
| 2009 | 4114 | 36336 | 66166 | 124 | 22125 | 56420 |
| 2010 | 3108 | 36573 | 68350 | 125 | 23150 | 56375 |
| 2011 | 3169 | 35651 | 54408 | 159 | 21584 | 56875 |

（注：统计年鉴缺少1993、1999、2000、2001、2002年肉类总产量数据，缺乏1999、2000年禽蛋产量数据）

1992—2011年的19年间，肉类总产量增长迅速，从最初的1033吨增长到2011年的3169吨。肉类总产量的增加主要原因是家禽、家畜出栏数提升。

猪牛羊、家禽出栏数均呈现上升趋势。19年间，猪牛羊出栏数增长了68.6%，年均增长2.79%；家禽出栏数增长了114.7%，年均增长4.10%。这两项增幅均小于粮食产量的增幅。

1992—2011年间，麻乍镇禽蛋产量增长迅猛，从1992年的44.6吨增长到了2011年的159吨。19年间，禽蛋产量增长了275.1%，年均增幅为7.21%，高于粮食、肉产量以及牲畜、家禽出栏数产量。禽蛋产量产量增加主要原因是农民养殖家禽数量增加，以及用于出售的禽蛋产量增加。

无论是从总产值还是就业人数，工业在麻乍镇都只占极小的份额。在麻乍镇的统计年鉴中，有各乡镇工业统计数据最近的年份是2008年，而在此之前，也并非每年都有各乡镇工业数据的统计。有关乡镇工业数据统计的不规范，也从一个侧面反映出工业在包含麻乍在内的威宁大部分乡镇中的次要地位。2008年，麻乍镇营业收入1200万元，比上年下降21.1%，总产值1200年，比上年下降25%，同时只及当年农林牧渔总产值的10.6%；工业增加值264万元，比上年下降28.3%；工业产值139万元，比上年下降21%；工业增加值30万元，比上年下降25%；利润总额96万元，比上年下降33.8%；上交税金为0；劳动者报酬216万元，比上年下降8.1%；企业数160个，比上年减少275个；工业从业人数495人，比上年减少240人。2008年，企业人均数为3.09人，说明统计中的企业绝大多数是私人作坊。麻乍镇工业以农产品加工、采石、冶炼、矿泉水为主，基本上处于原材料初加工阶段，规模小，市场窄，并且受政策影响很大，这也是工业各项指标变动剧烈的原因之一。

## 第二节 具体产业

1992 年以来，麻乍乡产业结构的整体变动是，工业在 90 年代经历快速上升，进入 21 世纪以来，又迅速萎缩。各行业的收入占比显示农业在麻乍乡经济中占据主导地位。1992—2001 年间，平均下来，农业总收入占总收入的 91.5%。其后是工业、交通运输业、建筑业，占比分别是 5.5%、1.5%、0.3%。而在农业中，农民也在探索多元经营，提高劳动力、土地的利用率，以尽可能获取更多的收入。2009 年，全乡约有 4000 余户，1.6 万余人从原来单纯的以粮食生产获取收入的方式，不断向林、果、烟、茶、畜、蔬等特色产业为增收方式的转移，结构性、规模性实现产业调整在 4000 亩以上。

### 一 种植业

长期以来，麻乍乡种植业产值贡献着农业总产值的大部分。2011 年，种植业 8418 万元（按现价计算），占当年农林牧渔总产值（16335 万元）的 51.5%。具体就种植业结构而言，马铃薯、玉米等种植面积、产量上升很快，是农民主要收入来源。烟叶成为少数农民的重要收入来源。蔬菜、豆类为附属农作物，以自用为主，作为商品生产的较少，农民不指望其增加收入。农民不再种植水稻，以适应气候、水利等条件的变化。

从近 20 年的数据来看，马铃薯、玉米是麻乍乡最主要的农作物。就种植面积而言，两个品种交替占据第一、第二的位置。

麻乍乡耕地、粮食、马铃薯、玉米种植面积（1992—2011） 单位：亩

| | 年初实有耕地面积 | 粮食播种面积 | 马铃薯种植面积 | 马铃薯种植占耕地面积比例 | 马铃薯种植占粮食种植面积比例 | 玉米种植面积 | 玉米种植面积占耕地面积比 | 玉米种植面积占粮食播种面积比 |
|---|---|---|---|---|---|---|---|---|
| 1992 | 38442 | 42025 | 13912 | 36.2% | 33.1% | 12803 | 33.3% | 30.5% |
| 1993 | 38472 | 40300 | 14260 | 37.1% | 35.4% | 9950 | 25.9% | 24.7% |

续表

| | 年初实有耕地面积 | 粮食播种面积 | 马铃薯种植面积 | 马铃薯种植占耕地面积比例 | 马铃薯种植占粮食种植面积比例 | 玉米种植面积 | 玉米种植面积占耕地面积比 | 玉米种植面积占粮食播种面积比 |
|---|---|---|---|---|---|---|---|---|
| 1994 | 38452 | 42995 | 14250 | 37.1% | 33.1% | 12950 | 33.7% | 30.1% |
| 1995 | 38282 | 41008 | 14160 | 37.0% | 34.5% | 12910 | 33.7% | 31.5% |
| 1996 | 38232 | 40870 | 14210 | 37.2% | 34.8% | 14000 | 36.6% | 34.3% |
| 1997 | 37987 | 40850 | 14550 | 38.3% | 35.6% | 14750 | 38.8% | 36.1% |
| 1998 | 37972 | 45100 | 16250 | 42.8% | 36.0% | 16150 | 42.5% | 35.8% |
| 1999 | 37961 | 52921 | 18000 | 47.4% | 34.0% | 22391 | 59.0% | 42.3% |
| 2000 | 37952 | 55530 | 18800 | 49.5% | 33.9% | 24000 | 63.2% | 43.2% |
| 2001 | 37931 | 56490 | 19200 | 50.6% | 34.0% | 24500 | 64.6% | 43.4% |
| 2002 | 37913 | 55150 | 21300 | 56.2% | 38.6% | 22400 | 59.1% | 40.6% |
| 2003 | | | | | | | | |
| 2004 | 36348 | 57250 | 22660 | 62.3% | 39.6% | 23200 | 63.8% | 40.5% |
| 2005 | 36340 | 60410 | 23060 | 63.5% | 38.2% | 24000 | 66.0% | 39.7% |
| 2006 | 35328 | 69565 | 25465 | 72.1% | 36.6% | 23000 | 65.1% | 33.1% |
| 2007 | 36310 | 69610 | 28060 | 77.3% | 40.3% | 20400 | 56.2% | 29.3% |
| 2008 | 36300 | 46750 | 11600 | 32.0% | 24.8% | 19000 | 52.3% | 40.6% |
| 2009 | 36285 | 69989 | 28600 | 78.8% | 40.9% | 18500 | 51.0% | 26.4% |
| 2010 | 36275 | 70507 | 26300 | 72.5% | 37.3% | 18000 | 49.6% | 25.6% |
| 2011 | 36275 | 68569 | 26579 | 73.3% | 38.8% | 20000 | 55.1% | 29.2% |

统计数据显示，在绝大多数年份里，马铃薯、玉米种植面积占耕地均在40%以上，是麻乍乡最主要的两种农作物。具体比较这两种农作物，2006年之前，在种植面积上，玉米占据优势，但马铃薯种植面积占耕地比重呈稳步上升趋势，到2006年已达到70%以上，超越玉米成为麻乍乡第一农作物（暂不计2008年异常数据）。马铃薯种植面积占粮食播种比重则比较稳定，大致在33%—40%之间，其主要原因是粮食播种面积不

断增长。到新世纪，麻乍乡的耕地利用率已接近200%。从1993年到1999年，麻乍乡玉米种植面积占耕地面积比重一路上涨，到1999年达到59%，此后，玉米种植面积占比稳定在50%以上。玉米种植面积占粮食播种面积比重则增加不多，而随着粮食种植面积的增加，这一比重还有下降的趋势。

  麻乍乡以马铃薯、玉米为主要种植作物，与该地地理气候关系密切。麻乍乡土壤、气候得天独厚，非常适宜马铃薯这种喜凉作物的种植。在麻乍乡，马铃薯全生育期长达150—170天，吸收的光辐射多。团棵期至成熟期（5月至8月）平均气温14—18℃，是生长的最适温度。这一时期，晴天雨天交错出现，土壤湿润，光照充足，光合效率高，加之日温差大，营养净积累多，利于薯块生长。麻乍马铃薯个大、香甜可口、营养价值高。马铃薯抗旱能力强，需避免雨水过多，形成涝害。当地农民一般将其种植在滤水的缓坡地、梯土和台地上，这样有效避免了涝害，保证了高产稳产，近些年的保证率一般在95%以上。

（马铃薯播种需多人配合）

  玉米喜光、喜温，抗逆性强，能在热量不足的半凉山区生长。在苗期最适宜温度17—20℃，低于15℃生长缓慢，多数能忍受短时—3℃的低

(马铃薯丰收)

温。随着玉米生长量增大,抗寒能力减弱,所需热量越来越高、水分越来越多。到抽穗扬花期,玉米对热量和水分要求最高,气温25—28℃,土壤湿度70—80%为最适宜。从灌浆到成熟期,以25℃缓慢下降到20℃、土壤湿度由75%降到60%为最适宜,高于25℃或低于16℃则会影响籽粒的饱满度。麻乍乡海拔1900米以下有水源灌溉地区才能满足上述最适宜气候环境,在这一生长条件下,玉米如果水份满足,籽粒饱满,产量高,潜力产量亩产700千克以上。海拔1900米以上地区必须采取营养块育苗、地膜种植等措施才能补偿热量不足。海拔在1900—2100米时,受热量不足的影响,玉米生育期增长,灌浆到成熟期易受低温影响,籽粒饱满度降低,产量较低,潜力产量500—700千克。海拔在2100—2300米时,气温比适宜温度低3—5℃,由于温度低,玉米生育期增长,扬花灌期易受低温危害,所以籽粒不饱满,产量低。低温年份种玉米草养畜比收种籽合算。海拔2300米以上的地方,不适宜玉米生长,只宜种草养畜。玉米抗旱能力强,病虫害相对较少,农民不用花费较多的精力去管理。同时,玉米属于高植株,可以与豆类、绿肥等套种,提高土地利用率。当地农民一般都会养猪、牛、羊等补贴家用,而玉米的秸秆可作牲畜青饲料。这些是玉米成为麻乍乡主要农作物的重要原因。

从另一个方面讲,麻乍乡的自然环境并不适宜种植其他粮食作物如水稻、小麦等,因此,农作物品种选择的范围极其有限,这也是麻乍乡大量种植马铃薯、玉米的一大原因。

(玉米是主要农作物)

麻乍乡马铃薯、玉米种植面积、产量（1992—2011年）　　单位：亩、吨

|  | 马铃薯 |  |  |  | 玉米 |  |  |  |
|---|---|---|---|---|---|---|---|---|
|  | 总面积 | 总产量 | 产量年增长率 | 亩产 | 总面积 | 总产量 | 产量年增长率 | 亩产 |
| 1992 | 13912 | 3324 |  | 0.239 | 12803 | 2621 |  | 0.205 |
| 1993 | 14260 | 3401 | 2.3% | 0.238 | 9950 | 1970 | -24.8% | 0.198 |
| 1994 | 14250 | 3033 | -10.8% | 0.213 | 12950 | 2564 | 30.2% | 0.198 |
| 1995 | 14160 | 3062 | 1.0% | 0.216 | 12910 | 2643 | 3.1% | 0.205 |
| 1996 | 14210 | 3026 | -1.2% | 0.213 | 14000 | 3072 | 16.2% | 0.219 |
| 1997 | 14550 | 4142 | 36.9% | 0.285 | 14750 | 3694 | 20.2% | 0.25 |
| 1998 | 16250 | 4521 | 9.2% | 0.278 | 16150 | 4425 | 19.8% | 0.274 |
| 1999 | 18000 | 4986 | 10.3% | 0.277 | 22391 | 6912 | 56.2% | 0.309 |
| 2000 | 18800 | 5656 | 13.4% | 0.301 | 24000 | 8435 | 22.0% | 0.351 |
| 2001 | 19200 | 5843 | 3.3% | 0.304 | 24500 | 8360 | -0.9% | 0.341 |
| 2002 | 21300 | 6985 | 19.5% | 0.328 | 22400 | 7681 | -8.1% | 0.343 |
| 2003 | 22035 | 7021 | 0.5% | 0.319 | 23010 | 7356 | -4.2% | 0.32 |
| 2004 | 22660 | 7400 | 5.4% | 0.327 | 23200 | 6742 | -8.3% | 0.291 |
| 2005 | 23060 | 7600 | 2.7% | 0.330 | 24000 | 7462 | 10.7% | 0.311 |

续表

| | 马铃薯 | | | | 玉米 | | | |
|---|---|---|---|---|---|---|---|---|
| | 总面积 | 总产量 | 产量年增长率 | 亩产 | 总面积 | 总产量 | 产量年增长率 | 亩产 |
| 2006 | 25465 | 9221 | 21.3% | 0.362 | 23000 | 6036 | -19.1% | 0.262 |
| 2007 | 28060 | 10527 | 14.2% | 0.375 | 204000 | 5418 | -10.2% | 0.266 |
| 2008 | 11600 | 4414 | -58.1% | 0.381 | 19000 | 5174 | -4.5% | 0.272 |
| 2009 | 28600 | 10442 | 136.6% | 0.365 | 18500 | 5179 | 0.1% | 0.28 |
| 2010 | 26300 | 8723 | -16.5% | 0.332 | 18000 | 5774 | 11.5% | 0.321 |
| 2011 | 26579 | 9157 | 5.0% | 0.345 | 18000 | 6028 | 4.4% | 0.335 |
| 均值 | 19663 | 6124.2 | 10.3% | 0.301 | 18695.7 | 5377.3 | 6.0% | 0.278 |

从产量数据看，除去2008年的异常数据，马铃薯总产量呈显著上升趋势，19年间，年增长率为10.3%。玉米产量在2000年以前，稳步上升，上升幅度大于马铃薯，2001年后，玉米产量呈整体上下降趋势。19年间，玉米产量的年均增幅为6%。因此，从总体上来，麻乍乡的马铃薯种植取得了更为显著的成就。

在多数年份里，马铃薯的亩产是高于玉米的，两种农作物19年间的平均亩产也证明了这一点。马铃薯的平均亩产0.301吨，玉米亩产0.278吨。从整体趋势看，两种主要农作物均呈上升趋势，其中马铃薯亩产增长更为稳健，玉米则波动相对较大。

从历年统计数据来看，麻乍乡的马铃薯亩产量并不高，即使在亩产量最高的2008年，也不足800斤。然而，数据与实际情况并不相符。

根据当地农民、干部的回答，当地马铃薯亩产一般为1500千克左右，高产可达2000多千克。数据不合的原因主要有如下两点：一、当我们问农民、干部亩产时，这时他们所说亩一般为"习惯亩"，每亩1000平方米，而统计年鉴上的亩为"小亩"或称"标准亩"，即每亩666平方米，如此一来，统计年鉴上的亩产就要比干部、农民所说的亩产少33.4%。二、政府对于农民种植马铃薯有一定的补贴，补贴的多少依据种植面积而定。这在一定程度增加了当地政府、农民多报种植亩数的冲动。需要指出的是，在统计年鉴中，并没有历年亩产数据，这一系列数据是由笔者根据马铃薯总产量与总面积计算所得。麻乍乡的对外宣传材料中则称，马铃薯常年种植4020公顷以上，常年产量12万吨以上，是当地农民主要的收入来源之一。其种植面积、产量均与统计数据有较大出入，但据此数据可推算出马铃薯亩产为1990公斤，这与调研组在实地了解到的数字是较为接近的。

虽然，统计数据与实际不相符，但由于每年的统计标准是接近的，所以按照时间纬度，从纵向上进行分析，仍是有价值的。数据表明，1992年以来，麻乍乡马铃薯的亩产量大体上呈上升趋势，至2008年达到最高，随后略有下降，但维持在330公斤以上。（增长图表）这一纵向数据表明，在麻乍地区，马铃薯生产效率是上升的。剔出2008年的异常数据，从总体上看，马铃薯的总产量是上升的，2007年超过1万吨。其主要原因是亩产提高和种植面积扩大。

马铃薯除自留食用、饲用外，其余销往四川、重庆、云南、广东、贵阳等地，马铃薯售卖所得成为麻乍乡农民收入的主要来源之一。根据对夏利村三组84户2011年基本情况的调查，每户马铃薯的收入都处于居民总收入的第一或者第二的位置。需要指出的是，因为该组84户居民全为回民，牛羊养殖比例以及水平都比较高，因此，养殖收入在这个地方的居民收入中占据很大的比重。据统计，84户中，有31户马铃薯为第一收入来源。其余53户第一收入来源为牛羊养殖。84家农户马铃薯平均收入为12274元，而养牛的平均收入为12490元，两者接近，成为农民收入的主要来源。而在不以回民为主的地区，牛羊养殖水平与比例与该组相差甚远，在那些地方，马铃薯仍是最主要的收入来源。

麻乍乡的马铃薯又有夏、秋之分。秋马铃薯在8、9月份收获，夏马铃薯在5、6月份收获。

**麻乍乡马铃薯种植情况（1996—2011年）** 单位：亩、吨

|  | 总面积 | 总产量 | 亩产 | 夏马铃薯面积 | 夏马铃薯产量 | 夏马铃薯单产 | 秋马铃薯面积 | 秋马铃薯产量 | 秋马铃薯单产 |
| --- | --- | --- | --- | --- | --- | --- | --- | --- | --- |
| 1996 | 14210 | 3026 | 0.213 |  |  |  | 14210 | 3026 | 0.213 |
| 1997 | 14550 | 4142 | 0.285 |  |  |  | 14550 | 4142 | 0.285 |
| 1998 | 16250 | 4521 | 0.278 |  |  |  | 16250 | 4521 | 0.278 |

续表

| | 总面积 | 总产量 | 亩产 | 夏马铃薯面积 | 夏马铃薯产量 | 夏马铃薯单产 | 秋马铃薯面积 | 秋马铃薯产量 | 秋马铃薯单产 |
|---|---|---|---|---|---|---|---|---|---|
| 1999 | 18000 | 4986 | 0.277 | | | | 18000 | 4986 | 0.277 |
| 2000 | 18800 | 5656 | 0.301 | | | | 18800 | 5656 | 0.301 |
| 2001 | 19200 | 5843 | 0.304 | | | | 19200 | 5843 | 0.304 |
| 2002 | 21300 | 6985 | 0.328 | | | | 21300 | 6985 | 0.328 |
| 2003 | 22035 | 7021 | 0.319 | 501 | 20 | 0.04 | 21534 | 7001 | 0.325 |
| 2004 | 22660 | 7400 | 0.327 | 660 | 24 | 0.04 | 22000 | 7376 | 0.335 |
| 2005 | 23060 | 7600 | 0.330 | 60 | 15 | 0.25 | 23000 | 7585 | 0.330 |
| 2006 | 25465 | 9221 | 0.362 | 65 | 16 | 0.25 | 25400 | 9205 | 0.362 |
| 2007 | 28060 | 10527 | 0.375 | 60 | 15 | 0.25 | 28000 | 10512 | 0.375 |
| 2008 | 11600 | 4414 | 0.381 | 100 | 25 | 0.25 | 11500 | 4389 | 0.382 |
| 2009 | 28600 | 10442 | 0.365 | 100 | 25 | 0.25 | 28500 | 10417 | 0.366 |
| 2010 | 26300 | 8723 | 0.332 | 300 | 32 | 0.11 | 26000 | 8691 | 0.334 |
| 2011 | 26579 | 9157 | 0.345 | 579 | 114 | 0.20 | 26000 | 9043 | 0.348 |

2003年，麻乍乡开始种植夏马铃薯，但种植面积、产量均很少。秋马铃薯的产量远远高于夏马铃薯，这是麻乍乡农民少量种植夏马铃薯的主要原因。

与马铃薯的情况相类似，玉米亩产统计数据与实际数值之间也存在较大的差距。

从数据上看，玉米亩产的波动较大。从1992年到2000年，剔除个别年份的数据，整体上看，亩产量稳步上升，到2000年达到最大值，为350公斤。但此后，亩产量曲线总体向下，降幅明显。到2010年亩产重新恢复到300公斤以上。除了统计上的不准确外，玉米亩产波动的原因主要来自天气。相比于马铃薯，玉米更容易受到天气因素的影响，好的年份与差的年份差距较大。

玉米亩产的年鉴统计数据与调查组实际调查到的数据并不相符。根据调查组的访谈，杂交玉米正常年份的亩产应该在500公斤左右。与马铃薯一样，调查组统计玉米数据时，使用的是每亩1000平米的标准，统计年鉴上使用的是每亩666平方米的标准，由此造成两个数据之间的巨大差异。又由于农业补贴是以种植面积为依据下发的，因此，农民、基层政府都有动力去夸大种植面积，在总产量一定的情况下，亩产会因此而降低。事实上，根据调查组的实际调查，排除异常天气的影响，近些年玉米的亩产量是逐渐增长的。

麻乍乡玉米种植以杂交玉米为主要品种。杂交玉米是政府力推的品种。进一步分析数据发现，杂交玉米的产量并不高，但种植面积仍然占到一半以上。在分别统计杂交玉米与普通玉米的年份中，9年中，杂交玉米的平均种植面积16125亩是普通玉米4826亩的3.34倍；杂交玉米的平均产量为5098吨，是普通玉米1187吨的4.3倍。从数据上看，证明麻乍乡的农民已普遍接受了杂交玉米。杂交玉米的亩产远远高于普通玉米是前者成为主导产品的主要原因。9年中，杂交玉米亩产0.317吨，是普通玉米亩产0.234吨的1.35倍。

麻乍乡玉米种植情况（1992—2011年）　　　　单位：亩、吨

| | 总面积 | 总产量 | 亩产 | 杂交玉米种植面积 | 杂交玉米产量 | 杂交玉米亩产 | 普通玉米种植面积 | 普通玉米产量 | 普通玉米亩产 |
|---|---|---|---|---|---|---|---|---|---|
| 1992 | 12803 | 2621 | 0.205 | | | | | | |
| 1993 | 9950 | 1970 | 0.198 | | | | | | |
| 1994 | 12950 | 2564 | 0.198 | | | | | | |
| 1995 | 12910 | 2643 | 0.205 | | | | | | |
| 1996 | 14000 | 3072 | 0.219 | | | | | | |
| 1997 | 14750 | 3694 | 0.25 | | | | | | |
| 1998 | 16150 | 4425 | 0.274 | | | | | | |
| 1999 | 22391 | 6912 | 0.309 | | | | | | |
| 2000 | 24000 | 8435 | 0.351 | | | | | | |
| 2001 | 24500 | 8360 | 0.341 | | | | | | |
| 2002 | 22400 | 7681 | 0.343 | 16500 | 5999 | 0.364 | 5900 | 1682 | 0.285 |
| 2003 | 23010 | 7356 | 0.32 | 16750 | 6020 | 0.359 | 6260 | 1336 | 0.213 |
| 2004 | 23200 | 6742 | 0.291 | 17000 | 5002 | 0.294 | 6200 | 1740 | 0.281 |

续表

|  | 总面积 | 总产量 | 亩产 | 杂交玉米种植面积 | 杂交玉米产量 | 杂交玉米亩产 | 普通玉米种植面积 | 普通玉米产量 | 普通玉米亩产 |
|---|---|---|---|---|---|---|---|---|---|
| 2005 | 24000 | 7462 | 0.311 | 17500 | 5697 | 0.326 | 6500 | 1765 | 0.272 |
| 2006 | 23000 | 6036 | 0.262 | 18500 | 4936 | 0.267 | 4500 | 1100 | 0.244 |
| 2007 | 20400 | 5418 | 0.266 | 18000 | 4746 | 0.264 | 2400 | 672 | 0.280 |
| 2008 | 19000 | 5174 | 0.272 | 11000 | 2917 | 0.265 | 8000 | 2257 | 0.282 |
| 2009 | 18500 | 5179 | 0.28 | 16000 | 4512 | 0.282 | 2500 | 667 | 0.267 |
| 2010 | 18000 | 5774 | 0.321 | 15000 | 5528 | 0.369 | 3000 | 246 | 0.082 |
| 2011 | 18000 | 6028 | 0.335 | 15000 | 5623 | 0.375 | 3000 | 405 | 0.135 |
| 平均值 |  |  |  | 16125 | 5098 | 0.317 | 4826 | 1187 | 0.234 |

在大部分家庭，玉米收入占比在马铃薯之后，而在回民家庭，玉米收入占比还要排在牛羊养殖收入之后。根据对麻乍乡戛利村三组84户2011年基本情况的调查，玉米收入只占该组农户收入极小部分。84家农户玉米收入平均值为2455元，而马铃薯的收入为12274元，养牛收入为12490元。三项重要收入中，玉米收入占比为9%。

在麻乍乡，烟叶种植占据比较重要的地位，2011年烤烟总产值达1426.35万元。对于政府来说，烟叶税是其重要收入来源；对于烟农而言，种植烟叶收入高而且稳定。烟草属垄断行业，烟草公司愿意且能为烟叶质量支付相对较高的价格。因此，烟叶生产集中了乡村大量的优质资源。在生产方面，烟农可以得到烟草公司的技术指导、物资资助（烟叶收成后再还）等，市场方面，烟草公司与烟农签订订购协议，以消除市场的不确定性。协议内容包括种植面积、约定收购量。烟农被要求拿出最好的地种植烟草。麻乍乡政府负责监督烟农执行协议内容、协调烤烟用煤以及督办落实烤烟收购等。在种植过程中，乡政府还要抽查复核烟农是否按协议中的烟地与面积进行种植，如果烟农用烟地种植其他作物，乡政府会将其全部翻种，保住规划的烟草种植面积。烟叶分为土烟与烤烟。土烟是当地传统烟叶品种，不经过烘烤，把烟叶晒干揉碎，用纸卷起来抽吸，也可以用于水烟。土烟在湘西、贵州的高山少数民族地区比较普遍。如今，即使在这些地方，年轻人已大多不抽土烟，只有一些年龄大的，早年形成抽土烟习惯的人还在继续。土烟的产量只占烟叶生产总量中的极小部分。麻乍地区绝大部分烟叶属于烤烟。从 1992—2011 年，19 年间（缺 2003 年数据），烤烟平均种植面积、烤烟平均产量占比分别是 97.8%，97.9%。烤烟喜温，对光照的要求很高，充足而不强的光照最适合其生长。在烟叶大田生育期中，最佳日平均气温 20—25℃，最热月气温 22—26℃，积温 2200—2600℃，日照时长 500—650 小时，雨量 500—700 毫米为最适宜。麻乍烤烟色泽好，香味纯，近似云南烟而属清香型。

麻乍乡烟叶、烤烟种植面积与产量（1992—2011 年）　　单位：亩、吨

| | 烟叶面积 | 烟叶产量 | 其中烤烟面积 | 其中烤烟产量 | 烤烟亩产 |
| --- | --- | --- | --- | --- | --- |
| 1992 | 5548 | 608 | 5408 | 591 | 0.109 |
| 1993 | 8710 | 883 | 8600 | 871 | 0.101 |
| 1994 | 5241 | 378 | 5146 | 370 | 0.072 |
| 1995 | 7335 | 668 | 7260 | 660 | 0.091 |
| 1996 | 7570 | 673 | 7500 | 665 | 0.089 |
| 1997 | 8550 | 884 | 8500 | 877 | 0.103 |
| 1998 | 5080 | 540 | 5030 | 534 | 0.106 |
| 1999 | 6530 | 851 | 6500 | 847 | 0.130 |
| 2000 | 7525 | 881 | 7500 | 878 | 0.117 |
| 2001 | 7030 | 743 | 7000 | 739 | 0.106 |
| 2002 | 7050 | 738 | 7000 | 734 | 0.105 |
| 2003 | | | | | |
| 2004 | 5230 | 470 | 5200 | 466 | 0.090 |
| 2005 | 5830 | 620 | 5800 | 615 | 0.106 |
| 2006 | 4200 | 521 | 4160 | 516 | 0.124 |
| 2007 | 4302 | 535 | 4262 | 530 | 0.124 |
| 2008 | 3800 | 507 | 3000 | 430 | 0.143 |
| 2009 | 6150 | 771 | 5350 | 691 | 0.129 |
| 2010 | 6220 | 776 | 6143 | 765 | 0.125 |
| 2011 | 8273 | 1025 | 8163 | 1023 | 0.125 |

（注：2003 年数据缺乏）

蔬菜种植在麻乍乡非常普遍,但以自给自足为主,市场化程度很低。从有统计年份的数据看,麻乍乡夏秋两季蔬菜种植中,秋季蔬菜产量占大头,都在50%以上,最高的年份2001年达到了85%。

麻乍乡蔬菜种植面积(1996—2011年)　　　单位:亩、吨

| | 年初耕地面积 | 农作物种植面积 | 蔬菜种植面积 | 蔬菜种植面积占农作物种植面积比例 |
|---|---|---|---|---|
| 1992 | 38442 | 69590 | | |
| 1993 | 38472 | 70100 | | |
| 1994 | 38452 | | | |
| 1995 | 38282 | | | |
| 1996 | 38232 | | 4250 | |
| 1997 | 37987 | 90587 | 4200 | 4.6% |
| 1998 | 37972 | 93540 | 4100 | 4.4% |
| 1999 | 37961 | | 4230 | |
| 2000 | 37952 | 94150 | 2040 | 2.2% |
| 2001 | 37931 | 99840 | 3830 | 3.8% |
| 2002 | 37913 | 107875 | 3740 | 3.5% |
| 2003 | 36362 | 108027 | | |
| 2004 | 36348 | 82275 | 3550 | 4.3% |
| 2005 | 36340 | 85549 | 3900 | 4.6% |
| 2006 | 36328 | 81417 | 4100 | 5.0% |
| 2007 | 36310 | 112273 | 4200 | 3.7% |
| 2008 | 36300 | 82275 | 5880 | 7.1% |
| 2009 | 36285 | 85549 | 5578 | 6.5% |
| 2010 | 36275 | 81417 | 4400 | 5.4% |
| 2011 | 36275 | 112273 | 4400 | 3.9% |

从有统计数据的年份来看,蔬菜种植面积占农作物种植面积的2.2%至7.1%之间,只占农作物种植面积中的极小部分。近些年,威宁县将蔬菜种植作为产业结构调整的重点之一,大力推进蔬菜种植。从2002至

2009年，8年来威宁县种植面积达67.9万亩，其中麻乍乡也被纳入到夏秋反季节蔬菜生产基地。到2011年，麻乍乡夏秋蔬菜生产示范基地已完成1070亩，提高了蔬菜科学化种植水平，带动周边农户种植蔬菜的积极性高涨。政府在推动蔬菜业发展上积极性较高，主要通过推广新品种新技术，实行良种补贴的方式鼓励其发展。2007年，麻乍乡双胞塘村曾鼓励农民种植优质红皮大蒜300亩，每亩成本1000元（主要用于购买蒜种和肥料），农民可以得到补贴320元/亩。乡政府引进了大方皱椒种（大方也是毕节市的一个县，盛产辣椒），从江西引进了超级香常椒种子进行育苗移栽。

（少部分农户尝试大棚种植蔬菜）

由于套种技术的推广，麻乍乡的豆类种植面积总体上呈增长趋势。大部分豆类抗旱能力强，与玉米等高植株要求的气候条件接近。大豆是矮梗作物，不但可单独成片种植，还可在其他农作物间套种。但为节省耕地，在麻乍地区，常常会与玉米套种一些豆类，在马铃薯行间也有套种。豆类一般种植在半凉山、河谷地带，海拔在2000以下。

**麻乍乡豆类种植情况（1992—2011年）** 单位：亩、吨

|  | 总面积 | 总产量 | 平均亩产 | 夏豆面积 | 夏豆产量 | 夏豆亩产 | 夏豆产量占比 | 秋豆面积 | 秋豆产量 | 秋豆亩产 | 秋豆产量占比 |
|---|---|---|---|---|---|---|---|---|---|---|---|
| 1992 | 4810 | 264 | 0.055 | 300 | 36 | 0.12 | 13.6% | 4510 | 228 | 0.051 | 86.7% |
| 1993 | 5790 | 291 | 0.05 | 450 | 51 | 0.113 | 17.5% | 5340 | 240 | 0.045 | 82.5% |

续表

| | 总面积 | 总产量 | 平均亩产 | 夏豆面积 | 夏豆产量 | 夏豆亩产 | 夏豆产量占比 | 秋豆面积 | 秋豆产量 | 秋豆亩产 | 秋豆产量占比 |
|---|---|---|---|---|---|---|---|---|---|---|---|
| 1994 | 5800 | 225 | 0.039 | 430 | 35 | 0.081 | 15.6% | 5370 | 190 | 0.035 | 84.4% |
| 1995 | 5600 | 239 | 0.042 | 400 | 35 | 0.088 | 14.6% | 5200 | 204 | 0.039 | 85.4% |
| 1996 | 5535 | 179 | 0.032 | 385 | 11 | 0.029 | 6.1% | 5150 | 168 | 0.033 | 93.9% |
| 1997 | 5300 | 279 | 0.053 | 400 | 21 | 0.053 | 7.5% | 4900 | 258 | 0.053 | 92.5% |
| 1998 | 5750 | 323 | 0.056 | 350 | 22 | 0.063 | 6.8% | 5400 | 301 | 0.056 | 93.2% |
| 1999 | 5330 | 525 | 0.098 | 300 | 20 | 0.067 | 3.8% | 5030 | 505 | 0.1 | 96.2% |
| 2000 | 5500 | 346 | 0.063 | 600 | 42 | 0.07 | 12.1% | 4900 | 304 | 0.062 | 87.9% |
| 2001 | 5430 | 391 | 0.072 | 650 | 45 | 0.069 | 11.5% | 4780 | 346 | 0.072 | 88.5% |
| 2002 | 4960 | 259 | 0.052 | 660 | 24 | 0.036 | 9.3% | 4300 | 235 | 0.055 | 90.7% |
| 2003 | 5326 | 301 | 0.056 | 660 | 24 | 0.036 | 7.9% | 4666 | 277 | 0.059 | 92.1% |
| 2004 | 7080 | 674 | 0.095 | 2880 | 335 | 0.116 | 49.7% | 4200 | 339 | 0.081 | 50.3% |
| 2005 | 5050 | 240 | 0.048 | 550 | 33 | 0.06 | 13.8% | 4500 | 207 | 0.046 | 86.3% |
| 2006 | 6100 | 219 | 0.036 | 600 | 34 | 0.057 | 15.5% | 5500 | 185 | 0.034 | 84.5% |
| 2007 | 6100 | 257 | 0.042 | 600 | 31 | 0.052 | 12.1% | 5500 | 226 | 0.041 | 87.9% |
| 2008 | 6420 | 260 | 0.04 | 620 | 26 | 0.042 | 10.0% | 5800 | 234 | 0.04 | 90.0% |
| 2009 | 6126 | 414 | 0.068 | 636 | 86 | 0.135 | 20.8% | 5490 | 328 | 0.06 | 79.2% |
| 2010 | 10807 | 577 | 0.053 | 4307 | 111 | 0.026 | 19.2% | 6500 | 466 | 0.072 | 80.8% |
| 2011 | 7156 | 946 | 0.132 | 636 | 59 | 0.093 | 6.2% | 6520 | 890 | 0.137 | 93.8% |

数据显示，1992年以来，豆类亩产都不高，最高的一年在1999年，亩产98公斤，最少的年份则只有30多公斤。主要原因是豆类种质质量不佳，一般由农民自己留种，与玉米套种，而玉米才是农民的着力点，豆类不受重视，农民多半抱着能收多少算多少的心态。套种时，玉米秆植株高大，遮阳范围广，吸收营养能力强，豆类的生长因此而受影响。在这种情况下，豆类的产量不可能高。

从时间纬度来看，豆类的亩产围绕平均亩产55公斤（1992—2011年间的总产量除以总年数）线上下振荡，并没有呈现稳定上升的趋势。其主要原因仍是种子质量没有改进，田间管理没有提升，广种薄收靠天吃饭。

麻乍地区，秋豆以大豆、杂豆为主，夏豆的主要品种是碗胡豆。从数据统计来看，1992—2010年间，夏豆的平均亩产为66公斤/亩，秋豆平均亩产为53公斤/亩，夏豆比秋豆的平均亩产还要高13公斤。然而，秋豆的种植面积远远多于夏豆，按这些年的总面积计算，秋豆种植面积占85.9%，夏豆面积只占14.1%。因此，在总产量上，秋豆据大头，秋豆总产量占豆类总产量的83.3%，夏豆总产量则只占16.7%。问题是，秋季豆类亩产较夏豆低19.7%，为何秋豆的种植面积远远多于夏豆呢？主要原因是，麻乍地区海拔高，气温低，同一农作物生长周期相对平原地区要长，因此，该地区农作物一般要渡过整个夏天，吸收足够的热量，在秋天成熟收获。豆类一般套种于玉米，麻乍玉米属于秋收农作物，因此，在种植面积上，秋豆多于夏豆。由于豆类在麻乍地区农民收成中所占分量极小，因此，农民也不太在意夏豆、秋豆之间的单产差别。

豆类是麻乍民众重要食品。红豆酸菜汤是当地的名菜，有时候也用芸豆代替红豆。当地人也常常把红豆晒干了炒着吃。用大豆做的豆腐是重要食菜之一，无论设宴席，还是平常一日三餐，都离不开豆腐。可蒸、可炒、可煮、可做菜汤，五花八门，不拘一格。

水稻的种植的变迁，可有力说明麻乍乡种植结构的整体向旱作物的转移。总体而言，麻乍乡大部分地区海拔较高，气温较低，比水稻适宜生长温度低3—5℃，水稻扬花灌浆期生性脆弱，易受低温危害，故产量低，丰产的保证率低。麻乍乡吊水、坝海、营脚、双包塘四个村原有3000亩水田，在20世纪90年代初期，水稻种植不过1000亩左右，只占耕地面积2.63%，因水利设施经年失修，水源难以保证，后来这些地也改种烤烟，从1998年开始，麻乍乡全境就不再种植水稻。

麻乍乡水稻种植面积、产量（1992—2011年）　　单位：亩、吨

|  | 总面积 | 总产量 | 亩产 |
| --- | --- | --- | --- |
| 1992 | 1000 | 177 | 0.177 |
| 1993 | 940 | 145 | 0.154 |
| 1994 | 945 | 149 | 0.158 |

续表

|  | 总面积 | 总产量 | 亩产 |
|---|---|---|---|
| 1995 | 942 | 153 | 0.162 |
| 1996 | 450 | 72 | 0.16 |
| 1997 | 50 | 10 | 0.2 |

农民收获水稻主要是为留着自己食用，拿出来卖给国家的极少，进入市场的就更少了。有学者认为我国农作物偏向于灌溉作物，成本高，收益相对低，不具备比较优势，因此建议中国应该注重发展旱作物。事实上，在完善的市场条件下，农民可以根据市场的需求与自身的条件，理性选择农作物。农民主动放弃水稻，改种旱作物可作这方面的证明。

麻乍乡还种植有兰花子、向日葵等油料作物以及苎麻等作物，但种植面积很少，且总体上呈逐年下降趋势。这些作物的亩产也很低，2000年左右时，兰花子种植面积200多亩，亩产为80公斤左右；2007年向日葵种植面积60亩，亩产100公斤；苎麻种植面积到2001年减至30亩，亩产量15公斤。麻乍乡自然条件和气候条件适宜中草药生长，全乡范围内有5百多种的野生中药材。2009年麻乍乡箐岩村连片种植半夏38.8亩，种植户人均增收200元，乐利村建立了板蓝根基地种植板蓝根1000亩。麻乍乡另外种植的中药品种主要有半夏、黄芩、天麻、党参、天南星等。

总体上而言，麻乍乡的耕地主要用来种植玉米、马铃薯，农民的主要精力、资源投入到这农作物上。最近几年，马铃薯成为麻乍乡第一农作物，成为绝大多数农民最主要的收入来源。当地农民的主食已由原来的马铃薯、玉米转化为大米，农民生产的马铃薯、玉米主要用于出售。与水稻、小麦等粮食作物不一样，马铃薯、玉米是高度市场化的农作物，麻乍乡农民要面对更为复杂多变的市场环境，当然也可以获得更高的收益。整个毕节地区都以马铃薯、玉米为主要农作物，因此在黔西北地区形成了一个马铃薯、玉米的区域性市场。一大批商贩活跃于其间，麻乍乡农民无需拖运着马铃薯、玉米找市场，商贩买家会登门求购，或者直接到田间装运。麻乍乡农民所担心的只是价格高低的问题。在价格问题上，农民谈判的能力很低，麻乍虽偏居西南大山之中，但马铃薯、玉米的价格却由国内国际市场决定。麻乍乡也有少量的烟农，烤烟能够带来更多的利润，同时也需要更高的技术含量和管理水平。

麻乍乡农民在决定种植何种农作物时，直接的经济效益并不是唯一的考虑目标，生活习惯等都是兼顾的因素。在考虑经济效益时，思考的角度不是一维的，而是综合的。马铃薯、玉米能成为主要农作物，除去前面提及的地理气候等原因外，其还与畜牧业的发展密切关联。猪牛羊养殖在麻乍乡占据比较重要的位置。马铃薯、玉米均可以作为猪牛羊的食物，以支撑养殖业的发展。农户利用积秆氨化，微储技术开发牲畜草料新来源。豆类作物、牧草可以和玉米套种，以提升耕地的利用率。由于芸豆在农民日常饮食中占据重要的地位，所以农民会或多或少种植一点芸豆。蔬菜对于家庭的日常生活必不可少，因此，其种植量、产量均维持在一定水平。如兰花子、向日葵、苎麻等边缘农作物因为不能给农民带来收入，也不是农民生活所需，但由于种植习惯的延续，所以渐渐退出。从总体趋势来看，麻乍乡农作物种植品种呈集中化趋势，马铃薯、玉米成为最主要的种植品种。种植结构变动证实专业化程度在边远山区农村的深化。麻乍乡农民在马铃薯、玉米种植方面花费主要精力，精耕细作，以提升生产力。在市场化欠发达时，农民生活必需品如油等，都需要自给自足，因此农户家需种植油料作物，保证自己食用。这类作物一般种植量少，所以农民一般采取粗放式管理，也舍不得在种子方面投入较大的成本。所以，此类辅助作物的生产力水平相对低下。

## 二 畜牧业

畜牧业在麻乍乡占有重要地位，2011年畜牧业总产值7562万元（现行价），占当年农林牧渔总产值（16335万元）的46.1%，在2008年这一数值曾达到过66%的水平。

畜禽养殖中，以猪的产量最大，大多数农民（回民除外）主要以养猪为重要经济来源。麻乍猪以肉质鲜嫩、纯粮食喂养而备受食用者青睐。但是生活环境的污染则比较严重，农村卫生条件差，不少村寨依然是人无厕所，猪无圈。通过结构调整，仔猪繁殖和商品肥猪养殖并进，通过政府引导和多方协调资金扶持，大力推广科学饲养，养猪业发展进一步加快。麻乍地处高原，草原资源丰富，长期以来，当地农民一直从事牛羊养殖，均以放养为主。退耕还林（草）、林（草）地保护政策实施后，放养逐渐向圈养转变，养殖的精细化、科学化水平在提高。2010年，麻乍乡新建和改扩建畜圈4000多平方米，其中集中建圈1800平方米。由于机械渐渐代替牛耕且牛肉需求量快速增长，麻乍乡肉牛的养殖量增加很快，这一点可由牛的出栏率增加予以证明。牲畜养殖以分散养殖为主，依2011年数据，规模养殖尚未出现。（规模养殖需达到如下标准中的一项：牛50头以上、羊200头以上、猪300头以上）猪、羊是家庭重要的流动性资产，到下半年，猪、羊即可出售变在一定程度上，猪、羊具有保险作用。在农村，农户操办婚丧、生日、考学、入伍等重大事情时，往往会宰猪，用于宴请，以节省支出。遇到大笔支出，比如重要人情往来、重大变故、大型手术时，可以出售一定数量的猪、羊，换取现金，以应生活之需。由于麻乍乡缺少水塘、小河等养殖鸭、鹅的便利条件，因此，家禽养殖以养鸡为主，其存栏率、禽蛋产量均有可观增长。在部分地区，农民还发展出林下种蘑养鸡等新农业形态。由于麻乍乡的一些高海拔地区种植玉米、马铃薯的效益很低，因此在这些地区发展起种草养蓄，2010年，麻乍乡人工种草18000亩，其中连片种植2700亩。牧草品种主要有黑麦草、红三叶、白三叶、鸭草、紫花苜蓿等；种植方式多以混种为主；草地运用方式有刈割型、放牧型和刈收兼用型。麻乍乡试图通过人工草地实现生态养殖的良性循环，缓解人畜争粮，草粮争地的矛盾。

（种草养蓄）

1992—2011年间，麻乍乡畜牧业显著增长，特别是从2003年开始进入快速增长期，在2009年经历大幅跌后，迅速恢复增长，并在2011年达到最大值。19年间，畜牧业产值增长了350.8%，年均增幅8.24%。

麻乍乡猪、羊、牛出栏、存栏（1992——2011年）　　单位：头、只

| | 猪当年出栏 | 猪年末存栏 | 羊当年出栏 | 羊当年存栏 | 牛当年出栏 | 牛当年存栏 | 猪牛羊出栏总数 | 猪牛羊存栏总数 |
| --- | --- | --- | --- | --- | --- | --- | --- | --- |
| 1992 | 6861 | 12180 | 12558 | 11100 | 1452 | 7793 | 20871 | 31073 |
| 1993 | 7600 | 12900 | 6350 | 7150 | 1460 | 4884 | 15410 | 24934 |
| 1994 | 8100 | 13000 | 4200 | 5496 | 1340 | 7583 | 13640 | 26079 |
| 1995 | 8000 | 14000 | 4900 | 4700 | 1365 | 7645 | 14265 | 26345 |
| 1996 | 8000 | 14050 | 4800 | 5380 | 1506 | 9005 | 14306 | 28435 |
| 1997 | 8500 | 17500 | 4860 | 6000 | 1600 | 7187 | 14960 | 30687 |
| 1998 | 8820 | 17881 | 4900 | 6596 | 1701 | 7186 | 15421 | 31663 |
| 1999 | 9261 | 18775 | 5145 | 6882 | 1786 | 7545 | 16192 | 33202 |
| 2000 | 8891 | 15160 | 5492 | 7313 | 2495 | 9284 | 16878 | 31757 |
| 2001 | 10125 | 26832 | 6311 | 7605 | 2643 | 9841 | 19079 | 44278 |
| 2002 | 9560 | 28984 | 5618 | 8492 | 2475 | 11084 | 17653 | 48560 |
| 2003 | 10037 | 30158 | 6014 | 9090 | 2622 | 9818 | 18673 | 49066 |
| 2004 | 10350 | 30240 | 6150 | 9150 | 3195 | 10650 | 19695 | 50040 |
| 2005 | 11860 | 29882 | 6920 | 11630 | 3280 | 11465 | 22060 | 52977 |
| 2006 | 16728 | 34264 | 9300 | 14500 | 3877 | 13414 | 29905 | 62178 |
| 2007 | 17800 | 33164 | 9638 | 2800 | 4119 | 14621 | 31557 | 50585 |
| 2008 | 27005 | 35943 | 8638 | 14200 | 3019 | 9726 | 38662 | 59869 |
| 2009 | 23500 | 35100 | 8850 | 19800 | 3986 | 11266 | 36336 | 66166 |
| 2010 | 23600 | 35600 | 8960 | 21000 | 4013 | 11750 | 36573 | 68350 |
| 2011 | 24086 | 32415 | 7383 | 10809 | 4182 | 11184 | 35651 | 54408 |

按照公安人口计算，2011年麻乍乡共有9411户，这样，每个家庭当年养猪6头，羊1.93只，牛1.63头。

麻乍乡猪肉产量（1992—2011年）　　　　　　　　单位：吨

|  | 肉类总产量 | 猪肉总产量 | 猪肉产量占比 |
| --- | --- | --- | --- |
| 1992 | 1032.63 | 682.67 | 66.1% |
| 1993 | | | |
| 1994 | 1012 | 806 | 79.6% |
| 1995 | 1014 | 796 | 78.5% |
| 1996 | 1015 | 787 | 77.5% |
| 1997 | 1081 | 842 | 77.9% |
| 1998 | 1127 | 873 | 77.5% |
| 1999 | | | |
| 2000 | | | |
| 2001 | | | |
| 2002 | | | |
| 2003 | 1518 | 998 | 65.7% |
| 2004 | 1680 | 1190 | 70.8% |
| 2005 | 1855 | 1305 | 70.4% |
| 2006 | 1808 | 1440 | 79.6% |
| 2007 | 2695 | 1958 | 72.7% |
| 2008 | 4153 | 2965 | 71.4% |
| 2009 | 4114 | 3016 | 73.3% |
| 2010 | 3108 | 2339 | 75.3% |
| 2011 | 3169 | 2372 | 74.9% |

19年间，猪肉产量增长迅猛，特别是在2003年后，实现多年快速增长。数据显示，猪肉产量占肉类总产量的60—80%之间，占据了肉类总产量的绝大部分。

麻乍乡养猪业仍以户为主要养殖单位，分布广泛，每户大多数散养3至6头，少部分有规模的养猪大户达十几头到几十头。散养的优点是不需要拿出专门资金修建圈房，又由于生猪在外觅食可以解决一部分饲料，因此可以降低养殖成本。另外，散养猪运动多、肉质好、口感佳。威宁临近云南宣威，著名的宣威火腿其原材料有部分来自威宁。散养的缺点有四：一、生猪运动过多影响生长速度；二、不利于疫情防控；三、难以积肥；四、猪糟蹋庄稼，且易引起邻里矛盾。从趋势来看，圈养的比例在上升。

（家庭仍是生猪养殖的主体）

生猪养殖是山区农业循环经济链条上的重要一环。有能耐的农民借助无污染优质水和品质好的玉米，酿制48度至52度的纯玉米酒，再用酒糟喂猪，猪粪制作农家肥，施洒于农作物，形成循环经济，通过这种方式获得更高经济收益。

农户生猪养殖周期一般为1年，到年底时卖掉，剩下一头宰杀，留作春节宴请客人用。麻乍乡传统养猪周期较长，往往在2年左右，甚至更多，现在仍有少部分家庭养殖周期1年以上，此种不经济的养殖方式消耗掉了更多的粮食，降低了资金利用效率。但从整体变化上看，麻乍乡生猪养殖周期趋于变短。

从1992—2011年数据走势来看，除少数年份有下降外，羊、牛出栏数呈现整体上升趋势，其中羊出栏数波动较大，其主要原因是养羊受政策影响较大。羊的散养是退耕还林（草）、退耕还林（草）政策有效实施的重要威胁，当监管严格时，养羊业受到压制，当监管放松时，潜力又得以释放。另一方面，关于羊的统计数据也会因政策的影响而发生较大波动。1992年羊出栏12558头，1993年6350头，变动剧烈，其间最大的决定因素最有可能来自政策调整。

羊的品种主要以黑山羊为主，后来引进了波尔山羊等外地品种。比起北方的羊，威宁本地的黑山羊在味道方面毫不逊色，同时没有膻味，也更符合南方人的口味，黑山羊是当地政府用于对外介绍的本地特产之一。

羊出栏相对较快，农民一般会在春天购买小羊，下半年即可出栏。养殖周期短，资金周转快，有助于农民提高有限资金的利用效率。

(羊群入圈)

(在外放羊的羊群)

养牛业在麻乍乡地区，特别是回民区较为发达，是当地传统产业，在威宁的养牛业中占有比较重要的地位。特别是在 2006 年出栏量占全县总量达到了16%，2007年达到了16.3%。而这两年的存栏量也达到了6.8%、7.2%。19年间平均下来，麻乍乡牛出栏全县占比为8.3%，存栏占比为4.6%，远远超过每乡镇2.9%的平均值。

威宁县、麻乍乡牛出、存栏（1992—2011年）　　　单位：头

|      | 威宁县当年出栏总数 | 麻乍乡当年出栏总数 | 麻乍乡出栏数占比 | 威宁县当年存栏总数 | 麻乍乡年末存栏总数 | 麻乍乡存栏数占比 |
|------|------|------|------|------|------|------|
| 1992 | 23567 | 1452 | 6.2% | 208610 | 7793 | 3.7% |
| 1993 | 24673 | 1460 | 5.9% | 210312 | 4884 | 2.3% |
| 1994 | 24721 | 1340 | 5.4% | 208214 | 7583 | 3.6% |
| 1995 | 25239 | 1365 | 5.4% | 209034 | 7645 | 3.7% |
| 1996 | 25676 | 1506 | 5.9% | 209795 | 9005 | 4.3% |
| 1997 | 27348 | 1600 | 5.9% | 208901 | 7187 | 3.4% |
| 1998 | 30851 | 1701 | 5.5% | 210445 | 7186 | 3.4% |
| 1999 | 29672 | 1786 | 6.0% | 210976 | 7545 | 3.6% |
| 2000 | 31286 | 2495 | 8.0% | 215341 | 9284 | 4.3% |
| 2001 | 33026 | 2643 | 8.0% | 217978 | 9841 | 4.5% |
| 2002 | 33932 | 2475 | 7.3% | 218655 | 11084 | 5.1% |
| 2003 | 35949 | 2622 | 7.3% | 193683 | 9818 | 5.7% |
| 2004 | 38610 | 3195 | 8.3% | 199938 | 10650 | 5.3% |
| 2005 | 43063 | 3280 | 7.6% | 206708 | 11465 | 5.5% |
| 2006 | 24234 | 3877 | 16.0% | 197377 | 13414 | 6.8% |
| 2007 | 25234 | 4119 | 16.3% | 203298 | 14621 | 7.2% |
| 2008 | 31445 | 3019 | 9.6% | 208915 | 9726 | 4.7% |
| 2009 | 35134 | 3986 | 11.3% | 212971 | 11266 | 5.3% |
| 2010 | 39783 | 4013 | 10.1% | 218595 | 11750 | 5.4% |
| 2011 | 39764 | 4182 | 10.5% | 223713 | 11184 | 5.0% |

总体上看，不管是牛的出栏，还是存栏，麻乍乡占比都呈上升趋势。长期以来，牛主要作为役用，但近些年的趋势是作为商品牛出售，最显著的证据是出栏率持续增加。

麻乍乡历年平均出栏率远高于全县平均水平，其主要原因是，麻乍乡养殖水平比较高，饲养周期短，出栏快。而保持较高的出栏率有利于快速回笼资金，提高资金利用效率，减少养殖和市场风险。课题组在麻乍回民聚居区调研发现，有实力的家庭除了养羊外，都会养几头牛，养牛成本更高，2011年，农民从市场购买的牛约为5000元，当然养牛收益也更大，养成后可卖10000多元。90年代，用于出售的牛比例较小，一个主要原因是农民积累相对有限，不足以一口气拿出一大笔钱出来购买牛犊，修建牛圈。随着生产力水平的提升，农民积蓄增加，养牛才逐渐成为麻乍乡的一项特色产业。

除了养殖猪、牛、羊外，麻乍乡农民还养殖马、驴、骡等大牲畜，2010年，麻乍乡马、驴、骡的出栏分别是795、16、320头，存栏分别是2300、25、1150头，其主要用途为农作或运输，少量用于出售。

家禽养殖一直是麻乍乡的传统，禽蛋收入往往用来购买油、盐、洗衣粉等日用品，近些年，在家禽养殖上加大投入。麻乍乡家禽养殖中，鸡占据绝对比重，本地种较多，为肉蛋兼用鸡。其次为鹅，鸭的分量最轻。家禽养殖尚未形成规模，家庭为主要养殖单位，散养是主要的饲养方式。农户在开春之后，孵化或购买禽苗，开始饲养。家禽以玉米为主，鸡也从草地获取食物，极少有农户从市场购买家禽饲料喂养。农民饲养家禽类似于活期存款，当平时需要少量用钱时，农户会出售禽蛋以及少量家禽（主要是阉割后的公鸡）购买盐、油、洗衣粉等生活用品以及小型生产资料。由于交通不便，农民宴请客人，往往来不及到市场上购买鲜肉，就宰鸡待客。临近春节，农户家会将大部分的公鸡宰杀，用来待客。第二年春天，再孵养小鸡，开始新一轮的家禽饲养。家禽养殖在农民的现金收入中虽然不占有重要地位，但由于家禽变现快，便于增加农民的现金流，因此，家禽养殖在维持农业经营、农民生活中发挥着不可或缺的作用。

(家禽以散养为主)

**麻乍乡家禽出、存栏数（1992——2011年）**　　　　单位：只

|  | 麻乍乡当年出栏总数 | 麻乍乡年末存栏总数 | 麻乍乡家禽出栏率 |
|---|---|---|---|
| 1992 | 11800 | 11500 | 102.6% |
| 1993 | 12000 | 14143 | 84.8% |
| 1994 | 8000 | 26040 | 30.7% |
| 1995 | 7920 | 26200 | 30.2% |
| 1996 | 7850 | 28000 | 28.0% |
| 1997 | 8000 | 28500 | 28.1% |
| 1998 | 8950 | 32541 | 27.5% |
| 1999 | 9665 | 34167 | 28.3% |
| 2000 | 5561 | 40738 | 13.7% |
| 2001 | 5691 | 42783 | 13.3% |
| 2002 | 7518 | 42986 | 17.5% |
| 2003 | 8722 | 50019 | 17.4% |
| 2004 | 9100 | 51180 | 17.8% |
| 2005 | 10300 | 54100 | 19.0% |
| 2006 | 18250 | 55400 | 32.9% |
| 2007 | 19840 | 56010 | 35.4% |

续表

|  | 麻乍乡当年出栏总数 | 麻乍乡年末存栏总数 | 麻乍乡家禽出栏率 |
| --- | --- | --- | --- |
| 2008 | 20024 | 56194 | 35.6% |
| 2009 | 22125 | 56420 | 39.2% |
| 2010 | 23150 | 56375 | 41.1% |
| 2011 | 21584 | 56875 | 37.9% |

总体上，家禽出、存栏数总体呈显著地上升趋势，尤其是存栏数增长迅猛，2011年的存栏数是1992年的4.95倍，年均增幅26%。麻乍乡农民开辟多种收入来源，原先不太受重视的家禽养殖也成为麻乍乡的一项快速增长的产业。

在传统的农业经济中，种植业与养殖业结合的非常紧。当时农业技术欠发达，市场化程度低，种植庄稼所用肥料，主要源于各户饲养的牛、马、羊、猪、鸡等牲畜踩炼的圈肥。畜禽养殖，可以给农户带来直接的经济效益，同时产出大量农家肥，用于农作物生产，形成农业循环经济。由于交通不便，物质匮乏，农民所用的油也靠养殖业提供。

实行退耕还林（草）政策之后，保护林（草）地成为当地政府的重要职责，农民被允许放牧的坡地越来越少，如此一来，农民一方面减少在外放牧的频率，一方面扩大羊圈，加大玉米秆等的投放量。为支持畜牧业发展，麻乍乡发展种草养畜。2010年，全乡共有人工草地面积6400亩，主要有紫花苜蓿、红三叶、小黑麦草、多年生、绿肥等牧草品种，采用连片种植、分片种植、套种等方式。主要分布在臬利、岩格、启嘎、箐岩、营河、松木坎、坝海等地。农民极少购买饲料喂养猪牛羊，而代之以农作物桔梗、洋芋等，这样一来，农民提升了农作物的利用率，减少了饲养的成本，在一定程度上实现了种植业与养殖业的相互促进。

在农作物播种收获季节之外，农民会把主要精力投入到畜牧业。在单一的种植业为主要收入的地区，在农闲季节，农民要么外出务短工，要么闲坐在家。相较于此，麻乍乡种植业养殖业紧密结合的方式显出其优势，使得人力资本的利用率大大提升。一年下来，农民可在种植、养殖两方面获得收入。此种生产模式无疑是麻乍乡在有限耕地束缚下能够维持一定生活水平的重要原因。

（农民打草归来）

### 三　工业及其他

麻乍乡工业统计缺乏相对完整的数据和统一的统计标准，这也从一个侧面证明了麻乍乡工业基础薄弱，地位不高。

麻乍乡部分年份工业情况　　　　位：万元、个、人

| 名称<br>年份 | 营业收入 | 总产值 | 增加值 | 工业产值 | 工业增加值 | 利润总额 | 上交税金 | 劳动者报酬 | 从业人员年末数 | 企业个数 | 年末固定资产原值 | 年末固定资产净值 |
|---|---|---|---|---|---|---|---|---|---|---|---|---|
| 1992 |  | 165 |  |  |  |  |  |  | 407 | 170 |  |  |
| 1993 |  | 413 |  |  |  |  |  |  | 372 | 208 |  |  |
| 1994 | — | — | — | — | — | — | — | — | — | — |  |  |
| 1995 | 83 | 83 |  |  |  |  |  |  | 196 | 38 |  |  |
| 1996 | 95 | 95 |  |  |  |  |  |  | 143 | 24 |  |  |
| 1997 | 117 | 117 |  |  |  |  |  |  | 130 | 16 |  |  |
| 1998 | 153 | 153 |  |  |  |  |  |  | 135 | 16 |  |  |
| 1999 | — |  |  |  |  |  |  |  |  |  |  |  |

续表

| 名称 年份 | 营业收入 | 总产值 | 增加值 | 工业产值 | 工业增加值 | 利润总额 | 上交税金 | 劳动者报酬 | 从业人员年末数 | 企业个数 | 年末固定资产原值 | 年末固定资产净值 |
|---|---|---|---|---|---|---|---|---|---|---|---|---|
| 2000 | | | | | | | | | | | | |
| 2001 | | | | | | | | | | | | |
| 2002 | | | | | | | | | | | | |
| 2003 | 715 | 790 | 234 | | | 71 | 13 | 127 | 685 | 268 | 222 | 199 |
| 2004 | | | | | | | | | | | | |
| 2005 | | | | | | | | | | | | |
| 2006 | | | | | | | | | | | | |
| 2007 | 1520 | 1600 | 368 | 176 | 40 | 145 | 12 | 235 | 735 | 435 | | |
| 2008 | 1200 | 1200 | 264 | 139 | 30 | 96 | | 216 | 495 | 160 | | |

从有限的数据来看，工业发展的各项指标均波动较大，难以从整体上对麻乍乡工业发展做出趋势性的描述。

麻乍乡农业、工业、建筑业从业人员数（1992—2011年） 单位：人

| | 农业从业人员 | 工业从业人员 | 建筑业从业人员 |
|---|---|---|---|
| 1992 | 12768 | 588 | 120 |
| 1993 | 12823 | 540 | 110 |
| 1994 | 14181 | 358 | 60 |
| 1995 | 15520 | 272 | 18 |
| 1996 | 15748 | 290 | 80 |
| 1997 | 16250 | 310 | 60 |
| 1998 | 16266 | 313 | 62 |
| 1999 | 16325 | 343 | 24 |
| 2000 | 17461 | 102 | 80 |
| 2001 | 17761 | 422 | 82 |
| 2002 | 18096 | 431 | 84 |

续表

|  | 农业从业人员 | 工业从业人员 | 建筑业从业人员 |
| --- | --- | --- | --- |
| 2003 | 18041 | 350 | 140 |
| 2004 | 17498 | 365 | 181 |
| 2005 | 17239 | 457 | 224 |
| 2006 | 15082 | 530 | 350 |
| 2007 | 14920 | 560 | 400 |
| 2008 | 15306 | 561 | 401 |
| 2009 | 15486 | 568 | 414 |
| 2010 | 15726 | 578 | 424 |
| 2011 | 12176 | 603 | 514 |

统计年鉴中有两处关于工业劳动力的统计，一处是统计农村劳动力时，一处是统计乡镇企业时，但两处统计数据并不相符。本处分析数据取自前者，原因有二：一、前者历年数据比较完整，便于分析；二、两处数据虽不相符，但也相差不大，工业劳动力占总劳动力比重很小，因此，无论取哪处数据，不影响对总体的判断。

从工业从业人员数量变动趋势看，20世纪90年代初，麻乍乡工业从业人员数量相对较多，其后迅速下降，到2005年，开始快速增长。其变动从一个侧面反映了麻乍乡工业的变迁历史。

80年代，中国兴起乡镇企业。乡镇企业如雨后春笋，云贵高原上的麻乍乡也兴起了各类工业。从数据来看，工业从业人口只占极少部分。按照年份，1992、1993年工业人数多于后来的几年，这是因为早期对环境的监管相对松，一批污染严重的资源型企业发展较快，提供了一定的就业岗位。1992年麻乍乡财政收入75.8万元，其中工商税收67.7万元，农牧税收8.1万元 即使是在一个以农业为主的乡镇，农牧税收所在比重仍只为10.7%，可见农业对税收贡献之少。从此也可以理解，为何各级政府都有巨大的动力发展工商业，即使该地区发展农业的优势明显，发展工业非常勉强。

1990年代以来，历届乡党委、政府把抓好乡镇企业的发展作为全乡经济工作的重要任务，建立了目标责任考核制度。工业发展成为干部晋升的一个重要考核指标，基层官员有足够的动力，动员各类资源发展工业。在这种激励制度之下，20世纪90年代，麻乍乡工业的主要产品产量、产值均有较大提高。其中以矿产品冶炼的锌产业较为兴旺，曾出现村村点火，四处冒烟的"盛况"，为当地政府、农民带来了不错的收益。与此同时，乱采滥伐，冶炼烧煤，残渣乱弃，也污染了大气、水、土壤，破坏了生态。随着环境保护加强，生态建设推进，冶锌产业基本灭绝。原先用于冶炼的三角瓦罐被当成了围墙材料，作为当年崎岖发展之路的象征。与之相对应，就业人口随之下降。

麻乍地区矿石资源较为丰富。最近几年，城镇化建设如火如荼，基础设施建设从县城向农村延伸，建筑材料行业特别火热。在此大背景下，麻乍乡以本地丰富砂石为主的建设材料工业呈现持续发展的势头。以农产品为原料的洋芋、苦荞、云豆、火腿、牛肉等加工系列小微型食品工业也呈快速发展的态势。

麻乍乡工业以农产品加工、采石、冶炼、酿酒、矿泉水为主，基本上处于原材料初加工阶段。2011年，麻乍乡有15家苞谷（即玉米）酒小作坊，从业人数50人，总产量80吨，总产值160万元。马摆大山矿泉水厂借助马摆大山的名气，开发农村新兴市场，已在麻乍乡境内拥有一定知名度。

麻乍地区风力资源十分丰富，具有发展风力发电的得天独厚的优势。马摆大山山顶是一大片宽广的平台，该地区海拔约2700米，风能资源丰富，风速较大，风向稳定，风能分布集中。马摆大山测风塔80米高度年平均风速7.19米/秒，年可利用小时数约2100小时，因此被威宁县确定为风力发电重点发展区域。

2009年以来，借助全国新能源大发展之际，威宁县利用自身优势，抓住招商引资的机会，积极引入风力发电。2010年，威宁县引进风力发电项目，其中有一部分落户在麻乍乡的马摆大山、启嘎梁子，为麻乍工业发展注入了新的发展动力。

风力发电项目由中国国电龙源贵州风力发电有限公司组织实施，项目采用33台1.5兆瓦机组，装机规模均为49.5兆瓦，总投资约为5亿元。2010年10月全面启动项目工程前期工程，2011年3月29日获得贵州省能源局核准文件，5月正式开工建设。2011年4月项目接入系统方案通过贵州电网公司审核。据龙源贵州风力发电有限公司测算，与同等发电量的火电项目相比，风电场投运后，年发电量为9785.4万千瓦时，每年可节约标准煤34252吨，减少二氧化碳排放94194吨、二氧化硫排放548吨。2011年12月28日，威宁首个风电场配套升压站由贵州电网威宁供电局验收启动，35千伏线路带电，风电场已并网发电。

然而由于风力发电属于成品组装，少部分的生产项目放在了威宁县五里岗工业园区，麻乍乡并没能大型项目进入而获得发展配套产业的机会。但风力发电项目有望为麻乍乡带来可观的税收收入。

（风车从外省运进麻乍成本很高）

从数据看，建筑业从业人数增长很快，其主要原因如下：1、城镇化进程加快；2、以公路为主的基础设施建设加快；3、农民收入提高后，修建住房的需求加大。这些因素引起对建筑从业人员的需求加大。建筑业成为麻乍乡少数农民增加收入的重要来源。

## 第三节　经济增长动力

麻乍乡缺乏连续完整的 GDP 历年统计数据，但从前两节的论述看，该乡农业总产值、农业、工业、建筑业总收入、人均收入均实现显著增长，本节分析增长的动力。

农业总产值的增长主要来自两个方面：一是农产品价格水平的整体上涨；二是主要农产品产量的增长。

马铃薯、玉米产量增加来自于两方面：一是种植面积的增长；二是单产提高。虽然麻乍乡的耕地面积总体上呈缓慢下降趋势，但马铃薯、玉米的种植面积却呈整体上升趋势（具体数据见本章第一节）。耕地面积下降的主要原因有：一、退耕还林政策的实施。早些年，因为人口压力大，人们为了生存，开荒造田，伐木造田。政策实施以后，这些地渐渐退了出来，重新成为林（草）地，因此耕地减少。二、建设用地增加。特别是 20 世纪以来，乡镇建设、公路、水库等基础设施建设速度加快，占用了一定的耕地。

主要农作物种植面积增加的原因是：一、农民改变了种植结构，马铃薯、玉米种植得到了更多的耕地。一些产量不高的豆类、杂粮的种植面积也在减少，以增加马铃薯、玉米的耕地供应。二、套种技术的广泛推广，提高了玉米这种高植株作物的种植比例。2002 年开始，麻乍乡推广"三元结构"种植，即玉米行间种牧草，玉米垄上种绿肥，以解决了粮草争地矛盾、冬春青饲料问题，实现粮草并举，提高土地的综合利用效益。三、营养块育苗、薄膜等技术帮助农作物有效克服了温度不足的困难，使得玉米等农作物可以在更高海拔地区种植，玉米的种植面积得以增长。

马铃薯、玉米产量的提升，一个重要的贡献来自于单产的提高。根据实地调查，玉米亩产从 1990 年代初的 300 公斤左右，增加到 2010 年的 500 公斤左右，增幅为 66.7%。马铃薯从 1990 年代的 500 公斤左右，增加到 2010 年的 1500 公斤左右。

  主要农作物亩产大幅提升可归因于如下几点：一、新品种的广泛推广。二、化肥、农药等投入大大增加。三、新种植技术的运用。四、病虫害防治与农业防灾能力的提升。

（农技人员的下乡培训）

威宁县号称南方马铃薯之乡，非常重视科技在马铃薯产业发展中的作用。1996年，威宁县就聘请中国农科院的研究员为威宁马铃薯研究顾问。马铃薯良种繁殖基地建设是近20年来县委、县政府会议经久不衰的重要议题。科技具有外部性，威宁县在马铃薯科技方面的努力，也有利于麻乍乡马铃薯新品种新技术的推广，产品品质以及种植管理水平的提升。

麻乍马铃薯薯种繁多，品质好。1990年代以来，马铃薯的品种更新很快。戛利的脱毒马铃薯"费乌瑞它"、"威芋三号"、"会-2号"、"中心48"、"合作88"等远近闻名，这些都是农民常用的品种，亩产平均可达1500公斤。威芋三号等都是政府采取了有效措施来推动新品种的推广，麻乍乡戛利片区建立了良种扩繁基地，为周边地区提供马铃薯良种。2003年6月，麻乍乡争取到贵州省脱毒马铃薯基地种薯温饱工程项目财政扶贫资金40万元，在戛利村、箐岩村新建2000亩脱毒马铃薯一级种繁育基地，用于购买脱毒马铃薯微型薯原种和一级种繁育基地建设。同时，在麻乍乡扩繁"合作88"原种201亩、"威芋3号"原种603亩、"大西洋"原种100亩、"威芋3号"微型种20亩、"费乌瑞它"微型薯1亩，在麻乍乡和与邻近的金钟镇扩繁一级种2000亩。

2006年，在脱毒马铃薯基地戛利村扩繁"合作88"原种200亩、"威芋3号"原种600亩、"大西洋"原种100亩、"威芋3号"微型种20亩、"费乌瑞它"微型薯1亩；在麻乍、雪山等乡镇扩繁一级种5010亩，大田推广扩繁二级种11250亩。（用病毒感染相对较轻的植株作为母株，对母株进行热处理脱毒、茎尖分生组织脱毒，经过检测后，得到无病毒苗；利用无病毒苗作为基础，进行增殖扩繁，在培养基或基质中栽培，得到微型薯，也就是原原种。原原种很小，多数在1克以上，最大20克。原原种不能带任何病毒或类病毒；不能有真菌和细菌性病害侵染；不允许有混杂现象。以原原种进行催芽、掰芽育苗生产，得到原种种薯，第一代的原种种薯为一级原种，用一级原种生产的种薯称为二级原种，由二级原种生产的种薯称为良种或合格种。良种是提供生产上用的种薯。代数越远，退化越厉害。因此，农民自己留种，会导致性状越来越退化，亩产越来越低。）

2011年，国家扶贫办在麻乍乡戛利片区建设了脱毒马铃薯良种繁育基地，培育抗病能力强、产量高的良种供周边农民使用。这些基地的建设

(设在麻乍的马铃薯脱毒种薯生产基地)

为麻乍乡及其周边提供了稳定优质的马铃薯薯种,为马铃薯产业发展奠定了基石。

农民的马铃薯种大体上有两种来源:自留和外购。农民会在当年收获的马铃薯中,挑选块大、色亮的马铃薯保存起来,作为来年的薯种。这样的留种方式最大的好处就是成本低,按一亩地需要200斤马铃薯种、当年马铃薯价格1元/斤计算,一亩地的薯种成本为200元。不足之处就是,相对于购买的马铃薯种,自留薯种的产量要低、抗病能力要弱,而且留得代数越多,优良性状丧失越多。外购种一般由薯种基地或者薯种公司提供,薯种质量相对高,但成本也相应地高。随着市场扩大,分工细化,麻乍乡农民购买薯种的越来越多,从而在整体上带来了产量的提升。

玉米品种更新也很快。现在麻乍乡农民常用的毕丹系列和曲纯3号,亩产平均可达500公斤,试验田亩产可达700公斤。麻乍乡的玉米大多引自外地新品种,粗矮、不易倒,可在半凉山地区种植。20世纪90年代初,威宁县政协从云南引进了玉米良种"赞三",在全县试种获得成功。经草海镇大桥村、县良种场、麻乍乡戛利片区、麻乍片区等实地测量,亩产均在700公斤以上,与当地品种对照,亩产增收2.5倍以上。但按照统计年鉴,没有一年的平均亩产能达到这个产量。1998年11月,威宁县和毕节地区农科所完成中国农科院安排黔西北高海拔生态区杂交玉米筛选及高产配套技术推广任务,选育出毕丹7号、毕丹8号。此后,毕丹系列(最新的为毕丹15)成为麻乍地区玉米种植的主打产品。杂交玉米具有抗

(条件好的村建起了科技文化服务中心)

病能力强、产量高、颗粒饱满等显著优势。进入新世纪以来，麻乍乡大力推广杂交玉米，杂交玉米已经成为麻乍乡玉米的主打品种。

烟草良种的推广最具组织性。农业税废除后，农业乡、县的税源极其缺乏，烟叶税因此被视为重要税收来源，县、乡两级政府以及烟草公司投入了大量资源，从源头保障烟草的高产量、高品质。每年烟叶育苗季节，烟草公司通过各级政府将烟叶种子发给农民，农民育秧移栽。90年代初以来，麻乍乡的烟草种植由县烟草公司统一供种，以红花大金元为当家品种，辅之K326，北卡82良种。按照烟草公司与政府的要求，农民拿出了上中等地种植烟叶，还规定杂劣品种不准种，自留种不准种，应付烟不准种，以从源头保证烟叶质量，并防止烟叶种子被污染，影响下一代的优良性状。

化肥的投入是主要农作物亩产大幅提升的重要驱动力。

麻乍乡化肥使用情况　　　　　　　　　　单位：吨

|  | 农用化肥施用量 | 1、氮肥 | 2、磷肥 | 3、钾肥 | 4、复合肥 |
| --- | --- | --- | --- | --- | --- |
| 1992年 | 1725 | 810 | 715 | 42 | 158 |
| 1993年 | 1766 | 821 | 720 | 35 | 190 |
| 1994年 | 1810 | 840 | 735 | 35 | 200 |

续表

| | 农用化肥施用量 | 1、氮肥 | 2、磷肥 | 3、钾肥 | 4、复合肥 |
|---|---|---|---|---|---|
| 1995 年 | 1916 | 842 | 842 | 30 | 202 |
| 1996 年 | 1830 | 845 | 740 | 20 | 225 |
| 1997 年 | 1980 | 910 | 780 | — | 290 |
| 1998 年 | 1950 | 900 | 850 | — | 200 |
| 1999 年 | 1980 | 905 | 880 | — | 195 |
| 2000 年 | 1985 | 885 | 920 | — | 180 |
| 2001 年 | 1970 | 850 | 970 | — | 150 |
| 2002 年 | 2100 | 900 | 920 | — | 280 |
| 2003 年 | 2150 | 900 | 950 | — | 300 |
| 2004 年 | 2180 | 920 | 800 | 20 | 440 |
| 2005 年 | 2220 | 950 | 800 | 20 | 450 |
| 2006 年 | 2240 | 960 | 800 | 20 | 460 |
| 2007 年 | 2435 | 965 | 930 | 20 | 520 |
| 2008 年 | 2760 | 1050 | 995 | 25 | 690 |
| 2009 年 | 2840 | 1080 | 1020 | 30 | 710 |
| 2010 年 | 2848 | 1082 | 1022 | 32 | 712 |
| 2011 年 | 2848 | 1082 | 1022 | 32 | 712 |

氮、磷以及复合三大肥料中，均呈整体上升趋势，其中复合肥增长很快，特别是2001年以来，增长尤为迅速，到2011年达到712吨，是1992年的4.5倍。19年间，复合肥增长了202.8%。长期以来，氮肥的施用量处于第一的位置，从1992年以来，增长较为平稳，19年间，共增长了30%。磷肥施用量变动幅度相对较大，19年间，共增长了41.4%。

在烟草种植中，肥料施用还有部分强制性。烟草属特种作物，农民并不没有完全的种植自主权，烟草公司为保证产品的质量，要求农民备齐足够的肥料。如果农民因资金周转困难等原因，烟草公司也可为农民提供短期贷款，以确保烟草生长能够得到足够的营养。

有统计数据的年份来看，农用柴油消耗量稳步上升，9年间共增长了118.6%，年平均增长率13.2%。农用柴油消耗量增长表明麻乍乡农业生产机械化水平在逐步提高。但由于起点低，2011年，麻乍乡人均农用柴油消耗量仅为0.33公斤。

农用柴油消耗量　　　　　　　　　　　　　（吨、千瓦时）

|  | 农用柴油施用量 | 农用电力机械总动力 |
| --- | --- | --- |
| 2002年 | 5 | — |
| 2003年 | 8 | — |
| 2004年 | 9 | 8775 |
| 2005年 | 10 | 9021 |
| 2006年 | 10 | 10077 |
| 2007年 | 11.2 | 10077 |
| 2008年 | 12 | 10077 |
| 2009年 | 12.5 | 10150 |
| 2010年 | 13.5 | 10077 |
| 2011年 | 14 | 10152 |

（农户家的小型耕作机械）

2004—2011年间，农用电力机械总动力增长了15.3%，年平均增长率为2.2%，增长相对缓慢。总的来看，虽然农业机械化水平在渐渐提高，但因为地形、发展水平、基础设施等方面的限制，麻乍乡机械化水平还比较低。

新的农业种植技术主要包括营养块育苗、覆膜、移栽等，新技术的推广有效提升了当地主要农作物的产量。

麻乍农用塑料薄膜施用量

|  | 农用塑料薄膜施用量（吨） | 其中：地膜（吨） | 地膜覆盖面积（亩） |
| --- | --- | --- | --- |
| 1992 |  |  | 10250 |
| 1993 |  |  | 11000 |
| 1994 | 50 | 50 | 12000 |
| 1995 | 56 | 55 | 15000 |
| 1996 | 58 | 57 | 15600 |
| 1997 | 60 | 58 | 17000 |
| 1998 | 45 | 42 | 14000 |
| 1999 | 54 | 54 | 18000 |
| 2000 | 60 | 60 | 20000 |
| 2001 | 58 | 58 | 20000 |
| 2002 | 65 | 65 | 22000 |
| 2003 | 68 | 68 | 22500 |
| 2004 | 70 | 70 | 22800 |
| 2005 | 70 | 70 | 24000 |
| 2006 | 75 | 65 | 24500 |
| 2007 | 64 | 60 | 20400 |
| 2008 | 80 | 70 | 24600 |
| 2009 | 82 | 73 | 26100 |
| 2010 | 83 | 74 | 26110 |
| 2011 | 83 | 74 | 26110 |

地膜覆盖面积由1992年的10250亩增长到2011年的26110亩。19年间，地膜覆盖面积增幅为107.4%，年平均增幅为5.7%。到2011年，覆盖面积为26110亩，占农作物种植面积的23.2%。占玉米、马铃薯种植面积的58.6%。课题组实地考察发现，麻乍乡农田使用薄膜非常普遍，由于薄膜难以降解，以至于，薄膜开始成为农村环境的一个重要污染源。

薄膜能够起到保温保湿的作用，对于马铃薯、玉米、烟叶等农作物单产的提升非常重要。由于，麻乍处于高海拔地区，气温偏低，因此，在该乡的半凉山地区，农作物产量很低。薄膜技术帮助农民可以人工提高农作物育苗阶段生长所需要的温度，有效提升了幼苗存活率。以玉米为例，在海拔1900米以上地区，原先玉米的收成极低，有些农民往往将这些高海拔的地用来种草养畜。后来，营养块育苗、地膜种植等种植技术广泛用于玉米种植中，玉米补偿热量不足的问题得以克服，玉米的亩产大大提升。与此同时，玉米等农作物的有效种植面积也因此增加，土地利用率提升，当地农民的贫困程度相对减轻。90年代初，麻乍乡推广玉米种植地膜覆盖技术。农民先将农家肥浇水踩成稀粪。种植时，坑穴挖好后，放入配方化肥，再灌入稀粪，放下种子后盖土，覆土适度，稍低于平面，再覆盖地膜，可为玉米生长提供充足的水分热量，有效起到防旱、升温、保温的作用，促使玉米快速生长，提前成熟，增加产量。1995年，麻乍乡推广地膜覆盖种植玉米技术1.2万余亩。现在，麻乍乡半凉山以上地区，全部采用这一方法种植玉米，保证了这些高海拔地区的粮食产量。使用地膜覆盖种植玉米以后，在海拔2450米以下都能成熟。

20年来，麻乍乡曾推广多项技术，但很多都因为各种各样的原因而中途夭折，最后能够得到农民广泛接受的就是覆膜技术。据课题组访谈了解，农民对于覆膜技术有着深刻的认同。

随着新技术的推广，玉米移栽逐渐代替了撒播。移栽程序复杂，费工费物，但能大大提高产量。2004年，麻乍被确定为以杂交玉米、地膜覆盖、育苗移栽为主，打造1000亩连片玉米种植基地。杂交玉米育苗定向移栽每年1.5万亩以上，实行旱地"六组装"（杂交良种、单株定向移栽、拉线开厢、配方施肥、地膜覆盖、病虫害综合防治）等技术，帮助提高农作物产量。

覆膜技术在烤烟种植中得到100%的运用。根据烤烟的生长条件，只有在海拔为1850米以下的低热河谷才能种烤烟，海拔在2000—2200米的半凉山区除光照和降水能满足外，平均气温比适宜气温低3—6℃。为了在半凉山区种出优质烟叶，必须采取地膜补偿温度的办法。近20年来，农业技术人员试验总结了营养袋育苗、漂浮育苗、地膜种烟、绿肥聚垄种烟等一整套增温增肥的种植措施，在半凉山区开辟了新烟区。麻乍乡烤烟种植面积因此得以增加，这也是烤烟产量、产值增长的重要原因。

地膜覆盖和营养袋假植等技术对于保证幼苗存活率特别重要。烟草幼苗分苗后培植壮苗过程叫做假植，因为幼苗出土后密度大，叶片增大，很容易导致徒长旺苗，所以生产上一般采取假植、分苗、培育壮苗，利于移栽后快速健壮生长。县政府文件规定："凡是实行地膜覆盖和营养袋假植的，由县补助所需经费的三分之一或二分之一"。烟草公司加强督导，在烤烟生产中严格实行规范种植、强化地膜覆盖、营养袋假植、单厢起垄，杜绝栽平地烟，滑杆烟，应付烟。

（覆膜技术被广为采用）

农业是弱势产业，其脆弱性体现在生产上极易受自然条件的影响，虽然，人类的生产技术不断进步，但无法低成本地完全控制农作物的生长环境，这一点与工业生产是完全不一样的，因此，农业被形象地称为"靠天吃饭"。

在分析农业增产时，除去品种、农资投入、种植技术等变量外，我们还需考虑病虫、灾害这一重要变量。麻乍乡属高原地区，气候多变，灾害天气频发，农作物种植面临着巨大考验。

农业易遭灾，但在中国农村，农业保险很不发达。而在偏远的麻乍地区就更为落后，政府需要在生产救灾方面发挥积极作用。马铃薯、玉米、烟叶等主要农作物易受天气影响，极端恶劣的天气，如倒春寒、冰雹等会导致马铃薯产量大幅下滑，严重影响农民增产增收。1999年8月1日，麻乍乡松木坎 350 户 2020 人受灾，受灾总面积 3000 亩，其中玉米就有 2500 亩，成灾 150 亩，绝收 800 亩。营河 45 户 180 人受灾，受灾面积 920 亩，其中玉米 700 亩，绝收 400 亩。2006 年上半年，麻乍地区农作物受灾。6 月，威宁县下达生产救灾财政扶贫专项补助资金 60 万元，用作受灾农户种子费用补助，在麻乍、双龙等重灾乡镇实施脱毒马铃薯大田推广 3420 亩，实施玉米良种大田推广 18000 亩。2011 年全乡发放抗旱救灾荞麦种子 50000 公斤，芸豆种子 15000 公斤。

政府赈灾往往只能解决少部分受灾民众的问题，这种事后性的救助，无法挽回损失，因此，此种赈灾方式只能作为预防的补充。威宁地区处于西部高原，常常在 6 月份时下冰雹，这对农作物的生长极其不利。因此，威宁县配备了防雹高炮，主动防灾，以尽可能降低灾害影响。该县属喀斯特地貌，土壤储水能力弱，水利设施缺失严重，如遇到连续干旱，农作物产量将大受影响。威宁县配备了人工增雨高炮，以备连续干旱。

总体而言，麻乍乡农业防灾救灾能力还非常薄弱，农业保险欠缺，政府救灾只能象征性地解决极少部分的受灾民众，民间自发的互助救灾防灾组织还未发育，在大多数情况下，农业防灾救灾仍以单个农户为主，不能有效分担风险，聚合力量。

畜牧业产量增加主要得益于品种改良与疫病防治。

2010 年，麻乍乡完成各种牲畜品种改良 9000 多头（只），其中牛改 1400 多头，羊改 2500 多只，猪改 4600 多头。麻乍乡生猪品种多为"可乐"猪、三元杂交猪、长白耳、惰乐客等，其中三元杂交猪的比重占到一半。"可乐"猪以地方命名，可乐是临近赫章县的一个乡，原属于威宁县，以出土了可乐遗址闻名。猪仔或由自己饲养的母猪所下，或从市场购买。随着市场经济的发展与品种改良技术的进步，麻乍农民从市场购买猪仔的比例越来越高。

牛的品种有大黄牛、黑白花牛、西门达尔等，其中后二者是由政府主导引进的外来品种，已占总量的大部分。政府在乡村推广改良、配种、输精技术，在麻乍乡、戛利、岩格菁等中心地区，建立人工冻精输配点，为农民家的母牛配种提供技术服务，其中以输配西门达尔为主，黑白花次之。1997 年后，还少量输配过利木赞、安格斯等品种。从麻乍乡关于牛的统计数据来看，改良牛的数量总体上呈明显上升趋势。从 1992 年开始，麻乍乡以养殖黄牛为主，但在 2004 年之后，改良牛的数量占据第一位，水牛的数量始终最少。麻乍乡为高原地区，干旱缺水，黄牛一直就是当地的主要品种，水牛喜水，多见于两湖、江浙地区，常作为耕牛。2002 年以前，黄牛养殖数呈明显上升趋势，且在三种牛中，一直占据绝对的大头。2004 年黄牛数量急剧下降，从 2002 年的 8876 头，猛降至 2004 年的 3430 头，此后一直维持在 3000 多头。改良牛养殖数则从 2002 年的 1892 头迅猛增至 2004 年的 6910 头，此后一路增长，直至 2007 年的 10350 头。2002、2004 年是黄牛、改良牛数据变动的关键点，为什么会发生这种变化？主要原因是统计标准发生了改变。2000 以来，政府加大了牛的品种改良技术推广，试图通过杂交、输精配种等技术手段增加改良牛的数量，以推动养殖业发展。而在麻乍乡的养殖中，此前被当作黄牛统计的牛其实已经不是原来纯种的黄牛，其中的大部分都与其他品种进行了杂交。根据新的统计标准，这部分杂交牛被统计称改良牛，因此，呈现数据上的巨大变动。数据上的变动，实质上反映了家畜品种改良技术在农村的渗透与扩散。

羊的品种以黑山羊为主，黑山羊是麻乍乡本地品种，对当地气候、环境适应性强，养殖存活率高。但黑山羊生性顽劣，喜打斗爬树，生长缓慢，产肉量不高。本地政府从外地引入新品种——波尔山羊，波尔山羊生性温和、生长快，对于麻乍乡羊出栏率和羊肉产量的提升有贡献。麻乍乡也在中心区域设立了波尔山羊、绵羊输配点，利用冻精、鲜精为母羊配种，以改良本地羊的品质。

当地一份关于畜牧业的调查报告认为，牛的养殖引进畜种比地方良种效益高；而本地黑山羊价格和肉质都比引进品种好，市场效益高。报告建议，山羊养殖不要从外地进种，本地的黑山羊肉质好，饲养成本低，市场价格高许多，比较畅销；牛的养殖，应引进外地新品种肉牛和能繁母牛，因为新品种牛饲养成本低，市场低格高。还可以进行瘦牛短期育肥，效益也很可观。

一些疾病在家畜中具有很强的传染性，一旦传播开来，将给畜牧业造成巨大的损失，因此，对于家畜疾病，关键在于预防，其次才是治疗。麻乍乡畜牧业养殖以农户分散养殖为主，疫源广泛分布在各家各户，疫情一旦发生，信息很难迅速准确传输到监管部门，农户之间也只能依靠小道传播并不准确的消息,因此,很难形成联防联控的机制。同时,散养的家畜四处流窜,极易传染疾病。这对于疫情防控提出了严峻的挑战。

本世纪初,"五号病"(即口蹄疫)在毕节地区流行,对畜牧业造成很大的威胁。威宁县政府专门下发了《威宁县人民政府关于做好当前牲畜五号病防治工作的紧急通知》,调整充实了"防五"指挥部成员。包括麻乍乡在内的各乡镇成立了指挥部,组织防疫人员投入"防五"工作,全县共注射牲畜五号病疫苗167.82万头(匹、只),猪牛羊的注射率为75.35%。(其中猪96.48万头,密度的76.8%;牛36.18万头,密度的74.76%;羊35.15万只,密度为74.5%)。为从源头遏制传染病暴发,各级政府组织实施消毒灭源工作,消毒总面积达3816040平方米,其中消毒饮水池塘1050个,圈舍200160间,牲畜交易市场402场次,屠宰点和肉品交易市场480场次,养殖场320场次。

疫情防治具有外部性,单个的农户只关心自己的牲畜是否得病,而不关心传染病如何防治。因此,政府需在动物疫情防治上提供公共服务。畜牧业是麻乍乡的主要产业,因此,疫情防治是乡政府工作的重要议程。防疫实行总动员机制,政府部门保证防疫密度,业务部门保证防疫质量。

到2010年,麻乍乡实现了春秋防疫密度在90%以上,保证了畜牧业的健康稳定发展。2011年,全乡共有动物防疫人员24人,春秋两防由乡兽医站组织全乡兽防员开展的,防疫密度进一步提升,向100%靠近,免疫抗体检测合格率常年保持在70%以上。最近几年,五号病、禽流感的防疫密度达到了100%。

在论述麻乍乡生产总值增长时,不能不提及人的因素,因为只有人具有主观能动性。这可以从三方面来观察,一是作为生产主体的农民;二是农民合作组织;三是政府的作用。1992是邓小平南巡之年,市场经济的大潮风起云涌,西南山区的偏远乡镇也渐渐裹挟其中。一个最大的改变就是对人观念的冲击。外出务工人员带回来新观念,新技术。传媒、教育、培训也给既有的观念带来较大的冲击。20世纪70、80年代,当地很多农民有着过一天享受一天,只管今天不管明天的思想。民政部门发放的种子,有时被农民卖掉,用来下馆子。发放的羊也常常被宰杀吃掉,或者卖掉。政府推广新技术,农民也不愿意去学。外来的扶贫者积极性高,农民却漫不经心,呈现出逼农民脱贫的怪状。在人员加快流动,思想不断开放

(新建的兽医院)

的影响下,现在的麻乍不再是原来那个闭塞的山区小镇,他们通过自身的经历和各类媒介了解到了外面丰富的世界,心中的进取心渐渐被激发。现在农民脱贫致富的愿望非常强烈,争取资源与项目的主动性很强。农民间的贫富差距拉开,乡亲邻里间展开你追我赶的生产竞争关系,农民的生产活力竞相迸发,整体的农业生产水平因此提升。

生产力发展到一定阶段就会对合作组织提出需求。在自给自足的传统社会,生产力低下,农民生产的农产品往往只够自己家庭消费,能够参与到市场交易的农产品很少,因此,交易成本的总量不高。而如今,农民生产的农产品主要用于交易,因此交易成本大幅增加。对于农民来说尤其如此,单个农民生产的农产品数量少,缺乏议价话语权。面对变幻莫测的市场,农民处于信息劣势,无法根据市场变动快速调整生产,而农业的长周期性则加剧了此种被动。因此,单个农民参与市场的风险很大,交易成本很高。

单个农民在对接新技术方面也缺乏优势。科学技术在农业生产上的运用越来越广,逐渐成为挖掘农业潜力最有力的工具。农民对于新技术抱有警惕,不会轻易采用,这一看似保守的抉择,对农民来说却是理性的。因此,在发展中国家,新技术一般由政府推广,为鼓励农民采取新技术,政府对大胆尝试者提供物质激励。但为了降低行政成本与监督成本,政府往往不愿意与一家一户协商,而是直接找农民组织对接。

不同的农作物适合不同的经营方式。家庭承包经营对于水稻、小麦等国家托底收购的大宗农产品最有效率，而对于技术含量高、市场风险大的品种则不具有特别的优势。

在麻乍乡这个盛产马铃薯、畜牧业优势突出的地方，马铃薯、养殖合作社逐渐发展起来，成为与家庭承包经营并行不悖，相互依存的新型农业经营方式。

马铃薯的生产效率主要取决于品种选择、栽培技术和市场营销等，通过组织农民成立专业合作社，能够最大限度地发挥农村能人的带动作用。我们的调研发现，麻乍乡农业合作社中最多的，同时也是运转最好的就是马铃薯专业合作社。马铃薯是充分竞争的市场，每年市场变动大，单个农户在面临市场时处于信息劣势，极易成为市场的牺牲品。畜牧业的情形与马铃薯类似，其生产效率同样依赖于品种与市场。马铃薯、畜牧业的发展，要求成立相关的组织，摊低信息获取的成本，争取市场的主动地位。在边远山区，行业协会的服务半径尚无抵及，在这样的熟人社会，农民自发组织成立的专业合作社便成为自然而然的选择。在农村成立专业的合作社，还需要一个必不可少的条件，就是能人。在麻乍农村社会，至少存在政治精英、经济精英、文化精英三类，当然，有时候这三类精英是合一的。政治精英主要是现任村干部，他们代表国家权力在农村社会的合法延伸，掌握着行政资源，承接来自上面的种种项目资助，同时外部信息掌握上占据优势。经济精英则拥有相对较强的经济实力，应对市场风险能力强于社区的其他人，敢于冒险，敢于尝试新技术新品种。文化精英拥有较高的道德权威，为人正派，处事公正，受到社区尊重。他们往往在存在于同姓社区，或者宗教习俗浓厚的社区，他们可能是离任村干部、族长或者是宗教事务参与者。农村社会相对松散，实行家庭联产承包责任制后，农民获得巨大自由，从而成为分散在广袤原野的一个个独立经营者。他们往往愿意单干，习惯于单干，不想或者也不敢与他人合伙经营。因此，在农村社区没有强大的号召力，没有明显的好处，农民很难被组织起来。这就是当地农民常说的要有一个"带头"的。没有这样带头的能人，农民谁也不服谁，最终只能一盘散沙。在我们调查的合作社中，我们都能清晰地看到这类精英的身影。

马关龙是麻乍乡启戛村养殖协会理事长，2005年，他放弃了自己的生意后，成功竞选启戛村民委员会主任。目前，他所创立的合作社有64

户农户加入,每年户均出栏肉牛3头以上,户均实现利润3000余元。他本人集中建有31间圈舍,面积1900多平方米,种植优质黑麦草300多亩,常年圈养优质杂交肉牛30条以上。他带领社员集中购买、引进当地具有比较优势的安格斯和西门达尔等优质杂交肉牛,通过向社员提供优质杂交肉牛的购买、养殖指导、治病防疫、销售服务等工作;利用当地夏秋季节草料充裕,购进肉牛进行育肥然后出栏等方式,有效带动当地群众养牛致富。他是回民,在当地宗教界中也有一定影响力。他这样的能人是政治、经济、文化精英的集合体。

2009年该乡得坪村成立"威宁得坪金凤凰养殖专业合作社",合作社领导人马国芳,高中毕业,在当地属高学历,她种过烤烟、中草药,学过医,做过小生意,后来养鸡成功。2009年底,合作社成员20人,养殖优质蛋鸡两千只,实现日均产优质鸡蛋1800枚,合作社月增加收入16500元,合作社成员每户月增加收入3000余元,带动周边群众40余户。到2011年,麻乍乡养殖专业合作社4个,合作社成员共有300多人,作用发挥的较好。因为专业合作社资金大,抵御市场风险能力强,养殖专业化程度高,疫病防治率远高于散养户。

政府部门看到了合作社这种新型农业经营模式的生命力,因此鼓励农民成立合作社,并为合作社的发展提供制度、资金支撑。2005年至2007年,威宁县相继出台《关于促进马铃薯产业发展的意见》、《关于加快发展农民专业合作经济组织的意见》、《关于切实加快威宁县马铃薯合作经济组织发展的意见》等文件。为推动合作社成立,威宁县对新成立的合作社奖励5万元。此种奖励措施催生了一个个的合作社,在组织农民方面起到了积极作用。当然不可否认,许多官员与农民联合起来,以成立合作社的名义,骗取奖励。这是事务发展的另一方面,需要通过加强监管、公开透明等手段减少腐败。打开窗户,清晰空气、苍蝇一起进来,需要做的是把苍蝇挡在外面,而不是关上窗户。

合作社降低着交易成本。以前麻乍乡农民售卖马铃薯一般采用两种方式:一种是农民自己拉到市场,此种市场往往是乡镇区域中心的黑石头镇,较远一点的到威宁县城;另一种是马铃薯商贩直接到农户家收取,由于农户居住耕作分散,商贩上门收取马铃薯的成本相对较高,由于商贩在面临单个农户谈判时占据较为有利的地位,因此,此种成本实际上转移给了农户。这也是上门收取的价格往往较低的原因之一。合作社成立后，商贩与之对接。商贩因之无需四处找农户了，收取的地点集中，时间成本大大降低。农民组织起来，也增强了农户的价格谈判筹码，相比单个农户能够获得更为理想的价格。随着交易量的增加，商贩与合作社之间较之以往更易形成稳定的长期的交易关系，从而大大降低双方的投机性，尤其是有利于降低农民的投机心理。合作社因之也增大了管理社员，提升产品质量的压力动力。市场的需求与偏好也可以通过合作社，以更为切实可行的方式传达给农民。

由于合作社在提升产品质量方面有较大的压力，因此，其有较强的动力采用新品种，试用新栽培技术。农民相对保守，对于新事物往往持观望态度，同时，他们从众心理重，如果有人冒险，特别是所谓能人的冒险，则愿意跟随。合作社评估风险能力远高于农户个人，同时政府在推广新技术、新产品时往往以农业合作社为中介，并提供技术、品种以及农业生产资料的资助。如此一来，合作社成员选择新品种、接纳新技术的概率大大增加，往往成为农业技术创新的中心。根据我们的调查，麻乍马铃薯威芋三号等新品种以及地膜覆盖技术都是通过合作社推广开来的。

专业合作社脱颖而出，这是各种经营方式不断尝试并自由竞争的结果，而非人为的安排，因此是有效率的。

（合作社组织农民种植大棚蔬菜）

随着新技术（不局限于农业技术，比如信息技术）的发展，各种组织形式的相互影响渗透，以家庭承包经营为主的农业经营方式，将向更为多元的经营方式演变，其中合作经营是值得期待的发展形式。

（马铃薯合作社）

政府在农民脱贫致富中起着非常重要的作用。在基层，如果一项产业能够发展壮大，离开政府的全方位支持是难以做到的。改革开放以来的中国社会由全能政府社会脱胎而来，中间组织非常欠发达。家庭联产承包责任制推行后，原来集经济、政治、文化为一身的人民公社裂变为一个个零散的农业家庭。然后，分散独立的农业家庭难以对接市场与新技术。在中间组织仍然缺失的情况下，政府不得不担当起农户与市场、技术之间的桥梁。另一方面，在现有的利益格局下，政府手中掌握着极大的项目资源，这些资源由政府各条系统传输到农户手中。离开了政府，农民就失去了最为重要的外力支撑，依靠农民自身，将付出极大的成本。2007年，麻乍乡建设双胞塘村矮化密植核桃基地200亩，需投入8万元用于购买核桃苗，其中由省专项资金提供5.28万元，农民自筹才2.72万元。2008年政府通过贴息贷款的方式，协调信用社向农户发放贷款，种草1亩以上，养牛4头以上，户均发放贷款7000元。在烟叶生产中，政府则介入种植、田间管理、烘烤、收购等各个重要环节。可见，政府在调整农业产业结构上起着重要作用。

中共十八届三中全会提出"使市场在资源配置中起决定性作用"，这是高层对现代经济精髓的准确把握，也是对我国经济所遇到困难的深刻认识。对于某些具体的行业，对于基层政府，使市场在资源配置中起决定性作用，是一项巨大的挑战。因为，就基层经验而言，为做好一件事，发展好一项产业，政府集中优势资源，予以重点突破，能够起到立竿见影的效果。这种操作模式显得光鲜亮丽，以至于人们有意无意忽略其背后的巨大成本。由此而形成路径依赖，政府主导成为主流意识形态，同时造成利益固化，这是市场不能发挥决定性作用的一个重要原因。从世界经验来看，在许多发达国家，农业都是受补贴的行业，这一共性决定了政府在农业发展中起着较大的作用，对于发展中的中国而言，更是如此。作为弱势产业，农业作为一个行业本身不具备竞争力，然而它又事关吃饭问题；而在面对变幻莫测的市场时，单个农户显然又处于信息不对称的不利地位，这些都决定了基层政府在农业发展上还将长期扮演重要角色。当然，从发展趋势来看，农民对政府的依赖将会从经济项目向养老医疗等公共服务方面转变。

# 第五章

# 外力助推——戛利互助金融试验

1994年,九三学社中央将威宁县确定为帮扶点,帮扶重点为教育、农业、医疗、草海治理等多个领域。除九三学社之外,农业部、国家扶贫办、招商局集团、深圳市南山区等单位也通过各种形式帮扶威宁。帮扶形式一般是支援单位提供项目资金,威宁县根据实际情况,提出项目受援地,双方共同确定项目具体内容。来自外力的助推是威宁县实现脱贫的重要依靠力量。

2011年,九三学社中央投入15万元帮扶麻乍镇戛利村。当地政府确定的项目实施地为该村三组。此地位于威宁县城西南边马摆大山脚下,距县城40公里,326国道沿边而过,平均海拔2200米左右,属高原半凉山地区。该地年平均气温10.5℃,一月最低,均温1℃,七月最高,均温17.2℃,年降雨量929毫米,日照率36.7%,无霜期203天。戛利三组村民全为回民,共87户,497人。该组农民年人均纯收入3950元(麻乍镇人均纯收入为3630元),人均耕地2亩,人均林地4亩,以种植马铃薯、玉米为主,兼种红豆、荞麦等经济作物,养殖以牛、羊为主,4%的人外出务工,部分村民在农闲之余从事运输、农家乐、贩卖牛羊、马铃薯等第三产业(以上为2011年数据)。在麻乍镇,这个地方的居民头脑精明、经营能力强、收入水平也相对较高。

## 第一节 项目选择

2011年下半年开始,九三学社项目组(本书作者是项目组主要成员)

第五章 外力助推——戛利互助金融试验　139

就项目选定进行走家串户的调研。项目组 20 多次到戛利村，经常住在农户家，组织农民开会，与农民、镇、村两级干部深入交谈，以掌握实际情况以及干部农民对项目的需求。向农民调研的问题主要包括以下几个方面：1、以前项目的实施情况；2、以前借（贷）款经历、金额、利息、贷款方式等；3、现在对借款的需求、使用方向、理想额度、利息承受能力，对于按月（季）还款的态度；4、介绍九三"同心"互助会的初步打算，征询农户交钱入会的意愿，以及对互助金额度的看法；5、谁是寨子里比较信得过的人；6、现在家庭经济收入、支出情况。

（课题组在戛利村调研）

项目组经过调研，在吸取以往扶贫项目经验教训的基础上，确立了以下原则：1、不深度介入农民的资金使用方向；2、相信农民的理性；3、由农民自行管理，如有问题，农民自行解决，解决不了，项目组再介入。4、项目要有一定的探索性、前瞻性。

项目组发现农民温饱问题大都得以解决，但在发家致富奔小康时，则遇到很多困难。困难之一就是发展项目需要资金，但农民很难从金融市场获得预期的资金。这也是常常被提到的农民贷款难、贷款贵的问题。

市场本身满足不了农民的贷款需求，绝大部分的金融机构不愿贷给农民，其原因如下：①农民大宗财产的产权不清，土地产权属于集体，房屋没有房产证，因此，按照现行的金融机构的贷款要求，这些产权不清的财产均不能作为抵押。②金融机构向农民贷款运行成本很高。因为农民居住分散，如向农民贷款必须广泛布点，又由于农民数量巨大，所以金融机构须增加员工人数，这样便增加了金融机构的成本。③金融机构向农民贷款收益低。单个农民贷款额相对较少，一般就是几万元，所以相对企业主、城市居民而言，金融机构贷给农民收益较低。总的来说，金融机构向农民房贷，成本大，收益小。④农民即使有抵押有担保，当农民不按协议还款时，金融机构执行起来也很困难。

农民为什么贷款难？①如前所述，金融机构不愿贷款给农民。②农民贷款需要找关系。③农民居住地离金融机构较远。④农民如果能够贷款，他们也须经历一系列复杂的手续，填写一堆他们陌生的表格。

农民为什么贷款贵？如前所述，由于金融机构（主要是农信社）向农民贷款的成本很高，因此贷款利息也相对较高。据项目组调查，贷款一般只贷10个月，但要收一年的利息。有些乡镇还先扣掉利息，再将剩下的本金贷给农民。有时农民要通过一些关系才能贷到款，而打点关系也增加了农民的贷款成本。

九三学社援助的资金只有15万元，如果仅靠这么点钱，则项目不能吸引更多的人参加，项目实施的效果也不会显著。鉴于项目资金数额限制，以及该地农民发展生产实际所面临的突出问题，项目组将项目确定为农村互助金融，试图实现如下目标：1、在一定程度上解决农民贷款难、贷款贵的问题。满足夏利三组村民的借款需求，帮助其发展生产。如果发展良好，服务半径可以扩展到周边小组。2、探索扶贫工作的新路径：如何从单一的从上而下的扶贫转向从上而下与从下而上双行的扶贫之路；如何调动农民自身的积极性，而不是被动地甚至心安理得地去享受扶贫好处；如何借重农村社会传统的资源开展扶贫，比如熟人社会低成本的内部监督，比如民间社会的社区领袖；如何防止农民搭便车行为，避免不捞白不捞，捞少总比不捞强，比如即使农民知道上面的扶贫指标是每户三袋化肥，自身只得到两袋，他也不会去举报，因为举报后他可能一袋都得不到，对于他来说，等着别人去举报是更好的选择。3、探索如何破解农村金融难题：如何在保证安全性的前提下，实行资金空间上、时间上的转移，从而提高资金的配置效率，实现整体福利的提升（放款人获得更多的利息，借款人降低借款成本，包括时间成本、精力成本）；如何让闲钱尽可能留在农村，帮助农村发展，而不是被金融机构抽走，流向城市；探索一种制度，不违反当下国家法律，又能为制度的变革提供借鉴。4、探索农村社会管理创新之路：如何在不破坏现有"村两委"管理体制下，发育新型农民自治组织；如何真正让农民相信自己的组织，避免现存基层政府与农民之间的不信任的情况；如何挖掘农村自有组织功能，降低现行的管理成本；如何壮大充实互助会管理委员会，让其成长为农民与市场、企业对接的农民自组织，提高应对市场风险的能力。

具体操作上，互助金融吸引参与者拿出一部分钱，投入项目中。这样做有以下两个好处：1、增加了资金量，可以做更多的事情；2、农民自掏腰包就会关心资金的管理，这样就相当程度上解决了监督难的问题。

项目实施面临以下几个难题：1、如何让农民自愿掏钱？2、农民如何管理好这笔资金？3、如何防范风险？

戛利三组民族特色鲜明，交通便利，常常被作为领导调研的地方，因此，获取的各类扶贫资源相对较多。在此前的项目援助中，农民多是获取方，从来不会往外掏钱，要让农民掏钱是非常困难的一件事。项目组在调研时提及让农民交钱入会的意向时，绝大部分农民立即警惕起来。当告诉农民，这笔钱由他们自己选举产生的管理委员会管理时，他们的警惕性才渐渐放下。当项目组问农民可以拿出多少钱时，大部分的农民都推说没钱。项目组曾访谈正在田间劳作的农民。

> 项目组：你们需要借钱吗？
>
> 农民：需要啊。
>
> 项目组：一般从哪儿借钱呢？
>
> 农民：亲戚、信用社。
>
> 项目组：信用社利息多少？
>
> 农民：一般10%。（指年利率，笔者注）。
>
> 项目组：我们想搞一个贷款项目。我们可以先拿出一笔钱，你们再交一部分钱，有需要用钱的来这儿借，你愿意不？
>
> 农民：你们拿多少钱？
>
> 项目组：共有15万，看你们能拿出多少，到时候按比例来。

> 农民：比例是多少？
> 项目组：现在还不能确定。
> 农民：我们没有钱。
> 项目组：如果借钱，你们打算借多少？
> 农民：越多越好。最少2、3万，钱少了，办不了事。
> 项目组：利息多少合适？
> 农民：最好不要利息，超过了5%，就没人要了。
> 项目组：贷多少时间合适？
> 农民：至少1年。

项目组成员——九三学社社员、威宁县职业技术学校老师管毓红对当地居民收入水平、农民心理有比较充分的了解。当项目组为农民参与度感到担心时，她认为，不用担心，这个地方的农民有钱，只要工作做好了，到时候农民会掏钱。

为了让农民充分信任项目组，了解项目将给他们带来什么好处，项目组作了大量的说服解释工作，召开了5次农民大会。最后决定成立互助会时，共有34名农民每人出资5000元参会。

如何管理好这笔资金？项目组首先确定这笔资金由农民自己管理，具体由会员大会选举产生的管理委员会来管理。会员大会是最高权力机构，除选举管委会外，还讨论确定借、还款形式，借款利率，担保形式等重要内容。管委会成员固然由会员大会选举产生，但项目组心中对人选须心中先有数。在与农民的访谈中，一个经常向农民问及的问题是："在寨子里，你最信任谁？"通过摸底访问，项目组大体了解了哪些人有可能会被选为管委会成员。该寨子的居民都是回民，全部信仰伊斯兰教，寨子中有清真寺，由清真寺管理委员会（以下称寺管委）管理，寺管委成员由教民推举产生，都是寨子里公信力很高的人，他们不领取工资，热心为教务活动服务：包括管理资费、组织大型聚餐、开展宗教活动等。寨子里的绝大部分人都相信寺管委成员，并满意于他们的工作。寺管委的管理方式为互助金融项目实施提供了借鉴。项目组摸底发现，寨子里农民最信任的人与寺管委成员高度重合。

金融风险能否得到有效防范，是项目能否持续下去的一个重要变量。

风险防范正是以银行为代表的正规金融进入农村市场时面临的一大难题，这也是农村金融市场难以展开的一大原因。如果采用抵押贷款的方式，则互助金融也将落入农民无财产抵押，抵押难以执行的困难。互助金融类似于信用贷款，其借助熟人社会信息对称、监督成本低、违约道德成本高等优势，开展金融活动。当然，在会员的具体讨论中，为进一步防控风险，会员们还制定了多户联保的形式，以及对违约借款人的经济惩罚。

## 第二节 互助借款管理委员会

按照最初的设计，九三学社项目组成员准备组建 2 个以上的管委会，形成竞争，提高项目实施的效率。第一次召开农民大会时，参与者就自动形成了两个集团，相互之间信任的农民组合在一起。这也正好与项目组的初衷相吻合。

在对农民的经济情况、想法有了一个比较充分的了解之后，2012 年 3 月 9 日晚，项目组组织有意愿的农民召开了第一次村民会议，这个寨子 70 余户村民、麻乍镇驻戛利工委、戛利村"两委"、九三学社代表参加了会议，会议的主要目的还是沟通项目组与村民关于互助借款项目的想法。这次会议同时也选举了一个管理委员会，但有部分参与者对这个管委会名单不满意，表示要另组一个管委会。项目组决定先拿出部分资金，组建一个管委会。

2012 年 3 月 14 日晚至 15 日凌晨，项目组组织召开第一个管委会的会议，会议确定了该管委会全体会员名单，会员开会讨论通过了九三"同心"互助会章程（"马摆大山"管理委员会），讨论通过九三"同心"互助会借款合同，讨论通过九三"同心"互助款项目协议书，会员向管委会缴纳互助金 5000 元。

延伸阅读：

### 麻乍戛利三组村民九三"同心"互助会章程
（马摆大山管理委员会）

2012 年 3 月 9 日，3 月 14 日戛利三组村民大会。第一个（马摆大山）

管理委员会成立（19 户），每户集资 5000 元，选举产生主任：马仲兵，会计：马二贤，出纳：马仲华，委员：马贤对，马敏赛。特制订以下章程。

一　互助会会员资格、权利、义务、除名

1、会员是麻乍镇戛利村三组村民，必须以户为单位，须缴纳互助金；

2、会员都有选举权和被选举权；

3、每个会员必须遵守互助会章程；

4、会员有从互助会借款的权利；

5、会员有监督还款的权利；

6、会员在一年后有退出管委会的权利，退出时交还本人所交互助金及当年分红，壮大本金部分无权利享受；

7、借款户必须是戛利三组村民，借款时必须有两户会员担保；

8、借款人未还清全部本息前，不允许再借新款；

9、互助会在征得 2/3 以上会员的同意下，有权对归还款不还的会员在追缴借款和使用费后予以除名，欠款会员的互助金折抵欠款后，剩余部分退还，不够的由互助会管理委员会负责依法追讨；除名后再申请加入互助会，需征得 2/3 以上会员同意；

10、会员大会为互助会最高权力机构，每个季度召开一次会议，如遇特殊情况，由管理机构 1/3 以上会员提议，可召开临时大会，如有特殊情况，九三学社也有权提议召开临时会员大会；

11、现场借还款，管委会现场做账，大纸公开账目；

12、会议时间：3 月 15 日，6 月 15 日，9 月 15 日，12 月 15 日（下午 2 点）。会议地点：戛利三组马仲兵家；

13、会员必须全部到，才能开会，会员开会时必须参加（特殊情况必须会议前向管委会请假）。戛利三组村民都有权参加会议；

14、使用费会员暂时定成 10 元/月（1000 元），非会员借款户使用费暂定为 15 元/月（1000 元）；

15、借款一年一期，借款分为两种，整借整还与整借零还，整借整还的金额不超过总额的 25%，个人借款最高额度为 10000 元。整借零还借款的最高额度为 20000 元；

16、使用费收益分配方法：误工 10%，分红 40%，返本金 40%，账本、笔、凳子等按实际支出，不超过5%，公益5%；

17、管委会误工费与年底分红一起发。

二　管理委员会

18、管理委员会成员由会员大会按无记名一人一票投票产生；

19、管理委员会须按照章程办事，向会员大会负责，并接受麻乍镇政府、九三学社指导；

20、管理委员会负责资金管理、放款收款、记账做账、公开账目、联络会员，定期公示互助金的缴纳、使用、收益、分配状况；

21、管理委员会负责人是主任，由其全面领导管理委员会各项工作，负责对每笔款项的借放进行审批；

22、管理委员会须接受会员监督、接受外来审计；

23、管理委员会定期向麻乍镇政府、九三学社提交财务报表，报告互助金管理和运转情况；

24、互助会管理委员会任期一年，每年改选一次，可以连任，如管委会人员不称职，不能取得农户信任的，可以不定期发起召开农户大会讨论改选。

三　借款程序

25、借款人向管委会提出书面申请，借款人与担保人签名或手印。申请中写明借款金额、用途与还款方式；

26、管委会审查通过，会员大会召开日，与管委会签订借款合同，借款人夫妻双方签字（手印）（不能代签），发放借款，管委会公告借款情况；

27、互助借款发放用于经济发展项目，以旅游业、养殖业和种植业为主，兼顾其他经济发展项目。

四　互助款还款

28、互助借款的使用采取整借整还方法的，以一年为周期，最多一年，可提前还款；

29、采用整借零还的借款人按季度还款（含本金和使用费），每季度还总额的1/4，分四次等额还清；

30、每季度还款之日即是会员大会召开日，当场收款、放款、做账、公布账目，会计开具收据，出纳和还款人签字（不能代签）。

五　监督机制

31、管委会及时公布详细的账目信息（大纸公开在广场显眼的墙上）；

32、会员可随时调阅账目信息，向管委会询问有关互助会任何情况；

33、接受外来审计；

34、会员可就有关情况向九三学社直接反映。

六、其他未尽事宜，由会员大会决定。

## 管理委员会成员名单

主任：马仲兵，会计：马二贤，出纳：马仲华，委员：马贤对，马敏赛（女）

注：管理委员会产生时间、地点、方式：

时间：2012年3月9日晚上，2012年3月14日晚上

地点：戛利村三组马仲兵家

方式：民主选举、一人一票

记录人：马丹、马云龙

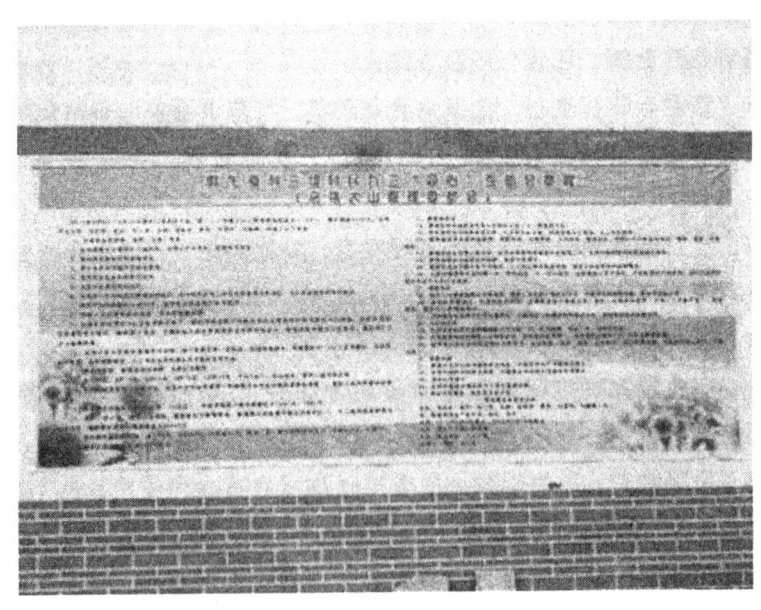

（马摆大山互助会章程张贴在村民活动中心地带）

章程由会员逐条讨论通过，为充分体现这一项目是会员自己的，章程记录人也不是项目组成员。记录人中的马丹是提供会议场所家的女儿，当时在读初二，马云龙是大学生选调生，在戛利地区工作。项目组仅提供指导，提醒会员讨论时遗漏的问题。

　　为避免违反金融方面的法律法规，管委会没有使用"利息"一词，以"使用费"代之。诸如使用费、收益分配、借款人资格、借款期限、最高借款额度等重要内容都是由会员讨论决定。项目组的想法是，不仅要让会员们看到管委会成员是由他们选举产生的，还要让会员们从心里感觉到章程是由他们自己制定的。这样会员们才会信任管委会成员，才会遵循他们自己的章程。每位会员须入股5000元，这一数字是由会员们自己确定的，而非九三学社项目组的要求。项目组当初设计了1000元、3000元、5000元三档，由农户自己决断加入哪一档。当然，只要有多数农户提出另外的档数，项目组也会予以认同。

　　然而，在还款方式上，九三学社项目组与会员们存在着较大的分歧。按照项目组最初的设计，采取整贷零还的形式，每月还一次。这种做法有三种好处：1、加快资金运转，提高资金使用效率；2、即时催款、避免坏账积累。3、减轻贷款人最终还款的压力。但是在调研的过程中，与农民就此想法交换意见时，他们就提出了不同的意见。农民认为还款周期太短，与农产品生产周期不相匹配，这样会造成实际的还款困难。项目组决定到时候开会员大会时再决定如何还款。会员大会上，这一点确实成为争议的焦点，后来经过双方妥协，会员会议决定，按季度还款。

　　财务公开也是项目组极力主张的。会员们财务公开似乎并不重视。财务公开主要由两项措施来保障。1、放款、收款必须在会员大会上举行，并规定了到会的人数。2、大会当天或者第二天将款项变动情况，用大纸公开贴在广场上的醒目位置。讨论的时候，会员们对此并没有对此给予高度重视，后来的事实证明，会员们也没有完全遵守这两条。

　　2012年3月15日，在村民广场召开会员大会，九三学社通过麻乍镇政府向"马摆大山"管理委员会提供7.5万元互助金款，并签订协议，加上会员们筹资9.5万，一共17万元。"马摆大山"管理委员会向村民放款，并签订借款合同。

（项目组成员教管委会成员记账）

延伸阅读：

九三"同心"互助款项目协议书

甲方：威宁县麻乍镇政府
乙方：威宁县麻乍镇戛利村三组马摆大山管理委员会
丙方：威宁县九三学社

　　马摆大山管理委员会是由村民于 2012 年 3 月 9 日，戛利三组村民大

（放款当天，马摆大山管委会主任马仲兵在讲解章程）

会，以户为单位自愿选举产生的九三"同心"互助金管理机构（以下简称乙方），全权代表三组每户集资5000元的19户农户，与甲方签定所有协议即是全体会员农户认可的协议。

为帮助村民发展生产，通过甲乙丙三方协商，按乙方提出社区发展目标，由甲方向乙方提供九三"同心"互助金柒万伍仟元整，用于向有需要的农户提供经济发展项目所需资金，丙方同意该项目的实施。为保证项目顺利进行，在自愿、协商的基础上，特订立本协议，由三方共同遵守，互不违约。

甲方职责：

1、甲方所提供给马摆大山管委会九三"同心"互助金柒万伍仟元现金为无息形式，甲方不得以任何理由收取资金使用费。

2、甲方有义务指导会员大会制定九三"同心"互助章程。

3、甲方有权利监督乙方实施，包括资金的使用及回收情况。

4、甲方有权利在乙方未按九三"同心"互助章程实施的前提下，在征得丙方的同意下，与丙方随时中止资金的继续发放，收回已发放的资金，并对乙方处以相当于国家规定最高贷款利息的罚金。

5、甲方有义务接受丙方对九三"同心"互助项目实施的监督。

乙方职责：

1、乙方有权利要求甲方按九三"同心"互助金提供相应的资金。

2、乙方有义务在甲方与丙方的指导下，组织会员讨论通过九三"同心"互助章程。

3、乙方有义务按九三"同心"互助章程实施。

4、乙方有义务接受甲方和丙方对九三"同心"互助章程实施情况的监督。

5、乙方有义务保证甲方所发放资金的安全、有效和专项使用。乙方以家庭财产担保该资金的按期全数偿还。如有违约，甲方有权请求司法支持。

丙方职责

1、丙方有权利监督甲方提供资金的情况。

2、丙方有义务有权利监督甲方的资金发放情况及乙方按九三"同心"互助章程实施情况。

3、丙方有义务在乙方未按九三"同心"互助章程实施的前提下协助甲方追收资金。

4、丙方有义务为甲方和乙方协调处理九三"同心"互助项目运作中出现的问题。

违约责任

上述约定三方须共同遵守。

协议未尽事宜，三方商量解决。以上协议的解释权属甲方。

如有争议，提交当地法院裁决。

本协议一式三份，甲、乙、丙三方各执一份，三份协议有同样效力。本协议自签订之日生效。

威宁县九三学社（盖章）　　代表：

威宁县麻乍镇政府（盖章）　　代表：

威宁县麻乍镇戛利村三组马摆大山管理委员会成员：

## 九三"同心"互助会借款合同

由麻乍镇戛利村三组九三同心互助会马摆大山管委会（简称甲方）向符合要求的戛利村三组村民（简称乙方）提供互助会借款，特签订本合同，双方共同遵守，互不违约。

一、甲方职责：①向乙方提供年使用费的借款。②在社区农户会上按期向乙方回收本息并张榜公布，做到资金公开透明。

二、乙方职责：①准时参加互助会会议，严格遵守章程。②遵守本合同所规定的还款时间，按期如数偿还借款本息。③借款偿还担保会员之间负连带责任。

三、违约责任：①不按时偿还借款的农户，担保会员以经济责任连带偿还，若不偿还，将请司法机关强行收回全部借款，取消其借款资格。

四、借款人（乙方）姓名及金额：

| 农户姓名 | 身份证号码 | 借款金额<br>（大写　元） | 借款期限 | 还款时间 | 借款农户夫妻签字<br>（手印） |
| --- | --- | --- | --- | --- | --- |
|  |  |  |  |  |  |

五、担保方：担保会员（签字）：
六、麻乍镇戛利村三组九三同心互助会马摆大山管委会　　（签字）

2012年3月15日

2012年3月15日，"马摆大山"互助会现场放款，11户获得借款，最高借款额2万元，其中整借整还（1年期）5户，整借零还（1年期，每3个月连本带息还一次）6户，17万元全部放完。

没有参与马摆大山管委会的农户看到马摆大山已经拿到了九三学社的资金项目，并完成了管委会组建、借款等工作，可能有些着急，他们找到九三学社项目组，表示要组建另一个管理委员会，并声称将比马摆大山管委会做得更好。

2012年3月15日晚至16日凌晨，项目组与这些农户一起开会，讨论互助借款所涉及的问题，此次会议上，准会员们（因为农户还没有出资，故称准会员）为其管委会取名"千年松"，因为马摆大山山上有千年矮松奇景，其意为在马摆大山管委会之上。有人提出，千年矮松始终长不大

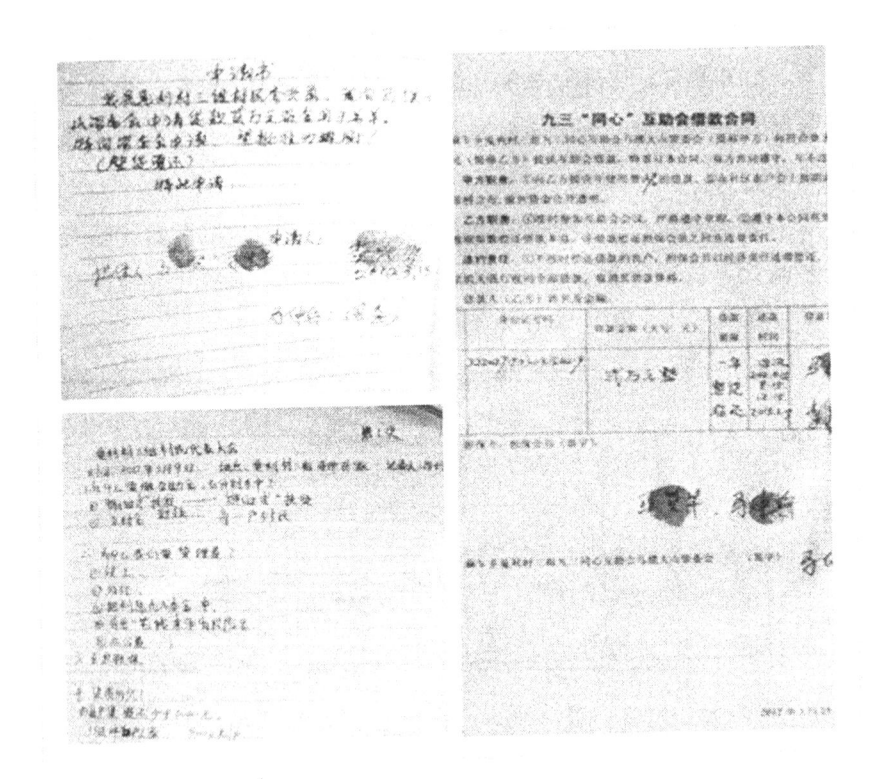

(图片为借款申请书、借款合同、马丹的记录)

(马摆大山互助会成员拿到借款)

啊。另有人说,千年啊,能坚持下去就是成功。于是,"千年松"的名称得以通过。

（马摆大山管委会账本）

（千年松互助会在讨论章程）

2012年3月29日晚至30日凌晨项目组与农户开会，正式成立第二个管委会——千年松管委会，15名会员每人出资5000元。会员大会讨论通过九三"同心"互助会章程（"千年松"管理委员会），讨论通过九三"同心"互助会借款合同，讨论通过九三"同心"互助款项目协议书。

(千年松互助会的出纳在清点会员缴款)

延伸阅读：

## 麻乍戛利三组村民九三"同心"互助会章程
### (千年松管理委员会)

2012年3月15日，3月29日戛利三组村民大会，第二个（千年松）管理委员会成立（15户），每户集资5000元，选举产生主任：李才红，会计：李卫国，出纳：马才友，妇女委员：虎菊仙。特制订以下章程：

一　互助会会员资格、权利、义务、除名

1、会员是麻乍镇戛利村三组村民，必须以户为单位，须缴纳互助金；

2、会员都有选举权和被选举权；

3、每个会员必须遵守互助会章程；

4、会员有从互助会借款的权利；

5、会员有监督还款的权利；

6、会员在一年后有退出管委会的权利，需还清所有借款及担保的非会员还完借款时才可以退出，退出时返还本人所交互助金及当年分红。未满5年退出的，壮大本金部分无权利享受，满5年后退出的，在红利之外有200元表示；

7、借款户必须是戛利三组村民，互助会会员按自愿原则，由5户成员组成联保小组，借款时必须五户联保；

8、借款人未还清全部本息前，不允许再借新款；

9、互助会在征得2/3以上会员的同意下，有权对借款不还的会员在追缴借款和使用费后予以除名，借款会员的互助金折抵欠款后，剩余部分退还，不够的由互助会管理委员会负责依法追讨。除名后再申请加入互助会，需征得2/3以上会员同意；

10、会员大会为互助会最高权力机构，每个季度召开一次会议，如遇特殊情况，可由管理机构1/3以上会员提议，可召开临时大会，如有特殊情况，九三学社也有权提议召开临时会员大会；

11、现场借还款，管委会现场做账，大纸公开账目；

12、会议时间：3月15日，6月15日，9月15日，12月15日（14：00点）。（因会议时间提前15天，第一批借款人还款时每人减少30元使用费），会议地点：广场；

13、会员必须全部到齐才能开会，会员开会时必须参加（特殊情况必须会议前向管委会请假），请假人如是借款户须把应还款提前带到会议现场。戛利三组村民都有权参加会议；

14、使用费暂时定成10元/月（1000元），非会员与会员借款，享受同等使用费；

15、借款一年一期，借款分为两种：整借整还与整借零还。整借整还的金额不超过总额的25%，其中个人借款总额不超过10000元，到期本息必须还清，整借零还个人借款最高额度为15000元。未借完的余款交出纳保管；

16、使用费划分收益分配方法：（一年内）分红50%，返本金50%（含办公用品不超过5%及公益金，办公用品实报实销），每年3月15日分红；

17、第一年管委会成员不收取误工费；

二　管理委员会

18、管理委员会成员由会员大会按无记名一人一票投票产生；

19、管理委员会须按照章程办事，向会员大会负责，并接受麻乍镇政府、九三学社指导；

20、管理委员会负责资金管理、放款收款、记账做账、公开账目、联络会员，定期公示互助金的缴纳、使用、收益、分配状况。

21、管理委员会负责人是主任，由其全面领导管理委员会各项工作，负责对每笔款项的借放进行审批；

22、管理委员会须接受会员监督、接受外来审计；

23、管理委员会定期向麻乍镇政府、九三学社提交财务报表，报告互助金管理和运转情况；

24、互助会管理委员会任期一年，每年改选一次，可以连任，如管委会人员不称职，不能取得会员信任的，可以不定期发起召开会员大会讨论改选。

三 借款程序

25、会员借款：借款人向管委会提出书面申请，借款人与担保人签名或手印。申请中写明借款金额、用途与还款方式。非会员借款：有余款的情况下，必须有会员担保方能借款，借款额度在4500元以内；

26、管委会审查通过，会员大会召开日，与管委会签订借款合同，借款人夫妻双方签字（手印）（不能代签），发放借款，管委会公告借款情况；

27、互助借款发放用于经济发展项目，以旅游业、养殖业和种植业为主，兼顾其他经济发展项目；

四 互助款还款

28、互助借款的使用采取整借整还方法的，以一年为周期，最多一年，可提前还款；

29、采用整借零还的借款人按季度还款（含本金和使用费），每季度还总额的1/4，分四次还清；

30、还款时间不到三个月的按三个月计算使用费；

31、每季度还款之日即是会员大会召开日，当场收款、放款、做账、公布账目，会计开具收据，出纳和还款人签字（不能代签）；

32、如有不还款的，必须2/3会员到会后召开会员大会，到会一半会员决定属恶意不还的（除天灾人祸），5天之内不还款的，先拉牛，后折地；

33、追缴还款时，执行主体为欠款人所在小组成员与管委会，以小组成员为主，担保人具体执行。

五　监督机制

34、管委会及时公布详细的账目信息（大纸公开在广场显眼的墙上）；

35、会员可随时调阅账目信息，向管委会询问有关互助会任何情况；

36、接受外来审计；

37、会员可就有关情况向九三学社直接反映。

六　其他未尽事宜，由会员大会决定

## 管理委员会成员名单

主任：李才红，会计：李卫国，出纳：马才友，妇女委员：虎菊仙。

注：管理委员会产生时间、地点、方式：

时间：2012年3月15日晚、2012年3月29晚

地点：戛利村三组李卫国家、李红沛家

方式：民主选举、一人一票

记录人：李卫国、马云龙

（千年松互助会章程张贴在放款现场）

千年松管委会成立的基本原则，程序与马摆大山的大致相同。记录人之一李卫国为千年松会员。在使用费（利息）多少、担保方式、误工费、最高借款额度等条款上，两个管委会有一定的区别。千年松对会员、非会员贷款利息同一，担保等级提高，需要5户联保，最高借款额度限定在

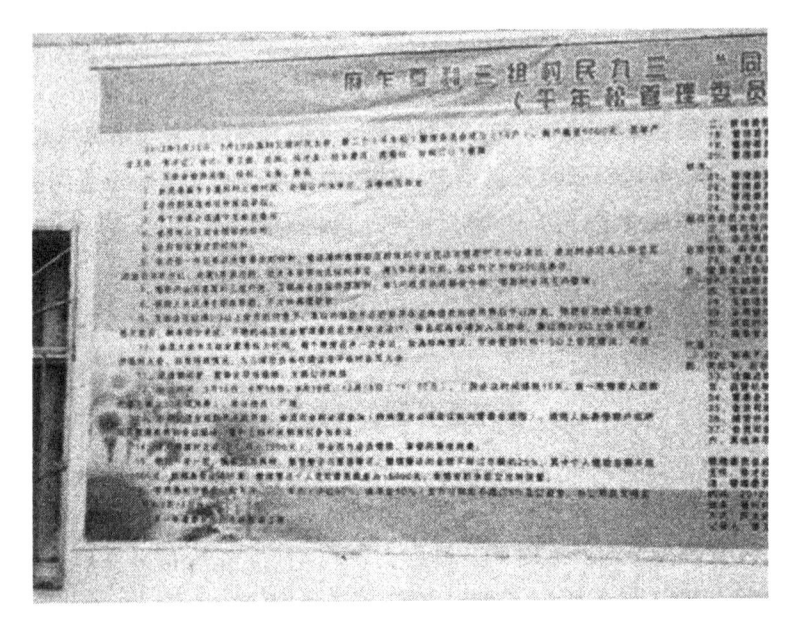

(千年松互助会章程张贴在村民活动中心地带)

15000 元，比马摆大山少 5000 元。同时，马摆大山管委会成员承诺第一年不收取误工费。

2012 年 3 月 30 日，在村民广场，九三学社通过麻乍镇政府向"千年松"管理委员会提供 6 万元互助金款，并签订协议，加上会员自有资金 7.5 万，共有互助金 13.5 万。当天，"千年松"管理委员会向村民放款，并签订借款合同，9 户获得借款，最高借款额 1.3 万元，其中整借整还（1 年期）3 户，整借零还（1 年期，每 3 个月连本带息还一次）6 户，放款 10.8 万元，剩余 2.7 万元。

**延伸阅读：**

## 九三"同心"互助款项目协议书

甲方：威宁县麻乍镇政府
乙方：威宁县麻乍镇戛利村三组九三"同心"互助会千年松管理委员会
丙方：威宁县九三学社

千年松管理委员会是由村民于 2012 年 3 月 15 日，戛利三组九三"同

（千年松互助会放款现场）

心"互助会会员会议，以户为单位自愿选举产生的九三"同心"互助金管理机构（以下简称乙方），全权代表每户筹资5000元的15户会员，与甲方签定的协议即是全体会员认可的协议。

为帮助村民发展生产，通过甲乙丙三方协商，按乙方提出社区发展目标，由甲方向乙方提供九三"同心"互助金陆万元整，用于向有需要的戛利三组农户提供经济发展所需资金，丙方同意该项目的实施。为保证项目顺利进行，在自愿、协商的基础上，特订立本协议，由三方共同遵守，互不违约。

甲方职责：

1、甲方所提供给千年松管委会九三"同心"互助金陆万元现金为无息形式，甲方不得以任何理由收取资金使用费。

2、甲方有义务指导会员大会制定九三"同心"互助章程。

3、甲方有权利监督乙方实施，包括资金的使用及回收情况。

4、甲方有权利在乙方未按九三"同心"互助章程实施的前提下，在征得丙方的同意后，中止资金的继续发放，收回已发放的资金，并对乙方处以相当于国家规定最高贷款利息的罚金。

5、甲方有义务接受丙方对九三"同心"互助项目实施的监督。

乙方职责：

1、乙方有权利要求甲方按九三"同心"互助金提供相应的资金。

2、乙方有义务在甲方与丙方的指导下，组织会员讨论通过九三"同心"互助章程。

3、乙方有义务按九三"同心"互助章程实施。

4、乙方有义务接受甲方和丙方对九三"同心"互助章程实施情况的监督。

5、乙方有义务保证甲方所发放资金的安全、有效和专项使用。

6、乙方在违反九三"同心"互助章程时，须归还甲方所提供的全部资金。

丙方职责

1、丙方有权利监督甲方提供资金的情况。

2、丙方有义务有权利监督甲方的资金发放情况及乙方按九三"同心"互助章程实施情况。

3、丙方有义务在乙方未按九三"同心"互助章程实施的前提下协助甲方追收资金。

4、丙方有义务为甲方和乙方协调处理九三"同心"互助项目运作中出现的问题。

违约责任

上述约定三方须共同遵守。

协议未尽事宜，三方商量解决。以上协议的解释权属甲方。

如有争议，提交当地法院裁决。

本协议一式三份，甲、乙、丙三方各执一份，三份协议有同样效力。本协议自签订之日生效。

威宁县麻乍镇政府（盖章）　　　代表：

威宁县麻乍镇戛利村三组九三"同心"互助会千年松管理委员会成员：

威宁县九三学社（盖章）　　　代表：

这份协议书的内容与马摆大山的协议书有一个不同的地方，就是九三学社通过麻乍镇政府提供的互助金为6万元，而提供给千年松的互助金为

7.5万。这是因为千年松成员为15人，比马摆大山成员少4人，因此，相应地减少了资金提供，以保证两个管委会人均配给的资金相当（约4000元），以做到尽量平等。同时，项目组打算利用剩下的1.5万元，再发起组织一个管委会。项目组调查发现，戛利村三组家庭收入中上等的家庭均加入了上述两个互助会，剩下尚未入会的经济条件相对较差，组织能力相对欠缺，项目组希望能将这些剩下的人组织起来，利用互助金融为他们的脱贫致富提供帮助，锻炼他们的组织能力。项目组再次走入大山之中的回民寨，动员剩下的贫困者组织起互助金融。然而，这一努力没有成功。其主要原因是缺乏领头者。

## 第三节 互助借款运行情况

项目实施3个月，即一个季度后，2012年6月15日，马摆大山、千年松两个管委会收放款。"马摆大山"中有6户整借零还者按借款合同，共还本金32500元，使用费3900元。同时，又有4户会员（此前未借款）获得借款。"千年松"中有6户整借零还者按借款合同，共还本金19500元，使用费2160元，同时，又有5户会员（此前未借款）获得借款。

（千年松账目公示）

从借款来看,"马摆大山"管委会没有闲置资金,资金使用效率较高。"千年松"管委会还有部分闲置资金,需在保证资金安全的前提下,将款项发放出去,提供资金的使用效率。从还款来看,该项目运行正常,借款农户依照协议按时按量还款,资金安全可控。由于大部分的借款采取整借零还的方式,大大增强了资金的流动性,以滚动放款惠及了更多人;同时也减轻了借款户一次性还款的压力,并在一定程度上保证了资金的安全。运行符合预期,项目吸引力因之增强,又有5户农民主动要求入会。6月30日,这5户农民加入"千年松",每户投入5000元,九三学社通过麻乍镇政府配给1.5万元。"千年松"互助会会员扩充到20户,互助金本金壮大到17.5万元。

借款者融资主要从事养殖、运输、洋芋贩卖等产业。见下表:

威宁县麻乍镇戛利村三组九三"同心"互助会
马摆大山管理委员会借款人名单及用途

| 借款人 | 借款金额（元） | 借款时间 | 用途 |
| --- | --- | --- | --- |
| 李兴勇 | 20000.00 | 2012.3.15 | 买羊20只 |
| 马仕贤 | 20000.00 | 2012.3.15 | 种植业 |
| 马仲华 | 20000.00 | 2012.3.15 | 买羊15只 |
| 虎兴群 | 20000.00 | 2012.3.15 | 买羊20只 |
| 马贤对 | 20000.00 | 2012.3.15 | 买牛一头、买羊5只 |
| 马永沛 | 20000.00 | 2012.3.15 | 买牛1头、种植魔芋 |
| 马永向 | 20000.00 | 2012.3.15 | 买羊6只 |
| 马贤荣 | 20000.00 | 2012.3.15 | 买羊20只 |
| 马仲伦 | 25000.00 | 2012.3.15 | 买羊10只 |
| 马贤早 | 20000.00 | 2012.3.15 | 种植魔芋 |
| 马仲林 | 20000.00 | 2012.3.15 | 买羊15只 |
| 李才广 | 5000.00 | 2012.6.15 | 买牛1头 |
| 马贤早 | 5000.00 | 2012.6.15 | 买牛1头 |
| 马永福 | 10000.00 | 2012.6.15 | 买牛1头、羊3只 |
| 马召 | 5000.00 | 2012.6.15 | 买羊10只 |

续表

| 借款人 | 借款金额（元） | 借款时间 | 用途 |
|---|---|---|---|
| 马仲兵 | 10000.00 | 2012.6.15 | 买牛一头、羊8只 |
| 刘朝花 | 未借款 | | |
| 马仲义 | | | |
| 马福省 | | | |
| 马二贤 | | | |
| 张乖良 | | | |

（会员借款买羊开展养殖业）

（会员借款发展魔芋种植）

(收获魔芋)

**威宁县麻乍镇戛利村三组九三"同心"互助会**
**千年松管理委员会借款人名单及用途**

| 借款人 | 借款金额（元） | 借款时间 | 用途 |
| --- | --- | --- | --- |
| 李洪爱 | 10000.00 | 2012.3.30 | 买牛 2 头 |
| 李洪仙 | 13000.00 | 2012.3.30 | 买牛 2 头 |
| 丁立省 | 13000.00 | 2012.3.30 | 买牛 2 头 |
| 马才友 | 13000.00 | 2012.3.30 | 买魔芋、羊 8 只 |
| 张良群 | 13000.00 | 2012.3.30 | 买魔芋、买毛羊 |

续表

| 借款人 | 借款金额（元） | 借款时间 | 用途 |
|---|---|---|---|
| 李红赛 | 10000.00 | 2012.3.30 | 买羊15只 |
| 李卫国 | 10000.00 | 2012.3.30 | 买牛2头 |
| 李双群 | 13000.00 | 2012.3.30 | 买牛和羊 |
| 李才少 | 13000.00 | 2012.3.30 | 买牛和羊 |
| 李才红 | 9000.00 | 2012.6.15 | 买羊14只 |
| 马敏宁 | 9000.00 | 2012.6.15 | 买羊13只 |
| 李才仙 | 9000.00 | 2012.6.15 | 买牛2头 |
| 马树贤（非会员） | 2000.00 | 2012.6.15 | 买牛 |
| 李卫兵 | 5000.00 | 2012.6.30 | 买牛一头 |
| 丁立早 | 无借款 | | |
| 李红寿 | | | |
| 李红成 | | | |
| 锁配荣 | | | |
| 李卫华 | | | |
| 马少成 | | | |
| 李红配 | | | |

项目组确定了不干预借款者项目选择的原则，这主要出于以下几个方面的考虑：1、建立权责明确的机制，项目的成功失败由借款人自己负责，以避免借款人因此赖账；2、承认农民对市场更为敏锐，有足够的动力应对风险；3、自发的经济是有生命力的；4、承认产业项目在农村市场的自我发现。

从旁观者角度而言，借款人项目的选择均有相当的合理性。借款人贷款极少从事种植业。这是因为：1、种植业周期长，资金占用时间长，所付利息高；2、限于耕地面积，种植业已充分挖掘，投入过多的资金，会造成边际效益递减；3、种植业属当地农民的本行，其投入资金早已预算好，不需要通过借款来解决；4、种植业的利润相对要低。

养殖本是当地农民的重要收入来源。相较于种植业，其对技术、管理水平的要求更高，对资金的要求更多。项目参与者全为回民，养羊、养牛是他们的传统，具有较高的养殖能力和较多的应对市场的经验。只要养殖不发生大的疫情，赚钱属于大概率事件。

（互助组成筹款办起养殖场）

（互助组成员筹款办起的小酒厂）

2012年，马摆大山管委会共收入利息19290元，充实本金9087元，当年分红8076元，19位会员中每位会员分红425元。2013年共收入21480元，充实本金9666元，误工补助2148元，分红8588元，19位会员中每位会员分红452元。

这个项目存在的一个重大不足就是帮富不帮贫。本来扶贫资金是要帮扶最贫困的家庭，但是在互助金融系项目实施中，加入进来的都是相对富

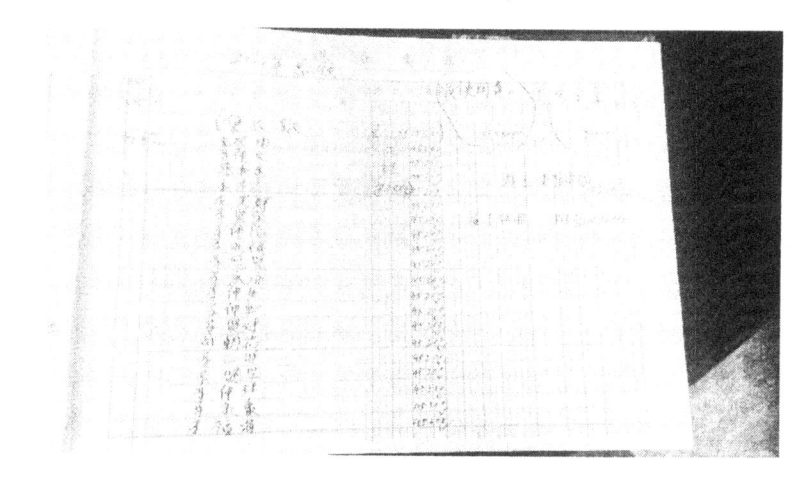

(马摆大山管委会 2013 年账目)

裕的农户，贫困家庭反而加入的少，此即所谓的逆向补贴，其主要原因是：1、富裕农户具有冒险精神，风险承担能力强；贫困农户相对保守，风险承担能力弱。虽然在项目组看来，互助金融对农民来说风险极小，反而年底还有一定的分红，但农民对风险的感受程度是不同的，尤其是低收入农民风险承担能力很弱，他们担心，如果有人恶意欠款不还，他们的本金将受到损失。从贷款的角度而言，每年约 12% 的利息，对于农民经营来讲也是一种风险，而贫困农户又特别担心这种风险。2、富裕农户具有更强的组织能力，贫困农户则相对欠缺。这个互助金融项目主要依赖会员自己，因此要求参与者特别是管委会成员有较强的组织能力，同时还要求一定的文字水平与财务能力，这些对于贫困农户来说都有一定的难度。这也是项目组遍访农户，却在两个管委会之外，难以找到牵头人的原因。3、富裕农户缺少发展资金，贫困农户则相对不缺。这似乎是一悖论，有钱的越缺钱，没钱的越不缺钱，但事实如此。富裕农户消息灵通，经营能力强，发展机会多，因此对发展资金的需求更为急迫，需求的数量也更大。贫困农户则囿于眼光、信息、胆识、人脉等原因，发展机会很少，因此不需要大量的发展资金。因为，按照传统的种养殖模式及规模，即使贫困的农户也可以依靠每年的收获所得维持再生活与再生产。这实际上是生产性扶贫普遍面临的一种两难。生产性扶贫不同于发放慰问金、医疗助困等，后者属于被动型，不对帮扶者的任何能力提出要求。生产性扶贫重点在通过帮助贫困户发展生产，从而走上脱贫致富之路。这其实对扶贫对象的各种素质能力提出了要求，这些素质能力包括见识、信息获取能力、组织能力、经营能力、进取心、学习能力等。然而悖论在于，扶贫对象长期处于贫困的主要原因可能正是因为缺乏这些素质能力。这样就形成了一个是先有鸡还是先有蛋的无解难题。因此，在扶贫中出现一些怪现象就不足为奇了。比如，为了防止扶贫对象将扶贫款从原本的生产用途挪用为消费，有些地方会购买牛、羊、种子之间免费发给扶贫对象，鼓励其发展生产，然而，很多扶贫对象将牛、羊、种子卖掉，然后将所得消费掉。

如果将扶贫款提供给有一定发展能力的农民，则效果会好得多，这些人具备发展生产所需的一定的素质能力，具有一定的发展潜力，因此当来自外界助力推动其发展时，其能够取得明显的进步，如此，扶贫效果比较显著。然而，这与扶贫的初衷有所背离，因为，一个根深蒂固的观念是，扶贫要扶最贫的人。因此，即使此种扶贫效果较为明显，仍难以避免道德上的指责，乃至贪腐的猜想与质疑。

当然，还有一种思路是扶贫先扶智。通过对贫困农民培训，提升农民的生产经营能力，然后再通过生产性扶贫，帮助农民脱贫致富。这一扶贫模式面临如下难题：1、农民对培训不感兴趣。外来的和尚念不好经，城里人说不好庄稼事。通过各类扶贫开展的教育培训，一般是从城市到农村，往往不能贴近农民的需要。培训偏重理论，无法有效激起农民的学习兴趣，无法为农民学习提供足够的激励。2、农民缺乏学习能力。这一点本是贫困农户无法摆脱贫穷，走上富裕之路的原因。现在试图通过学习改变其自身的能力与素质，往往也会受限于缺乏学习能力。3、存在逆向补助困境。农民培训的针对对象自然也是贫困农户，但是贫困农户往往认为培训不能带来直接的迅速的看得见的成效，同时即使培训免费，农民也要付出一定的成本，比如误工，有时还有交通、饮食支出。考虑到这些因素，最贫困的农户往往会放弃培训机会。相对富裕、经营能力强的农户更有把握机会的能力，对培训也更有需求，负担培训成本的能力更强，因此参与培训的概率更高。如果按照严格要求，镇、村两级干部应该按要求组织最贫困者去培训，但因为组织成本过高，激励机制不健全，信息不对称等原因，两级干部可能会在人数上完成培训目标，但将大部分贫困者组织起来培训的任务难以完成，因此，参与培训的主要人员往往并不是当地最贫穷的人，而是相对富裕的农户。

事实上，示范效益是最好的扶贫教育。农民最眼红的不是千里之外的地产商获得了大把大把的钞票，而是隔壁家王二多收了三五斗，种植养殖了新鲜玩意，收成还不错。这其实是激发农民进取心的最好途径，也是技术扩散的最好途径，不管是偷学还是主动传授。因为贫困农户与邻居家的生产条件非常相似，不存在水土不服的问题，剩下的最需防范的就是市场风险，这也是市场经济中每一个参与者需要面临的风险。

这也许是生产性扶贫必须付出的成本，其画出的是一条曲线扶贫的轨迹，然而其可能比直线扶贫更有效果，更具持续性。这里所谓的直线扶贫之路是指，将扶贫项目精准得安排到贫困人口身上。如前面所分析，贫困人口因为缺乏见识、信息获取能力、组织能力、经营能力、进取心、学习能力等素质能力，扶贫项目得不到有效利用，因此，扶贫效果往往并不理想。这是直线扶贫无可克服的内在困境。然而，事实上，由于信息不对称、代理人操控等因素，只有部分扶贫资金能达到贫困人口手中，同时就有一批非贫困人口、目标群体之外农民获得了项目支持。这也许不是扶贫者的初衷，但扶贫资源的错位配置，并不一定都是坏效果，相反，有可能通过目标外人群，他们往往也是相对富裕、经营能力相对强的农民，因为项目发家致富，产生示范效益，有效激起贫困农户的发财梦，同时通过先富者的技术示范推广，带动周边贫困农户采取新技术，从而带来整个社区生产水平的提高，同时大部分的真正贫困者也因此实现脱贫致富的目标，这就是所谓的曲线扶贫。曲线扶贫模式可能在操作上有所欠缺，道德上也有值得指责之处，但在实际效果上却有值得肯定的地方。

该项目存在的另外一个不足是试验可能在某些方面违反了金融管理相关法律法规。为最大程度避免与政策的冲突，此项目在一些称谓上作了特别的处理。比如，入股、贷款、利息等正规金融用语弃置一边，代之以缴纳互助金、借款、使用费等词汇。当然，文字游戏无法彻底避免政策风险，只是尽可能减少风险。事实上，当地农民对入股、贷款、利息等概念非常了解，使用这些概念更能有效地与他们沟通。在实际操作上，为避免政策风险，项目组确定了如下原则：1、定向筹资、定向借款；2、控制使用费（利息）的最高上限不超过基准利率的4倍。

尽管如此，政策风险的不确定性仍然给项目实施带来了不利影响，其主要障碍在后期发展以及宣传推广方面。在金融管制的大政策背景下，涉及到金融方面的试验,都可能触及政策红线,这使得项目难以宣传推广。但如果没有足够的项目自发的探索竞争,就没有办法发现哪一种模式是最有效率的。从现实情况来看,一些试点项目往往能够成功,但推广之后则难有试点时的出色表现,其主要原因在于,试点时,各方面关注,监督力量、支持力量(包括资金、政策等方面)都比较强大,形成比较强大的制约力量,促成项目的成功。当项目推广后,关注减弱,监督、支持力量减弱乃至消失,项目往往归于失败。所以,就戛利互助借款项目而言,即使能够成功,也不能说是这种模式的成功,而只能暂且说是具体项目的成功,其需要通过更广泛的推广试验,才能验证此种模式是否可行。如果项目进展顺利,需要扩容,面向更多的群体融资,也可能触及向不定向群体吸收存款的红线。

项目实施中还存在一些具体的问题:1、收放款当天,会员参会率不高,参会人员亦不能准时到会。2、按章程,第一次收放款应在6月15日的会员大会上施行,但两个管委会均未能完全做到,会后或会前的收放款脱离了大会的监督。3、两个管委会均不能做到大会当天将详细账目及时大纸贴出。4、两个管委会会计出纳记账还不熟练。5、会员缺乏监督管委会的积极性,对于管委会的大会下贷款,不及时大纸公开账目均不闻不问。尚未有会员要求核查会计出纳的账目。6、项目实施地村民收入相对较高,因此,此项目扶贫的效果可能不如在贫困地区实施那么明显。7、最高借款额度定的偏高,增加了项目的风险。上述具体问题大多根植于农村的传统习俗、形式习惯,并非一朝一夕可更改,如同要给予互助金融更多的耐心一样,我们也要对于农民的改变给予更多的耐心。

## 第四节 本章小结

总的来说,政府以及公益组织在扶贫中起着重要作用,主要体现在两个方面:一是产业结构调整方面,二是水、电、路、卫生、教育等具有外部性的基础设施建设方面。保障一定的粮食产出是地方政府的责任,但在没有形成规模或特色之前,粮食生产往往伴随着增产不增收。保持粮食连续增长与农民增收之间存在内在的矛盾。基层政府因此引导农民调整产业结构,种植经济作物,发展养殖业。但是因为远离城市中心,经济作物销售半径过大、运输、信息成本均高，因此难以获得预期收益。从麻乍镇来说，除烤烟这项传统优势项目外，其他的经济作物尚未给麻乍镇带来明显的进步。麻乍镇政府主导的产业结构调整的成就主要在马铃薯种植与畜牧业上。政府推动马铃薯产业发展的有效的主要手段是良种补贴、技术示范推广以及为合作社提供政策环境；而在畜牧业方面，其有效手段主要有疫病防治、品种改良。政府在产业结构调整方面能够起到正面效果的前提仍然是市场在资源配置中起基础性作用。马铃薯、畜牧业均是完全竞争市场，而麻乍镇这两项产业方面是有竞争优势的，其优势体现在：1、品质好；2、产量高。麻乍镇扶持这两项产业顺应了其比较优势，因此效果相对明显。

政府及公益组织在软硬件基础设施上的投入对于改善农民生存环境，提升生活品质具有明显的作用，对于促进农业生产具有间接作用。如果没有成本约束，此种投入越多越好。然而，资源有限，没有成本约束的投入不存在。在考虑一个地区扶贫效果的时候，往往忽略成本，这将导致对替代方案失去敏感性，不利于发现更有利的扶贫方式。麻乍地区的脱贫发展是寄希望于本地发展还是外部带动，这是一个值得思考的问题，因为这关系到扶贫资源投入在多个领域优先排序。如果麻乍的脱贫需要通过转移劳动力的方式实现，那么扶贫资源投入应优先投入到人的素质的提升，这主要集中在教育、卫生乃至水领域，以提升劳动力的身体素质与技能水平，进而提升务工人员在城市的竞争力与工资水平，最终随着城市化浪潮在城市立身，从而彻底脱离贫困。对于扶贫而言，真正的对象应是人而非地区。

从技术层面而论，有的扶贫项目采用深度介入的方式，对种植结构进行调整，试图引导农民种植高附加值的农作物、经济作物，以提高农民收入，促进农业转型。政府或者其他帮扶者初衷是好的，是想帮助农民致富的，但实际效果往往却并不如意，深度介入产业扶贫面临诸多困境：①扶贫所主导的新产业（或新作物）未必适合本地；②市场变化莫测，农业生产周期又长，今年畅销的农作物，明年可能市场饱和，价贱伤农，因此，扶贫力推某农产品，很有可能好心办坏事；③产业扶贫涉及到农作物具体的生产销售，但在信息的掌握方面，政府不一定比农民做得好（因为这涉及到农民的切身利益，农民会比政府更用心），更不比经济组织，比如公司、合作社、专业协会等做得好；④产业扶贫模式中的一种就是由政府集中采购种子，免费发放给农民种植，这其中有多种因素会造成项目失败，从而导致农民与基层政府之间的矛盾：a 集中采购环节易出现腐败，供应商以次充好，导致农作物成活率低、作物减产；b 天气病虫害原因导致减产；c 作物丰收，市场滞销、价贱伤农。从现有的经验来看，市场调整种植结构更有效。麻乍镇在促进马铃薯、畜牧业发展方面相对更有成效，这是因为，这两项产业本身就是麻乍镇在市场竞争中自然形成的相对有竞争优势的产业，而非政府从无到有引入的，因此政府顺应这种优势，从而避免了市场的失败。

也有扶贫项目开展之后，因为信息不对称等原因，捐助方缺乏对项目进展情况的有效指导和监督，项目出现问题无法有效沟通甚或资金挪作它用，导致项目达不到预期效果，甚至最终失败。

# 第六章

# 我的家乡

　　一项乡村调研总是试图真实、客观地展现调查对象的方方面面。但历史是如此深邃，现实又如此复杂，调查者往往因为数据积累、调研角度以及材料取舍等原因，有意或无意之间，特意突出某一方面，而忽略另一方面，以致实际结果与写作初衷，相去甚远。在这个时候，我们不妨来听听那些主观的、发自内心的声音，他们或许能够填补以客观之名写作所留下的偏颇。

　　我们调阅了麻乍小学、初中学生以《我的家乡》、《我的理想》为题所写的作文，摘录其中的段落，透过孩子们的眼睛去看他们的家乡是一幅怎样的画卷？去看他们对家乡、自己的未来有着怎样的期许？

## 第一节　我的家乡

　　"面朝黄土背朝天，日出而做，日落而息。"这是家乡人们的生活。家乡由连绵起伏的大山围绕着，它像一幅画，我在画中走着走着……

　　家乡的天是与众不同的，清晨，天边一轮红日从东方冉冉升起，瞬间，大地被温暖笼罩，蓝色的天衬托着人们的朴质生活，洁白的白云体现出人们的善良、单纯。

　　我的家乡四面环绕着山坡，绿树成荫的山构成了一幅壮美的风景图。最引人注目的还是马摆大山，那令人浮想联翩的地方，风经过小草的身旁，所有的草含情脉脉的向你点头，欢快的舞蹈。

还有那去了就让你难以忘怀的地方——马摆大河。那里山清水秀、鸟语花香，鱼儿在水里欢快的游泳，在水中蹦来蹦去。一会儿和人们藏猫猫，一会儿又在吐泡泡。令人难以忘怀啊！

　　家乡令人最享受的时候是在夜晚，夜深人静的时候，睡在屋顶观看天空中的美景，这时，会让你心旷神怡。尤其是那皎洁的月亮会让你沉醉在夜晚当中，天空仿佛比白天更吸引人。

　　抬头向四周望去，什么也看不见，只看得见天空中的夜色，一个玉盘和无数只小眼睛像一眨一眨的问好。再加上青蛙和小昆虫的音乐。它有催眠的功效。可以让你陶醉，让你忘记一切不愉快的事情。

　　这就是我的家乡，一个贫困而富有的家乡，它记录着我们祖祖辈辈的生活，它是一个让人轻松而快乐的地方，你喜欢它吗？（作者：丁红红，女，汉族，2002年6月出生，麻乍小学六年级学生。家庭6口人，3亩耕地，家庭主要收入来源：务农）

　　听，什么声音响了，是鸟儿的叽叽喳喳的叫声，还是水流声、还是风吹的声音。

　　我的家乡是鸟语花香、百花齐放的地方。

　　在我的家乡最美的地方就是马摆大山了，它不仅美，而且还是一个很有名的地方。每到过节的时候许多人都会去那里观赏美景，那里还有清澈的湖水，"哗啦啦"的流着，像一首优雅的小曲，湖水流进每条小溪、流进每个湖泊，那里还有初装的风力发电，那风力发电直直的站着，像一个边防战士。它的那三片叶子，不慢不快的转动着，旋转起来好看极了。

　　在我的家乡美的不仅是马摆大山，其他地方也美，可是游人们却不去别的地方，就指定去马摆大山。可能去那里他们就会觉得舒服、愉快吧。我也喜欢那里，可是我去的机会却很少，只到过节的时候才去。有时候连过节也很少去。只是到过节，那里的人特别多，人山人海，做什么的都有。做生意的人、旅游的人、各色各样的人都有。有时候人挤得像热锅里的蚂蚁，来来往往的。

　　在我的家乡还有一处美的，那就是夜晚了。晚上闪着星星，有时还会有几架飞机从天上飞过。夜晚的月亮又好看，人民总喜欢坐在家乡的某处看，路边的灯晚上亮着，人民总喜欢在外面游玩，在群山环绕的村庄里还有许多小朋友。小动物伴随着我的家乡。

我的家乡,很美,但我有时候不喜欢,我总是想去外面的世界看看,看外面的世界有多大。看一下外面的新鲜事和从未见到的东西。现在我才知道我们的家乡最好了,比外面的世界更美。可能是我太天真、太幼稚了吧!

家乡的水、家乡的山、家乡的夜晚、家乡的草、家乡的人们都很美,我很喜欢家乡的某种东西,我要永远陪在我的家乡身边,永远也不离开它。

我的家乡,我喜欢你,我祝福你永远都这样美。(作者:牛彩秘,女,彝族,2001年12月出生,麻乍小学六年级学生。家庭5口人,1亩耕地,家庭主要收入来源:务农)

我的家乡矗立在大山中,这里绿树成荫,高山巍峨……

踏上一条幽径,在大山环绕中观赏美景,呼吸新鲜空气,体会大山绿色的美好。这里大大小小的山峰是我们的母亲;这里的花草书木是我们的兄弟姐妹,陪伴我们一起成长;这里的鸟雀陪伴我们度过了一个个难忘的一天。

我的家乡盛产荞麦。它的叶子是三角形,开白色和淡红色的花,深受人们的喜爱。每年夏季到秋季时,家家户户在土豆地里一大片一大片地播种下。到处一片黄。荞麦结的一串串,好似无数颗三角形珍珠穿在几条并合的线上。

荞麦不但外观美,而且作用很大。每到街子天,街上总有几个卖凉粉的小摊子。凉粉就是用荞麦做的。凉粉深受人们的喜爱。吃起来有一种说不出的凉爽,使人一下子精神百倍,而且很美味。荞麦还可以做成荞麦粑粑、荞酥……这些可都是我的家乡的特产。

我的家乡不但食物美,风俗也很美。每逢年过节时,许多青年都会去我们这里著名的大山——马摆大山。小孩子也不例外,跟在大哥哥大姐姐的后面一蹦一跳。绿油油的青草上有无数青年;有欢蹦乱跳的孩子;有七形八壮的大石头……

青年妇女们坐在草坪上唱着悦耳的山歌,孩子们全神贯注地听着。这歌声使正在空中自由飞翔的鸟儿停下了脚步,山沟里一条清澈见底的小溪

## 麻乍小学作文用纸

**我的家乡**

叭 什么声音啊？是鸟儿叭叭喳喳的叫声，还是水流声，还是风吹田声音。

我的家是马摆花苗，白花齐放遍地开。

在我的家乡最美的地方就是马摆大山。它不仅美，而且不是一个假有名的地方。每当过节的时候许多人都会到那里观赏美景。那里不有清澈的湖水，哗啦拉的流进每个小溪，流进每个湖泊。那里还有粗壮的风力发电，那风力发电直直的站着像一个边防战士。它的那三片叶子，不慢不快的转动着，旋转起来好看极了。

在我的家乡美的不仅是马摆大山其他地方也美，可是游人们却不去别的地方。就指定去马摆山。可能去那里他们会觉得舒服、愉快吧。我也喜欢那里。可是我去的机会却很少，只到过节的时候才去。有时候连过节

"哗哗哗"弹奏着山歌的伴奏音乐。人群、小鸟、大树、青草……无一不说好。

啊！这就是我的家乡，这就是我深深爱恋的家乡。我的家乡美吧，它不仅环境美、食物美，风俗也很美。如果你想来参观参观，那么我的家乡

的大门随时敞开欢迎你。(作者：李爽，女，汉族，2001年5月出生，麻乍小学六年级学生。家庭6口人，0.5亩耕地，家庭主要收入来源：务农)

我的家乡在一个非常富饶的地方，这里四季如春，这里没有炎热也没有寒冷。

我家有三亩地，每年可以收入三四十袋玉米。我的家乡的树最多，果实也很多，有苹果树梨树和桃树杏树等，树也多，空气非常新鲜，特别的是山上的一些野花，有小酸花和唤山红灯，特别的是小酸花，它还可以用来解渴，里面还是甜的。

我家一共有六口人，有爸爸妈妈和一个姐姐两个弟弟，还有我。我的爸爸是一个铁匠，有的时候爸爸就在家的周围打工，有的时候也有人找我的爸爸烙铁，妈妈的本领也很好，特别的是做家务和种地都是很在行。

我们，这里有两处是最引人注目的地方，一处是马摆大河，那里可以游山玩水，那里真是一个好地方，一处是马摆大山，那里每一年都会有人去那个好地方的，有的去看一看风影，有的去游一游看一看那些风力发电的大东西。和买一点儿东西边吃边看风景，马摆大山的空气也很好，都是一片绿油油的小草。

如果，你们要到这里来的话，我就告诉你，这里叫什么地方。这个地方的名字就叫麻乍。(作者：龙鑫，男，汉族，2002年11月出生，麻乍小学六年级学生。家庭6口人，3亩耕地，家庭主要收入来源：务农)

家乡，是亲切的，有我喜爱的土豆，有让我流连忘返的美景。

我的家乡有河、山……但我们这里最有名的是土豆。土豆在我们麻乍的夏利是最多的，在那里有许多的土地，土地里种的全是土豆。

那里的土豆有大有小，也有特别大的，我们这儿的土豆无论怎样做，都非常的美味。而且我们麻乍的人都非常爱吃土豆，土豆在我们这也叫洋芋、马铃薯。

介绍完吃的了，当然还有我们这里的美景。

在几座大山的后面，有一条清澈见底、川流不息的河流，这条河流非常的长、宽，岸边还有许多颗树，许多浓绿的"小生命"。

河的四周都有高大的山峰，山峰上的大树和小草、小花……都不计其数，还有几十户人住在那里，每一家都在河流的旁边，还有几户人家，在家的旁边挖了一个鱼池，每个鱼池都特别大，在鱼池有许许多多活蹦乱跳的小鱼。

有河必有山。在夏利有一座高大的山，它是多么的坚定的站在那里，像一个战士勇敢的吹着胜利的号角。

在这个山上有许多的小松树，也有很多小"刺猬"，在这个像平原的大山上长着许多刚出生的"婴儿"，只要到了节日，就会有许多的人去山上玩，也有人去卖东西，特别是过年，山上就特别的热闹。

这就是我的家乡。我的家乡虽然没有大城市那么的繁华，没有许多的高楼大厦，但是，我的家乡有我的童年，有我的亲人，有我的家乡的美丽的风景。（作者：邓傲雪，女，汉族，2002年9月出生，麻乍小学六年级学生。家庭3口人，1亩耕地，家庭主要收入来源：工资）

我的家乡是与众不同、山清水秀、瓜果飘香的结合。

在许多地方，人们住得房子都是平房，可是我的家乡却有一件与众不同的"作品"——平房与瓦房的结合——上半身是瓦房的瓦组成的，可是下半身却是由平房的结构所组成的。

我的家乡还有一件与众不同的"作品"——风力发电。马摆大山上的风力发电不计其数，这不仅仅为我们提供了电，还为我们提供了一件观赏作。

在马摆大山上，处处树木茂盛、绿草成茵。坐在小草上感觉软绵绵的，这儿的泉水十分清凉，喝下去感觉心旷神怡。在这儿还能观看到"高原明珠"——草海。在马摆大山上真是一种奢华的享受。

我们这儿一旦到了秋天，就变得瓜果飘香。这儿到处都蕴含着秋天的气息，果实成熟的气息。到处都是土豆、苹果、玉米、梨、核桃、桃子所产生的香味。

这便是我的家乡，我赖以生存的家乡，我深深爱着的家乡……（作者：赵胜，男，汉族，2002年8月出生，麻乍小学六年级学生。家庭5口人，3亩耕地，家庭主要收入来源：务农）

## 麻乍小学作文用纸

年级：　　　　编号：

### 我的家乡

　　家乡，是亲切的，有我喜爱的土豆，有让我流连忘返的美景。

　　我的家乡有河、山……但我们这最有名的是土豆。土豆在我们麻乍的夏利是最多的。在那里有许多的土地，土地里种的全是土豆。

　　那里的土豆有大有小，也有特别大的。我们这儿的土豆无论怎样做，都非常的美味。而且我们麻乍的人都非常爱吃土豆。土豆在我们这也叫洋芋、马铃薯。

　　介绍完吃的了，当然还有我们这里的美景。

　　在几座大山的包围，有一条清的且……川流不息的河流。这条河流非常的长、宽，岸边还有许多颗树，许多浓绿的"小生命"。

　　河的四周都有高大的山峰，山峰上的大树和小草、小花……都不计其数，还有几十户人住在那里，每一家都在河流的旁边，还有几户人家，在家的旁边挖了一个鱼池，每个鱼池都

我的家乡是绿树成荫、鸟语花香、风景优美的家乡。

我的家乡由一条河，叫作马摆大河，有一座山叫做马摆大山。

每一个节日都会有漫山遍野的人，因为马摆大山很宽阔，山上有着绿

油油的小树。小树都是一样高的，看上去很舒适。

还有拔地而起的高山，它很高。人们在山顶上的话就会望得到别处的风景，山顶上还会有人在上面睡觉，在上面为小树施肥，还有垃圾工人在山顶捡起垃圾，让山顶上有着新鲜的空气，不让它得到污染。

还有高高挺立在山顶上的风力发电站，在远处看去它很小，在近处看却很高。它是白色的，由一根铁柱支撑着上面的三根小的铁柱，它转起来的速度很快，在它下面的话，是非常凉爽的。

还有一条清凉的马摆大河，马摆大河的河水是清凉的，河里有碧玉般的石头，河面上起着波浪，河里还有各色各样的鱼在里面游荡，所以人们就叫马摆大河。

我的家乡虽然都住着小小的房屋，但是家乡的万事万物都让我难以忘记。（作者：刘鑫张，男，汉族，2002年3月出生，麻乍小学六年级学生。家庭5口人，7亩耕地，现家庭主要收入来源：务农）

有这样一个地方，那个地方无论是贫穷还是富有，无论美丽还是丑陋，在我们心里永远是最美的。

在我的家乡，有我最快乐的时光，有我最好的朋友，有我最亲的家人，他们都生活在这个美丽的家乡。早晨的家乡是最美的，走出门一股凉风吸到体内，好舒服！刚睡醒的大地万物伸了懒腰在微风中做起了早操，小河也开始了它一天的旅程。

中午，太阳到了最热的时候，给大地万物穿上了一件"金衣"，小草弟弟对大树爷爷埋怨着都给晒蔫了。河水上的"小精灵"——阳光，在水面上翩翩起舞，家乡四面都是山包围着，我们像蒸笼里的包子一样都快熟了。

傍晚，大家告别了太阳迎来了晚霞。天上出现了一道道晚霞像海面上出现的海浪一道推着一道，它把它那金色中带点红，红中带点粉的丝绸织成一件衣服给大山穿上，大山都高兴得合不拢嘴了，晚霞的丝绸覆盖了整个家乡，好像想把家乡的一切永远留在一起不让任何人走似的。

夜晚来了，月亮挂上了树梢，河道中月亮还照着镜子，当然星星也不例外，它们摆弄着身体总想在镜子中看到最美的自己，虫子们唱起了第一曲歌谣，月亮撒下的银粉为大地万物盖上了一床银被子让它们安心入睡……

这就是我的家乡，我的家乡的一草一木都是我的知心朋友陪我成长。当我到曾经去玩过的地方看看时"看"到了曾经的美好时光，这些时光早已深深地刻在了家乡的"脑子"里。（作者：彭瑞，女，汉族，2000年8月出生，麻乍小学六年级学生。家庭6口人，2亩耕地，家庭主要收入来源：务农）

我的家乡在我看来，就是哺育我一生一世的地方，它山清水秀的，十分的美丽。

我的家乡的特产十分的好吃，我从小到大一直都吃着，它以前是我们饿的时候必吃的一样东西，它就是洋芋。平时我妈妈用它来切成丝来炒着吃，还会切成条做成洋芋炒饭吃。

还有玉米，我从小就种玉米，那玉米长大时绿茵茵的，一大片好看极了。每当大风来临时，我们会坐在大树下看，那绿茵茵的玉米，像波浪一样，从头一直打到尾，十分的美丽。

秋天的时候，玉米就会变得金黄金黄的，这就是表示着大丰收的到来。再过一段时间，玉米就会变得枯萎、焦黄。这时候玉米就可以收割起来，晒干后就可以库存起来了。

我们可以用玉米做成玉米饭，还可以炒了吃，还能烧了吃，烧玉米讲的是火候，火大了会烧焦，火小了会烧不熟。所以火候很关键。

这些都是我们这里的家乡菜。

我的家乡空气十分的清新，风景也是十分的优美。

我的家乡就是这么的富饶、美丽、可亲，这就是我的家乡。（作者：饶傲，男，汉族，2002年8月出生，麻乍小学六年级学生。家庭5口人，3亩耕地，家庭主要收入来源：务农）

记忆中，村里有一个人得了重病，因为那时交通不方便，又没有经济来源，所以耽误了治疗，最后病逝了，村民们知道情况后，不管手里有什么或，都统统放下，去帮忙处理后事，大家都忙前忙后的，你献一点碳，他献一点米的，把事情给处理好。

春种秋收，这是历来的规矩，一到春天，不论你走到哪里，都会看到这样的忙景——他们分工合作，你背粪、他犁地，连小孩也跟着忙活，秋天时，他们忙着收玉米、土豆、荞麦等农作物，当你从他们家门口路过时，他们总是向你招手，叫你到他们家做，接着端上香喷喷的玉米。

　　旅游景点也不少，如大川洞、观音岩、马摆大河、马摆大山等。每到逢年过节，人们在马摆大山上叙情、对山歌、谈人生、照相，还有其他很多异地来旅游的游客，站在马摆大山高处，还可以看到威宁草海。（作者：李秋，汉族，麻乍中学九年级学生，家庭6口人，4亩耕地，主要经济来源：务农）

　　随着这几年党和政府的好政策，家乡也在慢慢改变着。路逐渐从以前的土路变成了水泥路或沥青路，人们的生活也提高了很多，不久前，我们村还成立合作社，帮助村民增加收入，许多外地人也来到麻乍做生意。（作者：马秀锦，回族，1999年10月出生，麻乍中学九年级学生，家庭5口人，5亩耕地，主要经济来源：务农）

　　在过去，离镇中央较远的村民，每年才来镇上一两次，都是走路来赶集。热天，天空中灰尘四处飞扬。下雨天，地上一片泥泞。人们穿着粗布衣，吃着粗茶淡饭，住着破旧瓦房，路是泥土路，街上卖的东西更是少之又少。而现在的麻乍比当年理想中的麻乍还要美好。路边种满了绿油油的树，树后新开张了形形色色的小商店，街上的物品琳琅满目，人们穿着各色各样的衣服，住着有三、四层的现代化住房，人们过着和和乐乐的生活。小孩们人人能进学校读书，人人能享受美味的三元午餐。

　　夏利村是我镇的支柱。在这里的人们种植洋芋、荞麦，养殖牛羊，还有纯天然健康的马摆大山山泉。（作者：邓向照，彝族，1999年9月出生，麻乍中学九年级学生，家庭5口人，8亩耕地，主要经济来源：务农打工）

　　这里盛产马铃薯、玉米、荞麦、魔芋、辣椒等农作物，同样也有烤烟、黄梨、核桃、板栗等经济作物。当地也广泛养殖猪、牛、羊、牛、鸡、鸭、鹅等牲畜，可是大多数都只能满足自身需求。当地的煤矿资源也很丰富，特别是那个叫二田坎的地方，只不过近些年来政府不准开采，以前听大人说过那儿的煤很好烧呢!（作者：张硕婷，汉族，2000 年 5 月出生，麻乍中学九年级学生，家庭 10 口人，6 亩耕地，主要经济来源：务农）

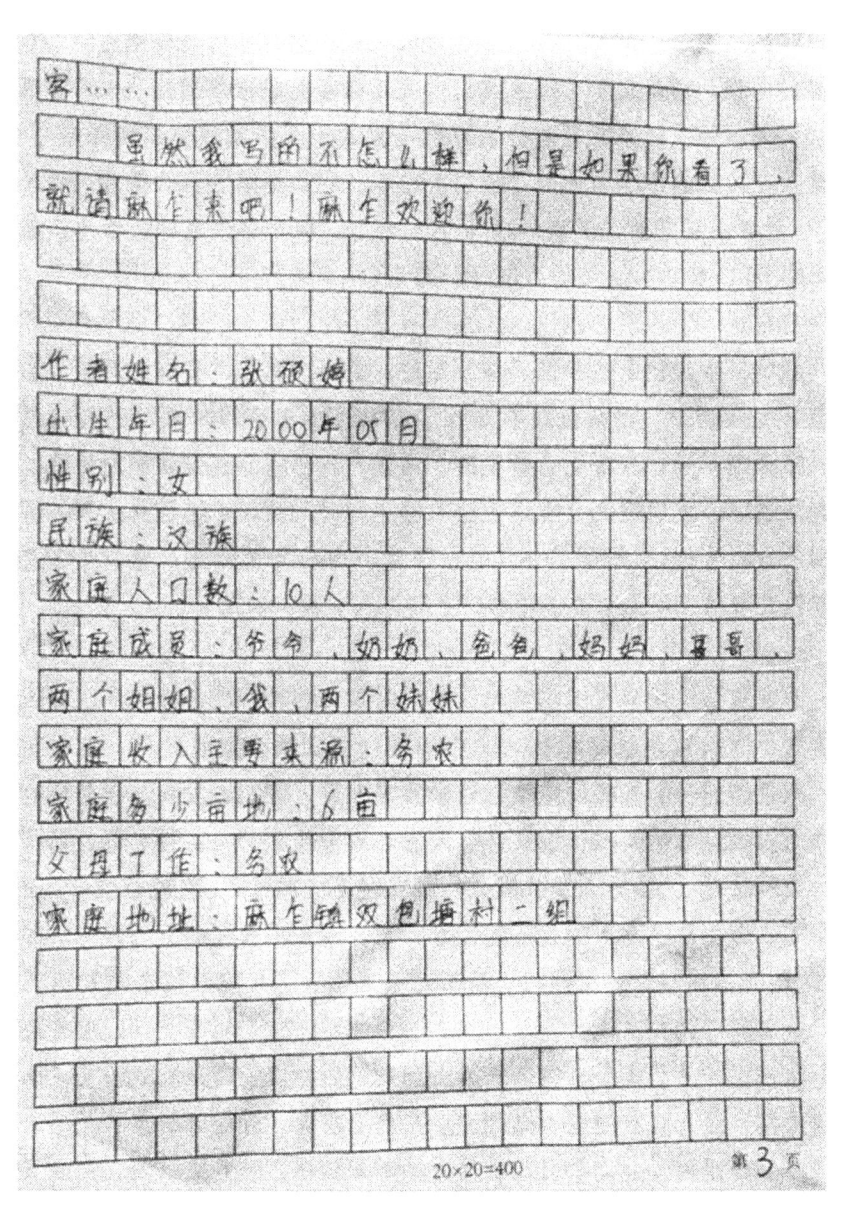

> 客……
> 虽然我写的不怎么样，但是如果你看了，就请来吧！麻乍欢迎你！
>
> 作者姓名：张硕婷
> 出生年月：2000 年 05 月
> 性别：女
> 民族：汉族
> 家庭人口数：10 人
> 家庭成员：爷爷、奶奶、爸爸、妈妈、哥哥、两个姐姐、我、两个妹妹
> 家庭收入主要来源：务农
> 家庭多少亩地：6 亩
> 父母工作：务农
> 家庭地址：麻乍镇双包塘村二组

我的家乡坐落在大山之间，这里很宁静也很平凡，正因如此，这里的人生活很自由，各自做着自己的事情，你管不着我，我碍不着你，他们有

的时候也很团结，领居之间都会互相帮忙。在这里，人们最常种的庄稼便是包谷、洋芋和荞麦，这几样每家每年都会种，是主要的经济来源，尤其是荞麦，一到秋季，一眼望去，遍地全是荞麦，并且都开满了花，让人看了有种流连忘返的感觉。我们虽然是农村人，但也都懂得享受生活。过年过节的时候，总是免不了要去我们这儿比较有名的旅游景区——马摆大山和大川洞。但人最多最热闹的就要数马摆大山了，尤其是过年和端午节，这里人山人海、车水马龙，停放着各种车，在高处望去，仿佛像一个小城市。（作者：臧小哦，汉族，1998年5出生，麻乍中学九年级学生，家庭7口人，4亩耕地，主要收入来源：打工）

以前，通往镇上的小路，非常泥泞，去一次镇上，要摔好几跤，且镇上没有几间平房，物资也没有那么丰富，河水暴涨的时候，还会冲断桥梁，使道路不通，市场上也非常脏，现在，泥泞的小路变成林柏油路，房子越来越多，越建越高，物资也越来越丰富，河流两岸建起林大桥，再也不用担心被冲毁。（作者：孙元勋，汉族，1999年9出生，麻乍中学九年级学生，家庭5口人，2亩耕地，主要收入来源：种植）

冬暖夏凉是家乡气候的特点，热的时候不过热，冷的时候不过冷，冬天的家乡是候鸟最亲睐的地方，它们在这里嬉戏，繁殖后代。有一年冬天，我和爸爸一起去离我们镇较近的县里办事，我们出发前，爸爸嘱咐我要换上棉衣，我纳闷的抬起头看看天空，天空挂着个大大的太阳，阳光明媚，我问爸爸："为什么要换棉衣，现在可是大晴天啊。"爸爸说："还是换上吧，因为县里跟我们这里的温差太大，现在那里可能下大雪林，很冷的。"刚到县城与镇的交界时，温暖的阳光消失了，取而代之的是飕飕冷风，还夹杂着稀稀疏疏的雪花，路上的树也早已披上林银装，行驶在路上的车辆都在车轮上加上林链条防滑，当我们到达县里时，大雪纷飞，来往的行人都把自己包裹的粽子似的，生怕自己冻着，道路都结冰了，走上去都要小心翼翼的，办完事我们就急切的离开县里，回到家，我又看到了久违的阳光。（作者：管海楠，汉族，1998年9出生，麻乍中学九年级学生，家庭5口人，1.5亩耕地，主要经济来源：打工）

7月是农村繁忙的季节，即使是最懒的人，这会儿也拿出蛮劲干起来，连我们这些人，也得算半个劳力，也许城里的孩子在家长的簇拥下畅游名山大川时，我们得在田野间享受太阳的温柔。家乡的中央有一个眼花缭乱的集市，一到赶场天，街上有花花绿绿的塑料布、还有小方桌、椅子，高高矮矮的板凳，还有那香气迷人的麻辣马铃薯。（作者：李婷，汉族，1998年10月出生，麻乍中学九年级学生，家庭5口人，2亩耕地，主要经济来源：务农）

所有的本地人都是淳朴善良的，当地主要以种植业和畜牧业为主，当然也有行商的。在我的记忆中，百合、魔芋、鱼腥草等农作物给当地很大的经济改善，养殖业主要牛、羊、鸡、鸭为主。家乡的路也由原来的黄泥土路变成了如今纵横交织的水泥路，由路上的人来人往变成了车水马龙。人们的生活也得到了极大的改善，虽然一年到头的经济收入并不是那么可观，可是从来没有人怨天尤人。（作者：张红，女，苗族，1998年3月出生，麻乍中学九年级学生，家庭7口人，4亩耕地，家庭主要来源：务农）

低头是山，抬头是山，山顶是树，山脚是沟，沟里住着很多户人家，而我的家就在这条沟里。我的家乡风景优美，资源丰富，养育了世世代代的家乡儿女。物产资源种类繁多，盛产玉米、马铃薯、荞麦、魔芋等粮食作物，烤烟、苹果、黄梨、核桃、板栗等经济作物；中药材有党参、天麻、三七、半夏等。（作者：唐娇，女，汉族，1999年1月出生，麻乍中学九年级学生，家庭6口人，0.5亩耕地，主要经济来源：务农）

家乡的水是那样的甜，是那样的清。我最爱吃家乡的蔬菜了，因为它们是用家乡的水浇灌的，吃起来很爽口，也很健康，因为没有打农药。家乡的人是热情好客的，是纯朴善良的，每逢有人来作客，人们总是把家中最好吃，最拿手的饭菜顿在饭桌上，并夹持一些菜送到人们的碗中，拿出自己酿制的酒来品尝，客人们总是吃得津津有味，主人们的脸上总是露出笑容，这笑容是那样的甜美……（作者：朱丽梅，女，汉族，1999年11月出生，麻乍中学九年级学生，家庭6口人，1亩耕地，主要收入来源：

务农、打工）

　　新农村的建设使我们的人民过上了幸福的生活。还有从前的没有机会读书，到现在实现的《九年义务教育》都给予了我们以巨大的帮助。最为重要的是医疗，以前，医院是那么少，医疗卫生条件也很落后，并且花费又很高，致使人们都看不起病，但现在，有很多的医疗合作卫生院的建设，不仅花费少，还报销，使穷人们都看得起病。（作者：张桃青、女、汉族，1998年12出生，麻乍中学九年级学生，家庭4口人，3亩耕地，主要收入来源：务农）

　　正是这个佳节时期，我们麻乍镇特有的旅游胜地马摆大山一片生机勃勃，善发着诱人的气息，它洋溢着众多河流，其中作为一个麻乍公民家喻户晓的就是马摆大河了。马摆大河是马摆大山的各支流汇集而成的，它每年都滔滔不绝的流淌着，声势浩荡，这里出产矿泉水"马摆大山山泉"，泉水纯净无污染。家乡是我生、我长、哺育我的地方，她不像大都市那样繁华、车水马龙、金碧辉煌、声音喧闹，而是一个纯朴、安静人们生活都向往的地方。这里政通人和、有职业的工作人员都对他们的工作恪尽职守，我们大家相互理解、相互通融、相互尊重，形成里一个温馨的大家庭。（作者：朱勋翠、女、汉族，1999年12出生，麻乍中学九年级学生，家庭7口人，3亩耕地，主要收入来源：务农）

　　在以前，麻乍镇的人们，若想去县城，只能脚踏车。而现在，人们想去县城不用担心脚走疼了，或天黑之前不能到家，因为，通过乡民的共同努力，已建成了宽广的公交车路线，直达县城，比以前方便了许些。有了车子，车子排放的废气就会污染空气，因此，路旁栽上了一排排净化树，它们像士兵一样，并立在其两旁。这时，马摆大山的一切资源被用到了实处，在山顶建起风力发电，开发旅游业和出售山泉。与此同时，镇里各项工程一齐迸发，促进了家乡的发展。（作者：赵菊乔、女、汉族，1997年9月出生，麻乍中学九年级学生，家庭5口人，1.5亩耕地，主要收入来源：务农）

这里是著名的马铃薯基地，每逢洋芋开花的时节，整个镇弥漫着洋芋花的香气，这是远近闻名的米拉洋芋，比别的地方种出来的要香的多，再加上洋芋上沾有这里的泥土气息，那就更香了。还有那荞酥，谁都不会陌生吧，它的原料就是荞麦，我的家乡就是荞麦的产地。秋日末尾，便是收晚荞的时节，那满坡满岭的荞麦黄澄澄的，人们拿着镰刀在地里割荞麦，一边割，一边和一起劳作的人唠家常。

贫困是家乡以前的生活写照，一家几口人挤在一间破瓦房里，且乡民出行都是一个难以解决的问题，小孩很少有机会上学。然而，今日的家乡是如此的富饶，二层小楼是普通乡民的居所。麻乍镇的集市更加繁华，街道两旁的路灯像一支站岗的队伍，时刻捍卫着家乡。（作者：苗岭，女，汉族，1998年9出生，麻乍中学九年级学生，家庭6口人，2亩耕地，主要经济来源：务农）

在过去，我家乡的文化和经济是相当落后的。多数想读书的孩子由于没有钱导致连学堂都不知道是什么样子的。好多家庭因为人口多的缘故，甚至连维持生计都有一定的困难。所以在当时镇上识字的没有几个。不过现在改善了许多。国家对学生读书实行九年义务教育，学生有免费的午餐，贫困点的还给予了生活补助费，好多与我同龄的都已入了学。农民们有相应的资助，贫困户有了最低生活保障。（作者：陆云彩，女，彝族，2000年5月出生，麻乍中学九年级学生，家庭3口人，2亩耕地，主要收入来源：务农）

随着时代的发展，从原来的麻乍乡变成现在的麻乍镇，之间有着很大的改变。以前，没钱的时候，人们吃的是苞谷饭，住的是小瓦房，交通不方便，通信不发达，下过雨的泥巴路，走也不敢走。但现在，吃的是大米饭，住的是大平房，穿的是贵人鸟，喝的是马摆大山山泉，走的是柏油路，坐的是小汽车。一系列的变化才得以使我的家乡美丽、富饶。（作者：唐明好，男，汉族，1999年9月出生，麻乍中学九年级学生，家庭4口人、2亩耕地、家庭主要来源：打工）

我的家乡被大山所环抱，它属于盆地地形，就因地形是这样，以至于这里夏天和冬天不是太热也不是太冷。家乡的气候好，所以适合很多农作物生长且庄稼能达到两熟或三熟。家乡有很多艺人，他们有的是木匠有的是石匠，还有一些能做各式玩意儿的人，他们都为家乡的需要做出了很大的贡献。我家乡的人都是地地道道的农民，他们能种出荞麦、玉米、辣椒、大豆、马铃薯……我的家乡还产苹果、核桃、板栗、李子等多种产物。我的家乡人民很团结，相互帮助。如果一家有事，村民便自告奋勇地帮忙解决。如果一家的农物做完还会帮其他人家。如果哪一家杀鸡或杀猪，也会把与自己关系好的朋友叫来吃饭。一些家如果急需用钱就会有人主动把钱借给他。而且如果某一家要外出，那么他的邻居会帮忙照顾他家的牲畜。有时谁家晒了衣服或玉米在外面，恰巧遇到雨，但主人无须担心这些，因为早已有人把这些东西收起来了。

这些年来，我的家乡人们的生活条件提高了很多。如一年能根据气候买足量的衣物，经过了由过去的穿暖到现在的穿好的过渡时期。人们做饭可以不再生活，他们可以用各类电器来做饭，这样既方便又省时。

现在看电视不用到其他人家去看了，因为现在买电视对于每家来说已经不再是一个困难的事了。大部分人从又黑又窄的瓦房搬进了宽敞明亮的平房。在国家和政府的帮助下，道路也都几乎直达每一家，这样改变了传统的什么都要用背的过去。（作者：李章余，女，汉族，1998年11月出生，麻乍中学九年级学生，家庭8口人，4亩耕地，主要收入来源：打工、务农）

人们的住房不再矮小，家家户户都在准备住进二至三层的新农村模型的楼房，是那样的映入眼帘。家门口的泥土路已成为宽敞而笔直的沥青路，人们可以乘着小车或摩托车直接到达家乡的最高峰——马摆大山，可以喝着那里的清泉，欣赏着美景，满山遍布的小草，仿佛给它铺上了一层绿毯，柔软得让人不想离开，高大的风力发电站在山顶显示山的海拔。黑夜的到来因有路灯而不再黑暗。（作者：柏倩，女，彝族，1998年1月生，麻乍中学九年级学生，家庭6口人，2亩耕地，家庭主要收入来源：父亲在外经商）

核桃是我家乡的盛产，每到秋收季节，几乎每家都能打下很多核桃。

人们吃不完便拿来卖。这时,卖核桃和买核桃的人便很多,大家在一起讨价还价,最后才能商量出好价钱。

除了核桃、荞麦、大豆、马铃薯等更是我家乡盛产的东西,人们利用这些东西能做出许多可口、美味、有营养的食品。

看,远处的大山有许多羊群。放牧的人们哼着歌谣,显得轻松自在。家乡养牛羊的人家很多。勤劳的人们不论刮风还是下雨,他们都不会让这些牛羊饿着,每天都起早贪黑的。(作者:马梅松,女,回族,1999年2月出生,麻乍中学九年级学生,家庭6口人,4亩耕地,主要收入来源:务农)

远处的草坪上,有许多的牛羊在尽情地啃着嫩绿的小草,放牧的人,有的唱起了民歌,有的躺在草坪上,看着万里无云的蓝天。满山遍野的杜鹃花开得火红火红的,又为这青山绿水添了几点颜色。

我的家乡不仅风景优美,还盛产玉米、马铃薯、荞麦等主要粮食作物。到丰收的季节,大家都忙了起来。农民伯伯们收着粮食,脸上露出了笑容。若收成好的话,大家还会聚在一起庆祝,摆上几坛自家酿的酒,有人给它起了名字,叫"好运酒"。不管是老人、中年还是小孩,都会唱一些小调儿,这些歌,虽然没有歌唱家唱得那样动听,但是,它唱出了家乡的民风民俗。(作者:卯倩,女,回族,2001年3月出生,麻乍中学九年级学生,家庭5口人,4亩耕地,主要收入来源:务农)

家乡在原来的时候,种植、养殖和工业都几乎没有,就算有,它的设备和器材都是旧的,几乎每一种工具都是从别个地方用过买来用的,有时只要稍微弄一下,就是一团糟,让人感到很是头疼。并且,在那时人们并不友善,相当的野蛮,动不动就是打啊、骂啊……凡是这里出去的人,他们都很不受欢迎,从此之后,我的家乡背上了一个骂名。这大概说明了一个乡的经济不发展就会被淘汰吧?

现在,随着国家的发展,政策的辅助,人们的团结和努力使得我的家乡发生了巨大的改变,现在的她与原来相比,简直是天上与地下之比,她焕然一新,并且人们也变得淳朴、好客和热情了,人们也很团结和友善。家乡的种植业和工业也比较发展,外地的人到这里投资发展使得他们能够赚钱，我的家乡也能够发展，并且人们的生活水平大幅度提高，经济超过原来的几倍甚至几十倍。（作者：吕正昌，男，汉族，1998年2月出生，麻乍中学九年级学生，家庭6口人，1.5亩耕地，主要收入来源：种植）

  人们的生活越来越充实，生活条件越来越好。原来一角钱都要算了又算的人，如今放起鞭炮来动辄成千上万元，原来一年到头饭桌上不见荤腥的人家，如今为了生个男孩便可摆上几十桌的宴席。以前一到下雨就泥泞不堪的小土路，现在成了宽阔平坦的沥青路，原来低矮的茅草房，成了高大的楼房，原来看着一辆汽车都觉得像怪兽的人，现在开着小轿车到处跑……（作者：高旭，男，彝族，1999年7月出生，麻乍中学九年级学生，家庭5口人，3亩耕地，主要收入来源：种植）

  以前，我们只要能天天吃上大米和饼干，那可谓是神仙过的日子了，就别说现在这些五花八门的食品了。如今，人们有了宽敞漂亮的住房，手机就更别说了。以前的大壳手机早就"退休"了，现在追求的是"小米"啦。以前窄小的马路上，通常只有三种交通工具，即牛车、马车和脚踏车。而现在呢？宽大的沥青路上，有各种各样牌子的小车川流不息。
  在我的家乡，还有不分你我的人们。连吃一顿饭，都要串好几家才吃好，不像城市，连门对门都隔得那么遥远。在这里，还可以看到多个民族的文化传统，它们都各自亮丽。这里和睦的人们，很少出现民族排斥现象。比如说，回族同胞之间相送的油香饼，是传送祝福的礼品！但他们不分彼此，还会送给其他民族的人吃。（作者：陈江铦，女，汉，1999年3月出生，麻乍中学九年级学生，家庭8口人，5亩耕地，主要收入来源：种地）

  泥泞的乡间小路变成了水泥路，坎坎洼洼而又窄的公路变成了宽敞平坦的沥青路，低矮而又破旧的农家小屋变成了宽敞明亮的新农村，一些做生意的人也逐渐在这里安家落户；原本单一的市场变成了物种丰富，应有尽有的市场。人们的生活水平也随之而改变了。原本一件衣服都要补了又补的人家，现在却在左挑右选，不好看的都不要。原本辛辛苦苦在地里耕种的老黄牛，现在却在养殖场安心地享受美食。取代它的是一种机器。人们几乎都改变了,在这里,也建起了一些蔬菜大棚。这样,不仅为人们增加了收入,也使餐桌上的菜肴更加丰富了。

在公路两旁,又多了一些路灯,使行人更加方便了,为了改善家乡石漠化严重的现象,人们积极种树植草。现在原来裸露出来的黄土变成了一片片绿地,看上去,给人一种焕然一新的感觉。(作者:李章凤,女,汉族,1999年12月出生,麻乍中学九年级学生,家庭7口人,3亩耕地,主要收入来源:务农)

## 第二节 我的理想

我想当他们的芍药,
来安抚他们的伤。
带着一种药味,
闻啊,闻——
闻出他们高兴的心情。
我想当他们的手,
来为他们做事,
帮他们完成心愿。
做啊,做——
做走了他们的忧愁。
我想当他们的眼睛,
来观看世界,
看到五彩缤纷的花朵。
看啊,看——
看见胜利的希望。
我想当医生,
治病救人的医生。
这是人民的希望,
这是我的心声。

(作者:朱亚,女,汉族,2002年1月出生,麻乍小学六年级学生,家庭5口人,1.5亩耕地,家庭主要收入来源:务农)

每一个人都有自己的理想，比如，工程师、设计师，我的理想是当一名科学教授。

这个梦想是我很小的时候就有得了，我在这个理想中慢慢的长大，但是，我对这个理想并没有放下。比如：像牛顿、爱因斯坦、列文虎克……这些人都让我敬佩他们。我也想当一名科学教授

我曾想过，太阳里有没有长着植物？当一名科学教授是不是很难做到？我特别想知道这个谜底。我渐渐地长大了，知识也变多了，我也知道了当一名科学教授是多么的难，但是，我从来没有放弃过它，我深信，"只要功夫深，铁杵磨成针。"

为了这个理想，我买了许多关于科学方面的书，这些书都被我读透了。但是，我只想在书中吸取到一些科学方面的知识。为了这个理想，我不懈努力，为了这个理想，我只能坚持，才能实现它。

梦想只要能坚持，就能成为现实。我向我的理想付出了一切高的代价，付出了很大的力量，付出了辛勤的劳动，我相信，将来的一天，我的理想一定会实现的。（作者：邓仕雷，男，汉族，2002年1月出生，麻乍小学六年级学生，家庭4口人，1亩耕地，家庭主要收入来源：务农）

多么想飞上高高的蓝天，和小鸟在一起说说悄悄话。

我的理想是：当一名宇航员，在天空中和小鸟说话

每个人都有理想，可大家的理想都不相同，有的当老师，有的当科学家，有的当医生，还有的当音乐家等。

很小的时候，妈妈就问我："还是，长大了你想当什么？"我就说："我想当宇航员，能在天空中看到全世界，看到全世界的亲朋好友们在做什么。"孩子，不是什么东西都可以勉强，自己的理想是要靠自己的学习才能实现的，如果你想实现理想，那现在就要好好学习，不要贪玩，把自己的学习搞好，你的理想就会实现。那你就可以观看全世界了。现在你不好好学习，那将来你就别妄想要当什么宇航员了。妈妈的训斥永远都在我的内心存着。现在我才知道不管做什么，都要好好学习。

不管你做什么，都要把自己的学习学好，才能愿望成真。（作者：牛彩秘，女，彝族，2001年12月出生，麻乍小学六年级学生，家庭5口人，1亩耕地，家庭主要收入来源：务农）

"缅怀一次成功，将失败一生，铭记一次挫折，将一生成功。"梦想的力量就是这样如此巨大。

但说起，我又怎么会想当一名称职的老师呢？那是因为我姑姑是一名老师，她为社会做的一切是我人生的起航起点。

因有了这个梦寐以求的梦想，它的那种巨大力量深深震撼了我，让我在追寻梦想中受到挫折也百折不挠，永不言弃。在追寻梦想的过程中，我不断奋进，坚持练笔，写出了动人心弦、美轮美奂的篇章……

假如我当上了老师，我会用清晰悦耳的普通话给他们讲解，让他们在丰富多彩的渊博的知识海洋里遨游。在课间，玩耍时，我会让让他们在玩中学，学中玩，学到的知识才能牢记，中午不能玩得疲惫不堪，这样会使即将迎来的新知识没有饱满的精神去迎接。

坚强执着的精神，永不言败的精神，有时会让人感受到它无法形容的力量。是啊，让梦想照亮现实吧！（作者：马婷，女，回族，2002年5月出生，麻乍小学六年级学生。家庭6口人，2亩耕地，家庭主要收入来源：务农）

"少年智则国智，少年强则国强。"我们每个人的前途命运都与国家和民族的前途命运紧密相连。

我们每个人心中都一定有一个远大理想，都有一个自我实现的理想。只要我们每个人都能从自身出发，为自己的理想而奋斗，努力实现自己的理想，我们的伟大理想就一定能够实现。

我的梦想就是长大后成为一名环境保护科学家。我要让河水清澈见底，水面上波光粼粼，没有一点垃圾的臭气，可爱的小鱼在水中游玩，河底碧绿的水草清晰可见。我要让天空变蓝，就像水洗过一样，一眼能望到顶。我要让空气透明，仿佛没有障碍，远处的青山就在我们眼前。我要让城市变绿，道路两旁开满了鲜花，走在大街上如同进了公园。我要让空气中没有刺耳的汽笛声，总有悠扬的乐声在耳边回荡。我要让人类和动物友善相处，没有残忍的捕杀，没有生物的濒临灭绝，一切都是和谐的。

如果我的梦想实现了，我们的家乡，我们的祖国，我们的地球就会永远年轻美貌，永远是人类、以及各类生物最美好的家园。

保护环境，人人有责，爱护家园，从我做起，从你做起，从现在做起。让我们一起为理想而奋斗，为理想而努力，我们的伟大理想就一定能够实现。（作者：熊定位，男，回族，2002年3月出生，麻乍小学六年级学生。家庭4口人，1亩耕地，家庭主要收入来源：务农）

  一个小学生提理想，你是不是觉得很荒唐。你肯定会说："小小年龄谈何理想，读书才是最重要的。"说得很对，读书是很重要。但我们为什么要读书呢？为的还不是一个理想才去读书，努力拼搏，要去实现它。

  在我心中，一直有一个理想，它一直伴随着我成长，催我奋发，催我前进，使我不得不多用点功去努力奋斗。

  记得，自从有了这个理想，我就下定决心一定要实现它。我也明白实现理想的第一秘诀就是好好读书。哎……只能先苦点，之后就能尝到甜。"叮铃铃……"上课了，我认认真真地听讲，发现有趣极了！老师像一本《百科书》，带我们去书的世界，又回来。像日光穿梭，好玩极了。

  过了几天，老师说："明天测验，大家下去好好复习。"同学们个个惊慌失措，说："怎么办呀！又要考试。"而我听了测验，不再像以前那么惧怕，反而很冷静。

  回家后，我把其他的作业做完，就拿出来复习一遍。

  第二天，老师发下试卷了。我开始一笔一画认认真真地做题。做完了，检查了一两遍，我就交卷了。

  又是新的一天，我来到教室。老师也正在发试卷。当我拿到试卷时，我简直不敢相信，我考了89分。不仅很兴奋，还得到老师的表扬。我决定还要继续发扬，而不是在这一次中停留。

  我的理想——老师。我相信"有志者事竟成"。我一定能实现我的理想。实现理想后，我还要再接再厉。理想它是一个里程碑，没有终点站，不是已有的结果，而是迈向下一个未知的起点。（作者：蔡金平，女，汉族，2002年1月出生，麻乍小学六年级学生。家庭9口人，2亩耕地，家庭主要收入来源：务农）

  我从小就有一个梦想，我盼望我长大后成为一名数学家，因为我自从上了四年级我的数学成绩就一直后退，还经常被老师批评。

  就因为我的数学成绩差，我才一直很努力的听课，但是不知怎么，我

蔡金亚

## 我的理想

一个小学生提理想，你是不是觉得很荒唐。你肯定会说："小小年龄谈何理想，读书才是最重要的。"说得很对，读书是很重要。但我们为什么要读书呢？为的还不是一个理想才去读书，努力拼搏，要去实现它。

在我心中，一直有一个理想。它一直伴随着我成长，催我奋发，催我前进，使我不得不多用点功去努力奋斗。

记得，自从有了这个理想。我就下定决心一定要实现它。我也明白实现理想的第一秘决就是好好读书。哎——只能先苦点，之后就能尝到甜。"叮呤呤……上课了"，我认认真真地听讲，发现有趣极了！老师像一本《百科书》，带我们去书的世界，又回来，像日光穿梭，好

2014.7.5

就是一到数学课就睡觉

　　我一直请我的知心朋友帮我讲解不懂的题目，我一直在梦里想到我成为了一个数学家，我每天都会做这样的梦，数学成绩让我整天垂头丧气，没有精神去面对眼前的一切困难。

这是我第一次经历这样的过程，每到数学测验，每个同学都在写，只有我一个人在那儿绞尽脑汁的思考，这次考试我觉得超难。

直到要发试卷了，我听到数学老师说："一班有 40 多人及格，但我们班只有 32 人，我惊呆了。我一想这次死定了，肯定又没有考及格，老师大声喊到了我的名字，我以为老师要骂我，但是他说哎这次有进步，下次多努力。

我拿下卷子，64 分，我已经满意了，我一定会更努力，下次考得更好，我相信我能行，我一定要当一个数学家。（作者：刘迪，女，汉族，2002 年 8 月出生，麻乍小学六年级学生。家庭 7 口人，3 亩耕地，家庭主要收入来源：务农）

张海迪说过一句话："每个人的生命都是一只小船，理想是小船的风帆。"每次我看到导游叔叔或导游阿姨向对方介绍那里的名胜古迹、风俗、美景时，我是多么羡慕、多么佩服啊！我的理想是当一名导游。

每看到一次导游们向游客们介绍那里的什么、什么东西时，我就会想如果那个导游就是我多好啊，就可惜不是我。我长大以后一定要做一名导游，从现在起我要不解努力好好学习，平时多学点其他国家的语言，因为多学点其他国家的语言，就可以与其他国家的游客进行交流。以后不管遇到什么困难都要相信自己，对自己说："我一定能行"

理想是海中的风向标，理想是高山上的雪莲，理想是风浪中的小船，终会载着我驶向胜利的彼岸。我相信我的理想只差一步！（作者：张雪娇，女，汉族，2002 年 11 月出生，麻乍小学六年级学生。家庭 6 口人，2 亩耕地，家庭主要收入来源：务农）

我还有一个理想，就是当一名大学生村官，因为大学生村官能为咱们农村做更多的事，可以建设我们的农村，让农民富起来。这样，我们农村的农民就不用离开家大老远的去城里打工，孩子们也能更好的得到父母的关爱和教育，老人们也可以和自己的孩子们生活在一起，享受他们的天伦之乐。（作者：黄选义，女，汉族，1999 年 12 月出生，麻乍中学九年级学生，家庭 4 口人，1.3 亩耕地，主要收入来源：务农）

我现在的理想是期末考试考出好成绩，双手奉给敬爱的父母给他们一些安慰，也为我迎接明年的中考奠定基础。我还想有一个温暖和谐的家庭，愿我的亲人们平安、幸福。我以后的理想是考到威中，好好学习。为以后的高考建地基，再往后就是考个好的大学。待我成就学业之后，再找一份好的工作。（作者：刘世娇，女，汉族，1999年6月出生，麻乍中学九年级学生，家庭7口人，6亩耕地，主要收入来源：务农）

我的家乡在大山深处，四周环绕的都是高低起伏的大小山，因为交通非常的不便利，所以导致了贫穷与落后。全村有四五百人竟没有一个略懂一点医术的，因而村里的人病了，都得跑到离这儿十多公里的地方去请医生。如果天气好了，人家还勉为其难的跟你走一趟，若遇上了阴雨天气，那你就得强忍着病，祈祷天放晴了，那医生是请不到的，除非你自己去找他。

我把医生这个职业当成我的理想，我告诉自己，即使自己再笨，也要努力地当上一名医生，我不求医术能有多高明，只要能帮助别人医治一些伤风啊、感冒之类的小痛即可，也能让村里的病人少受一些痛苦，少一些等待，多一份健康，多一丝笑容与欣慰。（作者：臧小哦，汉族，1998年5月出生，麻乍中学九年级学生，家庭7口人，4亩耕地，主要收入来源：打工）

我们每个人都有自己的理想，或伟大，或平凡，有的想当救死扶伤的医生，有的想当为人民服务的干部，还有的想当受人尊敬的国家领导人，而我的理想是当一名教书育人的老师。

在经济日益腾飞的今天，虽然老师的地位不算高，但老师无怨无悔，兢兢业业的为人类为社会培育一代又一代的科技人才，带动了世界科学的飞跃进步。

老师这个职业是我的理想，为了心中的这个梦，我在拼搏着、努力着，只为将来有一天，能站在这神圣的三尺讲台上，把自己的知识交给我的学生，就像现在我们的老师一样。（作者：孙朴银，女，汉族，1998年4月出生，麻乍中学九年级学生，家庭4口人，2.5亩耕地，主要收入来源：务农）

我的理想是当一名科学家。科学家是一个伟大的称号，它即是一个身份的象征，也是铁打的称号，有了它，我们就能更好的体现出人生的价值，不枉虚度光阴，有一个适合自己的施展平台。（作者：龚旋，男，彝族，1999年4月出生，麻乍中学九年级学生，家庭5口人，3亩耕地，主要收入来源：务农）

小姑的话常常在我遇到困难时，它便浮现在我的脑海："咱们一大家子中，就因为没有出过大学生，时而遭到别人的欺负，别人总是说，"你们一大家子都是笨蛋，没用的东西"每当我想到这些话时，我心中的怒火便可以烧毁一切困难，给我无穷无尽的力量。

就这样我在理想的驱使下，我过完了我三年的初中生活，这时开始了我艰辛的备考工作，为我的人生奋斗，为我的家族振兴而奋斗，使得我们的家族总有一天能出人头地，让他们都能抬起头来做人，不再被别人看扁。

无论前面的路多么艰难，漫长。我都得勇敢的走到最后，为我的大学理想而奋斗、拼搏。（作者：张平安，男，汉族，1999年2月出生，麻乍中学九年级学生，家庭7口人，2亩耕地，主要收入来源：务农）

我知道在这条通往理想的道路上，有太多的坎坷，例如英语，英语是我的死穴，是我的命门，每次考试，只要能考及格，那便是菩萨保佑，有好几次我想过放弃，可是中考要考，高考也要考，无奈之下，我报了补习班，可还是只提高了一点点，难道这是曙光吗？"天生我材必有用"，只要肯努力，再难的问题，再难以越过的坎坷，都能越过去。（作者：管海楠，汉族，1998年9出生，麻乍中学九年级学生，家庭5口人，1.5亩耕地，主要经济来源：打工）

再过一年，中考也就将到来，经历了无数的人与事的我们，再一次在这个多愁善感的季节里，明白了人世间的冷与暖。三年的初中生活，再一年，也就将为我们画上一个完美的句号了。"我要往上爬，小小的天有大大的梦想，"一路走来，一路高歌，拥有青春的我们将梦想寄托在了三年的生活的终点线上——中考。时间在推移，我们在成长，即将到来的中考，是改变命运的关卡，但想要通过它，却是艰难重重。（作者：倪静，女，汉族，1999年11月出生，麻乍中学九年级学生，家庭9口人，3亩耕地，主要收入来源：务农）

我的理想就是在明年的中考中，考进威中。我的这个理想是有原因的，主要是考进什么样的高中对以后的人生有重要的决定性作用。其次是爸爸常常对我说："你一定要好好学习，每年中考的时候，一定要考进威中，以后考进大学，找到一份工作，才能不像我们现在一样日出而作，日落而息的工作。"爸爸的这番话更坚定了我的信念。（作者：李珊，女，汉族，2000年5月出生，麻乍中学九年级学生，家庭5口人，2亩耕地，主要收入来源：务农）

在学习忙碌而紧张的今天，我的理想则又是在不久的中考中取得一个好一点的成绩，考进一个好一点的学校，在以后的高考也考的好一点，让我那面似黄土的父亲能少一些劳累。这些理想使我明确地知道自己的奋斗目标，自己该走怎样的理想之道。（作者：王兴磊，男，汉族，1998年4月出生，麻乍中学九年级学生，家庭5口人，3亩耕地，主要收入来源：务农）

我的理想是当律师，如果我将来成为一名律师，我会尽力为人民服务，做好自己该做的事，不做违背良心的事，尽自己的责任和义务。想成为律师，我还要经过自己的努力，毕竟以后的路还很漫长很艰难。所以我要为之努力找到自己的方向，更加好好地学习。（作者：李章余，女，汉族，1998年11月出生，麻乍中学九年级学生，家庭8口人，4亩耕地，主要收入来源：打工、务农）

当一名教师是神圣的、辛苦的职业，它的任务是为祖国的未来培养人才，作用很大，很神圣，全国到处都需要教师，但这个职业同样也很辛苦，每天要讲课，有时学生不听话，还要管纪律，甚至会大发雷霆，遭受那些不听话学生的白眼，即使受到再大的委屈，也还要坚强，因为国家需要他，每天晚上，当人们都进入梦乡时，有一个屋子里依然有灯光，那是老师在批改作业，写教案，一夜一夜教师们都是这样熬到很晚，第二天还要打起精神给学生讲课，这是何等的辛苦。

正因为这样，我更想要做一名教师，为祖国培养人才，体会教师的辛苦，所以我立志要做一名教师。（罗家旺）

我之所以酷爱文学，是因为我觉得文学至高无上，我之所以把走进文学之门作为自己所追求的理想，是因为它给我们精神的安慰。

确定自己的理想固然重要，但如何追求我们的理想呢？在我们追求理想时，路上的荆棘是避免不了的，因为，在追求理想时，无论遇到什么，我们都不能气馁，因为在我们的达到理想的路上，总是一个人在风雨中，在人生的白纸上留下串串脚印，这是我们成长的足迹，也许今天的汗水加拼搏就能实现明日的理想。（作者：苗玲，女，汉族，1998年9月出生，麻乍中学九年级学生，家庭6口人，2亩耕地，主要收入来源：务农）

在充满活力的青春中心，我树立了人生的第一个理想——当一名人民教师。后来因为受到老师们说的一句话："你们要树立远大理想，不要只想着做老师，教师这个职业虽然非常让人尊重，但当老师太苦太累，你们应该要做科学家，政府官员等为国家做巨大贡献的人，当老师并不是你们唯一的出路。"这句话是我颇受感触。

因此，我有了人生第二个理想——当一名科学家。科学家知识渊博，为国家奉献巨大。他们能受到人民的尊重和好评，我想成为像邓稼先这样伟大的科学家，让国家强大，当原子弹爆炸成功那天，中国人在世界上抬起了头，找回了原来的尊严。但在追求的路途中，能一帆风顺吗？不，没有谁能顺顺利利的走向成功。（作者：邓向照，彝族，1999年9月出生，麻乍中学九年级学生，家庭5口人，8亩耕地，主要经济来源：务农打工）

从那以后，我便立志要做个医生，做个好医生，为那些和爷爷奶奶一样的人治病，为那些看不起病的穷人看病。

做一名医生，这就是我的理想。他们平凡，他们也像常人一样过着普通的生活，他们伟大，他们还有一颗济世救人的心，救死扶伤，他们是上苍派来的天使，为人们解除疾病的折磨，他们身着白衣，带给人们身体与心灵的慰藉。总有一天，我也会是他们中的一员，穿上白衣。到那时候，我也要替人们消除病痛的折磨，我会成为真正的"白衣天使"。（作者：马秀锦，回族，1999年10月出生，麻乍中学九年级学生，家庭5口人，5亩耕地，主要经济来源：务农）

# 第七章

# 访 谈 录

为获得麻乍镇经济社会发展的一手材料,课题组采访了大量的当事人,其职业覆盖当地公务员、教师、医生、村干部、农民、商贩等,其民族覆盖汉、彝、回、苗等各个民族,以从各个角度、全方位地了解麻乍镇。当地人诚实淳朴,话语一般不多,但随着访谈深入,被访谈人话匣子打开后,则能提供大量的信息。大部分的访谈材料已经提炼整理,用到本书其他章节中。本章选取了 11 名被访者的访谈材料,原汁原味呈现出来,便于读者透过本地人的视角了解麻乍,从另一个角度理解基层社会的运行。

**一 被访谈人:赵某某(男,麻乍镇人大主席团主席)**

问:请您简单介绍下个人的基本情况,工作经历。

答:我老家在麻乍镇乐利村,1965 年出生,1985 年参加工作。2011 年以前,一直在盐仓镇工作,担任过镇农业技术员,农技站站长,党政办主任,镇党委组织委员,政法委书记,人大主席。2011 年 8 月换届选举时来的麻乍,担任人大主席团主席。

问:作为人大主席团主席在人大你的主要职责是什么?

答:一般都是按照乡镇人大主席团工作条例开展工作。每年召开一次全乡人民代表大会,召开 4 次以上的主席团会议。主要职责就是监督政府工作。县级人大有立法权,人事任免权,而乡镇人大的主要职责就是监督职责,乡镇重大事项还是要经过人大审议。监督政府的专项工作和政府工作人员的履职情况。

问：人大有专职办公室和专职人员吗？

答：有专职办公室，人员不专职，都属兼职人员。

问：经费方面怎么样，有没有专项资金？

答：没有专项经费。但是我们的工作经费还是有保障的，在乡镇，我们的办公经费没有分开核算。召开会议，代表视察这些经费还是能够保障的。

问：监督政府的情况怎么样？

答：监督政府主要是监督履职情况，最近几年，像乡级政府履职方面还是做得好的，监督工作一般一个季度召开一次主席团会议，主要是听取一个专题汇报，做法和县人大是相似，应该说还是没有大问题，政府履职还是做得比较好的。

问：一般是怎样处理人大与党委、政府之间的关系？

答：一个方面，人大在党委领导下，工作要主动的向党委汇报，接受党委领导。另一个方面，政府还是支持人大工作的，我们监督政府，政府还是支持人大工作的。

问：全乡有多少人大代表？

答：2011年换届选举时有59名，因工作需要，工作变动等原因，现实有50名，5年换届一次，调出的人大代表资格相应终止。涉及党委书记、乡长等这些职务的人大代表，就要补选代表，不涉及的一般不补选。

问：人大主席团由多少成员组成？

答：7名。没有副主席，上一届是党委书记兼主席，有一名专职副主席，人大2011年机构改革后，人大主席单设。全县也是这个情况（2006年到2011年）。

问：工作中，遇到最大的困难和问题是什么？

答：就人大工作来讲，缺乏专职工作人员，给工作带来诸多不便，由于党委、政府工作量多且复杂，兼职人员没有更多的精力来做人大工作，很多工作都是人大主席代工作人员来做。

问：平时组织人大代表到村里调研吗？一年几次？

答：有，每年集中调研一、两次，主要是调研民生方面，不过今年我们还没有组织过。

问：听说您还分管扶贫方面的工作，请您谈谈扶贫方面的工作吧。

答：最近几年麻乍没有太大的项目，主要是党参等中药材种植，但效益不太好。今年县里提出来要搞精准扶贫，工作量还是比较大的，全乡所有干部都要参与精准扶贫。精准扶贫的工作内容主要有以下几个方面：第一，目前是8540人扶贫对象初选的确定；第二，以村为单位对这些人进行公示、公开工作；第三，做好结对帮扶，今天县委组织部要来考查，6个到村到户，针对帮扶就是其中一项。我们按照四（县级领导扶贫4户）、三（科级干部扶贫3户）、二（股级干部扶贫2户）、一（一般干部扶贫1户）的思路结对帮扶。结对帮扶涉及麻乍镇的县领导有人大主任刘青松；部门有财政局、县人大机关。全乡现有贫困人口8540人，2014年要求的脱贫任务是2250人。

扶贫的过程是：第一，通过确定家庭困难程度，对收入的测算结果进行排序，对稍好的家庭实施提前脱贫，条件差一点的退后脱贫。第二，主要是通过种植和养殖方面帮助脱贫。我们中药材种植不多，主要种植的还是玉米、土豆。

问：您觉得现在阻碍贫困户脱贫的因素是什么？

答：主要是两个方面，一是无发展资金；第二是水、电、路等基础设施落后，主要是交通闭塞。

问：有没有典型的扶贫事例？

答：不大好找，乡里面没有实施太大的项目，也就是帮助解决温饱。

问：种植以玉米、土豆为主，养殖以羊、牛、猪为主，有没有成规模？

答：规模不大，上规模、上档次的没有，都是以家庭作坊为主。

问：为什么咱们的中草药种植发展不起来？

答：主要是政策约束，同时加上近年来中草药价格下降，造成价格太低，效益不高，不上档次。

问：果树种植怎么样？

答：品种多而杂，种植分散，不上规模和档次。

问：水源怎么样？通自来水吗？

答：镇政府驻地水源可以，有两公里外的二田村水库供应。但就全镇来说，17个行政村，一个社区，没有居委会，一半以上的村用水不方便。

大多数村都通了自来水，有一小部分村没通。

问：用电方面怎么样？

答：用电方面没有问题，都能够保证，就是有时候不太稳定。

问：通信方面怎么样？

答：宽带是有的，但没有到村，只到乡政府驻地。这几年，贵州省提出了"四在农家，美丽乡村"行动计划，提出要以"富在农家"推动经济发展，以"学在农家"培育新型农民，以"乐在农家"实现文化惠民，以"美在农家"建设美丽乡村。要大力推进实施小康路、小康水、小康房、小康电、小康讯、小康寨六项行动计划。其中的小康讯工作要求通信到自然村。

二　被访谈人：李某某（男，麻乍镇卫生院院长）

问：请您先介绍下个人基本情况。

答：我是1967年出生，1986年参加工作，中专学历。1992年撤（区）并（乡）建（新乡镇）以前在黑石区戛利乡卫生院工作，1992年4月到麻乍镇（当时为乡）卫生院任职到现在。我毕业于毕节地区卫生学校。毕业后一直从事卫生工作。

问：目前全乡卫生工作的总体情况怎样？卫生院运营状况怎么样？

答：全乡总人口是4万2千人。镇卫生院的服务范围是17个行政村，现有正式职工35个（53个编制，缺编18人）其中行政人员2名（兼职）。有17个村卫生室，每村配备有一名防疫员，一名妇保员，共计34名村医，均由乡财政每月支付400元工资。同时，每诊疗一名病人，国家补贴8元的诊疗费，由合作医疗统筹资金安排。我们的运营情况基本正常，但经费很紧张，主要原因是公共卫生经费下滑，另外还有资金不到位。国家基本药物补助款基本上冻结了，直接影响了镇卫生院的工作开展，92年的基本药物补助款现在都未到位。

镇卫生院有住院报销，村医的收入还包括公共卫生经费提成，主要是村医按照镇卫生院的安排到村到户去为老百姓做健康体检后，由镇卫生院按照体检的人数从公共卫生经费中给予村医相应的提成。由于2013年、2014年两年都未下拨公共卫生经费，因此此项工作处于停滞或半停滞状态。按照相关规定，公共卫生经费中40%由村医享受国家补足，60%有镇卫生院享受。每个村除村卫生室外，没有其他药店，也很少有私人开的诊所。在乡政府驻地除镇卫生院外，只有一所由县卫生局批准开办的私立医院。由于医疗报销比例小（私立医院报销50%，镇卫生院报销85%），医疗费用相对较高，因此，私立医院的营运对镇卫生院的冲击不大。镇卫生院所用的药在国家基本药物目录以内，但私立医院所用的药不受国家基本药物目录限制。村卫生室的医疗报销主要是门诊报销，报销比例70%，国家允许每年每人报销200元以内，超过200以后不予报销。

92年时，全院的收入只有5000元左右，老百姓看病多是开药、打针，很少打吊针；现在的收入差不多200万元左右；药物比原来的多、广，当然跟县城的医院还是有很大差距；以前看病每一张处方才几角钱，现在好多了。原来才3张床位，现在有五十张，可以满足需要。平常住院20到25人左右，平均每天有2个人入院。

问：镇卫生院有几名医生？有多少个村卫生室？多少乡村医生？性别比例是多少？

答：目前，镇卫生院有执业医师5名，助理执业医师1名。3名副主任医师，名列全县前列。男女比例3：4，由于护理人员多是女生，因此，女生居多。村卫生室没有取得执业医师资格的。

问：镇卫生院医生的收入怎么样？

答：镇卫生院的医生待遇都是按职称由县财政发放，相对稳定。一般来说，医师每月在3500元左右；主治医师每月在3800元左右。逢节假日上班医生都有加班费。

问：村医有培训吗？有绩效考核吗？

答：镇卫生院每年都会就免疫规划、防疫妇保、健康体检、老年人体检、慢性病体检等公共卫生方面对村卫生室组织业务培训，每年5、6次。培训经费由镇卫生院从办公经费和业务收入中安排，主要是解决村卫生员开会期间的生活问题。每次培训1到2小时。我们都有绩效考核，由县卫生局制定考核方案，我们由县卫生局组织考核，村卫生室由镇卫生院组织考核。

问：镇卫生院和村卫生室能否满足当地诊疗需要？

答：镇卫生院和村卫生室基本上就能满足当地群众的就诊需要，到县里面看病的也很多，大病基本上是去外面就医。生小孩多到县医院、县妇幼保健院。

问：镇卫生院、村卫生室通过哪些渠道进药？

答：进药主要是从大明医药公司（招投标参与经营），由镇卫生院呈报进药计划后，经县卫生局同意后，统一进药。村卫生室报计划后，经镇卫生院同意后，购买相应的基本药物。按照上面的规定，基本药物必须从网上采购，基本药物零差价销售。政策是可以的，但是减少了卫生院的收入，主要原因是国家补助没有按时下拨。

问：你新农合有什么看法？新农合报销范围与标准是多少？

答：新农合支撑了全乡参保98%。住院报销85%，70岁以上全报，门诊报销70%。住院100元起付线，封顶平均每人不超900元。大病住院报销25万元。和县医院相比，县医院起付线（200元）和报销（30万元左右）金额要高一点。

问：近几年全乡发病率最高的几种疾病是什么？其平均治疗费用是多少？是否纳入新农合报销范围？

答：常见病有慢性支气管炎、肺气肿、肺心病、风湿性关节炎、慢性胃炎、胆囊炎、高血压，此外慢性胃炎、慢性支气管炎、风湿、胃炎、肺部感染等也比较常见。这些病都在报销范围内。一般来说，住院人均费用要花800元左右；门诊只要40元左右。

问：谈谈镇卫生院下一步工作的打算：

答：我想是三个方面，一是要加强管理，采取绩效考核；第二，鉴于村卫生室办公、医疗地点简陋、条件差，下一步准备加强村卫生室的建设，向上级积极争取政策支撑，逐步增加村卫生室办公、防疫、医疗设备；三是镇卫生院设施简陋，有一个B超、X光机、血生化。医疗设备不全、落后。

**三  被访谈人：马某某（男，麻乍镇卫生院医生）**

问：请先介绍下您个人基本情况。

答：我1964年出生于麻乍镇箐岩村，1985年参加工作，已经参加工作29年了，中专学历，1985年毕业于毕节地区卫生职业学校，毕业后一直从事卫生工作。1992年撤（区）并（乡）建（新乡镇）以前在黑石区卫生院工作，1992年后到麻乍卫生院工作到现在。

问：卫生院的服务范围有多大？

答：卫生院主要是为全乡服务的。因有些医生的医术好，其他乡镇的病人也会慕名而来，但这种情况很少。我们的服务人口大概有42000人左右。

问：卫生院承担的公共卫生服务功能有哪些？

答：主要有：卫生监督（食品、药品、学生食堂）、公共卫生（疫情、出生及死亡）、卫生资料统计、新农合、卫生保健、儿童免疫（注射预防针主要由镇卫生院统筹安排，村卫生室具体负责）、健康教育（老年人体检、儿童访事）。

问：您所在的卫生院以西医为主，还是以中医为主？各有什么特色和优势？

答：卫生院以西医为主，中医只有两个，有一个老中医。西医比较依赖仪器检测，但见效快，立竿见影，中医讲究辨证施治、讲究整体，针对每个病人不同的病情用药，见效慢一些。

问：卫生院基本配置有多少种？能否满足诊疗需要？

答：基本配置有3种，B超、X光机、血生化，能做肝功能。由于缺少专业技术人员，检查下来的效果不好，分析差，不能满足诊疗需要。

问：平均月收入是多少元？其中药品收入多少元？

答：我自己的待遇不错。平均月收入在4400元左右，其中中级职称工资3800元左右，绩效工资600元左右，都由县财政统发。我已经评为副高职称，文件已发了，但工资还没有调整，调整后平均每月可达到5000元左右。我们工资里面没有药品的收入，如果镇卫生院业务收入有盈余，一般由县卫生局每年年终按照比例提成作为镇卫生院的奖励性工资；镇卫生院每年把支出结算后收入有结余了，按60%比例提出来以后，作为镇卫生院的发展基金。卫生院平常的收入都是作为公共卫生经费、会议费用、卫生监督、出差费用，办公费用等。目前卫生院经费很紧张，我从2014年元月到现在都没有领过加班费了，只领基本工资。

问：每个月有无公共卫生补贴？多少元？

答：公共卫生经费属于专款专用，医生个人是没有的。

问：每天你大概给多少个病人看病？

答：在门诊平均每天看50人左右。2013年平均每月有150人左右住院，今年由于合医报销起付线降低，每月住院人数下降到80人左右。

问：卫生院通过哪些渠道进药？你对这种进药渠道满意吗？

答：卫生院通过县卫生局统一进药，药品价格较高。个人觉得，开展基本药物后，虽然零差价开药，但药价比原来高了。

问：您多长时间参加一次培训？多长时间参加一次考核？

答：原来参加县里面的培训比较多，现在任务比较重，主要是看病；原来一年考核四次，现在一年考核两次。医师执业证书由县职改办审核，职称证每3年左右换发。

问：对全乡的医疗状况有什么看法？

答：我感觉我们乡与其他乡镇相比在医疗上要好一点：一是医生服务态度好，二是医疗业务水平高，三是合医报销和病人的住院率高，四是老百姓的评价高，民营医院虽然服务态度好，但是他们的收费高，而我们看病本着良心、实事求是的态度，收费也便宜些。当然我们卫生院也有需要改进的地方。主要是需要提高医疗服务水平，进一步加强医疗基础设施，大力引进相关专业技术人员。

问：谈谈村卫生室的情况和待遇。

答：村卫生室费用方面问题有待提高，村卫生室工作人员由于从学校毕业后很少接触医疗工作，导致业务水平不高，加之待遇低，很多人没有工作的激情，老百姓到镇卫生院看病的多，去村卫生室看病的少。当然，有些典型的村卫生室也有搞得好的。目前村卫生室是国家统一下拨资金修建的。以前都是自己想办法搞。村卫生室的待遇分为几块，一是县财政下发的400元基础工资，二是40%公共卫生经费（平均可增加300元），三是有一些村医自己还开着诊所，可以报销部分医药费，药物也是零差价销售，可以再收入一部分（自负盈亏）。四是每年有1200元的奖励性绩效。

问：你觉得麻年镇最常见的疾病是哪几种？病人到这里看病满意吗？有医闹吗？

答：最常见的病有：慢性胃炎、风湿类疾病、慢性支气管炎并发肺气肿、高血压。病人从没有不满意。主要是医生树立形象，得到老百姓的认可。没有医闹，医疗纠纷等。

问：卫生院可以做外科手术吗？

答：只能做一些简单的包扎，不做外科手术，主要是因为这方面的人才紧缺，同时设备也简陋。

问：对国家的医疗政策有什么看法？

答：我认为，一是比以前好得多，二是考核多、频繁，医疗人才比较多，晋升机制比较好，所以每个人都喜欢学习，医疗知识比原来全面，可以基本解决老百姓的病痛；三是政策好，合作医疗为老百姓解决了很多实际困难，同时老百姓交通方便，看病不难。

**四 被访谈人：马某某（男，麻乍镇文化服务中心工作人员）**

问：请先介绍下您个人基本情况。

答：我是1980年出生的，2005年参加工作，专科（函授）学历，全日制是中专（黔南民族行政管理学校，现在改名为黔南技术学院），麻乍镇人，回族。在麻乍镇回族很多，接近总人口的四分之一，有好几个回族村。刚参加工作时是在新水小学当语文教师，2009年10月借调到麻乍来做远程教育工作，后来通过了全县统一考试，每个乡镇2名，现在已经正式调过来了。我以前在党政办工作，任党政办副主任，后来在武装部兼武装部干事，再后来是乡综治办业务人员，目前是乡文化服务中心工作人员。

问：看来您也是在多个部门锻炼过。目前您所在的文化服务中心主要有什么职责？有哪些工作？乡里有图书室吗？

答：乡文化服务中心2010年设立，但实际上2013年才配齐人员、设备，基本步入正轨。目前有3人专职。有一人人负责电子阅览室，可以让村民们上网，其他2人负责统筹管理各村图书室，全乡还有两个村尚未设村图书室。

乡文化服务中心有个图书室，但是因为目前还未配齐图书，现在没有开展群众性服务工作。我们主要是配合县里面组织的文化下乡工作，比如：放映队、宣传报道等；配合学校办好五四、六一文艺汇演；组织中老年人跳广场舞；组建文化宣传队等。

问：您怎么评价全乡的总体文化生活？老百姓文化生活丰富吗？

答：我认为就麻乍镇的整体情况看，开展的不算好，文化服务站没有发挥好作用，群众的认知度不高。因为大多数年轻人都外出打工了，全乡大概有十分之一的劳动力，即4000多人都出去了，主要去广东、浙江、福建等地，还有一些人出去读书，留守下来的大多是老人，他们本身文化程度不高，再加上还要干活，所以对文化活动的参与度不高，电子阅览室的使用率很低。

问：乡里打麻将、打牌的人多吗？

答：打麻将、打牌的人不算多，即使有，也主要是在春节期间，农忙季节基本没有娱乐活动。

问：谈谈您个人一天的主要工作。

答：文化服务站基本没有什么工作，主要是这一块工作不好开展，老百姓文化素质普遍都比较低，年轻人要么出去打工要么出去读书。所以我主要是做领导交办的其他工作。

问：今后在文化工作方面有什么打算？

答：我觉得一是加大群众培训力度，充分利用好电子阅览室、图书室等资源。电子阅览室就相当于一个网吧，我们乡里没有网吧，这就给大家提供了一个上网的地方。年轻人比较能够接受。所以想把电子阅览室办好。二是县里有要求，要搞老年大学，各乡镇要求要办一个班，所以准备积极做好老年大学有关筹备工作，争取一年开展一到两次中老年技能培训活动，请老师来给大家讲讲课。

问：现在电子阅览室有几台电脑？上网速度怎么样？

答：现在很少，只有8台电脑。网速也不是很好。所以电子阅览室目前只是初步运转。不过我们这个都是免费的，来的都是一些年轻人。

问：您原来是老师，后来为什么转到乡政府？

答：我原来在当语文老师的时候，就兼着学校的远程教育工作。后来因为乡政府需要，就抽调过来搞远程教育。然后就通过考试留在了乡政府。

问：您觉得在学校当老师和在乡政府工作哪个好？待遇呢？

答：我觉得基本差不多。当老师工资要高一些。我现在基本工资2700多元，加上奖励性绩效3000元左右，相对于教师工资而言比较低，跟我同级别的教师大概在4000元左右。

## 五　被访谈人：马某某（女，麻乍镇镇长）

问：请您介绍下个人基本情况。

答：我是1985年出生，回族，2003年参加工作，成人教育本科学历（原来读的时候叫贵州教育学院，现在叫贵州师范学院）。威宁中水镇人。2003年8月，我从威宁民族师范学校毕业后，到中水中学任教师，当了两年教师。威宁民族师范学校就是现在的毕节市实验三中。那个时候县里有个双考政策，考试合格以后才是正式的教师，试用期两年。2005年8月，双考合格后，我参加了成人高考，考到贵州教育学院进修本科。2007年刚毕业的时候，威宁县团委正好招考副书记。我就来考试。然后比较幸运，我就考到威宁任团县委副书记。当了两年的团县委副书记，2009年任团县委书记；后来到青岛城阳区团市委挂职半年；回来后我到草海镇当了一个月的副书记，2012年11月到麻乍镇任乡长。我爱人在贵阳，在贵州省人民法院工作。孩子跟他爷爷奶奶在云南省昭通市生活，属于留守儿童之一。

问：很多人都很羡慕公务员。您是一乡之长，但却是最基层的公务员，总体感觉怎么样？

答：我觉得任何一种职业都是跟自己的兴趣和爱好有关系的。无论教师也好、公务员也好，哪怕是金融界的也好，任何一个岗位、任何一个职业，都跟你的生活环境，跟你自己原来的家庭教育有很大关系。就是说你的父辈、长辈、家庭对自己的影响。一个工作的好与坏并不一定有很大的差别，这个主要与你个人的理想、追求、兴趣爱好还是有很大关系的。公务员有公务员的好，教师有教师的好，这个是不一定的。当教师的时候，工作比较简单些，每天就是上上课，在乡政府工作，我们这种情况压力可能比较大一些，而且对家庭的照顾来说，跟老师相比也是有差距的。老师比较规律，相对来说压力小一些。

问：请您谈谈麻乍镇的经济结构，有什么资源优势。

答：麻乍是一个农业大乡，主要以农业为主，没有什么工业。主要经济作物有：烤烟（2013年种植面积11214亩，2014年8000多亩，将近9000亩）、马铃薯（平均3到4万亩左右）、玉米（平均1万亩以上）、中药材（相对零散，不成规模）。就整个经济来说，麻乍在威宁县处于中间水平。不是最差的，但也谈不上好。跟威宁有的乡镇比，这里的民风还是很淳朴的，这是我个人的感觉。有25%左右的回族，苗族跟彝族也有，但是相对比较少。

问：乡的财政收入和支出情况怎么样？

答：财政收入主要是烤烟税的返还款，占我们乡自己收入的 90%，这是大头；其他就是上级财政下拨的各项预算（包括公务费、缓解乡镇财政困难资金、社会抚养费提成、全乡工资等，不包括教师工资），2013 年总额大概是 608 万元，2013 年烤烟分成款是 150 万元，加上县里给我们的预算（不加工资），大概是两三百万的样子。财政支出方面，正常情况下，这点钱只能保持基本运转。如果涉及小集镇建设、项目投资、招商引资等项目的话，主要还是靠外引资金。单靠内部的资金是远远不够的。而且麻乍镇有一些特殊情况，2011 年我们发生了一位计生干部的工伤事件，这位计生干部在下乡抓计划生育时自己驾车，车子从山崖上翻到沟底，成了植物人，然后到北京去治疗，我们这边也花了不少的钱，现在已经花了大概 300 万元了，其中县财政给我们借了 110 万，除此以外都是乡里出。所以现在财政比较紧张。这个事情到现在还没有具体的处理结果。这位干部现在从北京博爱医院转到县人民医院，还在治疗中。所以这个也是我们乡现在财政困难的最大原因。

问：这个事情为什么不走医保？

答：走了，但是 2011 年之前的医保最高金额只能报 20 万。我们已经报了，而且工伤也给他申请了。目前主要是他的家属想法比较极端一些，不能接受这个事情。我们也多次跟他家属谈过，准备按照工伤，按照相应的政策依据给他处理这个事情。但他的家属不同意，一直在北京不愿意回来，给我们很大的压力。

问：目前全乡干部的整体情况怎么样？

答：除教育和卫生外，全乡共有干部职工 90 多人（既包括行政人员也包括事业单位人员），年龄结构偏大，近年来通过全省选调生、公务员、事业单位、计生特岗等招录了很多年轻人，年龄结构有所优化、人才结构有所充实，但是整体上呈现出年轻人或对口的专业性人才的匮乏，比如说水利等。全乡下设 3 个工委，分别是麻乍党工委、得磨党工委、戛利党工委和 1 个工作组，即富乐工作组。本来当初是想设成 4 个工委的，但是没有批准。由于戛利党工委辖了 7 个村，比较多，所以调了 3 个村过来，单独成立了一个工作组。这样也便于推动工作。目前全乡有 17 个行政村，113 个村民组，总人口 42991 人，8690 多户。

问：乡长在全乡发展中起着非常关键的作用，扮演着领头羊的角色，那么您在工作中如何调动大家的积极性，激励大家更有激情的工作？

答：这个问题比较难。我个人认为，在乡镇工作跟在县里工作差别是比较大的。我在这里感受比较深。我在团县委工作的时候，那里的人相对都比较年轻，平均年龄只有二十四五岁，工作只要安排了，大家积极性都比较高。但是到乡里来之后，每个干部都有他自己的特殊情况，而且存在年龄偏大、工作年限长、家庭差异大、对外交流少等因素。有些干部从参加工作就一直在这里工作，十几年、二十几年，这样对他的积极性可能并不是特别有利，会产生一种惰性。所以我们主要还是靠考核奖惩等工作机制调度工作。私下里我们也会有一些谈心，有一些相互的促进交流，但是这个还是做的比较少的方面。主要的措施还是靠考核、奖惩这些硬性的东西来约束大家。至于说通过以情感人、以情动人的方式来提高大家工作积极性的方式，说实话我还没有达到那个水平，虽然我们也有一些交流的过程。

问：您在工作上有什么困难和问题吗？

答：我非常喜欢麻乍这个地方。因为麻乍的森林覆盖率高，达到了48%，是全县第三。就威宁县来说，大街乡森林覆盖率是最高的，其次是雪山镇，麻乍排第三。我的老家中水镇山上基本什么树都没有了。而且我觉得这个地方民风比较纯朴。所以就自然环境来说我觉得还是很不错的。而且就政府的所在地，你们刚才看的，有一种自然的、田园的感觉，我觉得还是不错的。从工作来说，在麻乍镇产业结构调整方面，应该结合区域特点进行调整，要让群众种植最优质品种的马铃薯。我个人认为，这样可能比大面积种植中药材更加实际。其实不见得中药材大面积种出来，老百姓就能受益。因为去年我们也搞一些基地，大概有几百亩的党参，但是去年的党参价格非常的糟糕。很多老百姓的投入和收入并没有真正成正比。既然它叫中药材，那就说明有病的人才需要中药材，它跟市场供求是有很大关系的。此外，在我们这里种中药材，还有技术上的要求。麻乍的这些村对于马铃薯的品种意识还是比较强的，像黑美人呀。

问：马铃薯是怎么推到市场的？

答：我们这里本身就有马铃薯专业合作社。我们发展了这么多年，马铃薯应该还是有一定规模的。从种的时候，就有专业合作社来跟我们老百姓合作，由专业合作社提供种薯，种了以后由专业合作社回收。销路是没有问题的，关键就是看它卖的价格。主销贵阳、广东等地。

问：中药材呢？

答：中药材目前还没有规模，要么是有人来收，或者他自己拿到市场去卖。专门的中药材合作社跟麻乍合作的，我暂时还没有听说。

问：合作社一般是村民自发组织，还是政府引导？

答：一般都是他们出去打工，学到技术后或赚到钱后，有了这样的想法，然后几个人一起注册一个合作社。然后通过合作社运作的方式，也就是采取公司＋基地＋农户的模式运行。现在全镇大概有种养殖专业合作社30多个，其中运行好的大概有10多个。比如，双包塘村有一个种蔬菜的合作社，启嘎村有一个养獭兔的合作社，还有种辣椒的合作社。经过我们政府引导，搞大棚的合作社，它里面是什么都有的，像西红柿、红豆、辣椒都有的。效益都还可以的。像我们政府所在地这个坝子里的气候条件，还是比较适宜种植这些的。

问：特种养殖呢？

答：像我刚才跟您讲的，那个搞獭兔的合作社，收益还是不错。还有零星的搞梅花鹿、鸵鸟、牛、羊等特色种养殖的。

问：您这几年在工作中遇到的最棘手的事情是什么？

答：应该说在团县委工作的时候，都是一些比较温馨的事情，比如说希望工程的捐助呀，基本上光做好事了。到这里工作后，应该说虽然也有突发事件发生，比如说车祸需要我们参与处理的，但是由于班子成员特别是书记通力合作，他们比较有经验，所以都迎刃而解。没感到有特别困难的。印象最深的是去年元月5日，我们对面的山坡白家坡出了一个严重交通事故。当时我正在开会，然后接到电话，知道出了交通事故，虽然我们政府没有什么责任，因为它是外地的车，也买了保险了，但是开到了沟里面，车里的4个人都没有活。给领导打电话后，我们要去现场看。我第一反应是，到现场我可能面对不了那个场面。自己可能有些担心。一开始还叫消防人员过来。处理过程中，他的家属后来也没有提什么苛刻的要求。后来面对那个场面，自己也没有想象中的那么害怕。那个时候光想着怎么处理这个事情，也没有时间考虑别的。当然，过了一个月后，我们从那个地方走的时候，还是心有余悸的。觉得这么高的地方，翻下去还是挺惨的。

问：这里有没有什么群访事件？

答：经过这两年的维稳，没有什么特别的事件。这是靠大家的团结、支持才有的，光靠个人是不行的。

问：在这里感觉有压力吗？

答：压力肯定有。这里和县直工作部门区别很大。我觉得很多事情不是你担心或怕，它就不会来了。所以还是要适应。我们现在特别是计生工作形势比较严峻，像维稳、安全都是比较紧的。我们有9个产煤村，所以安全生产的任务也很重。但是这些年还是稍微的好一些。如果以后财政条件好一些，我们去申请一下我们的用地规划，把更多的工作精力放在如何让老百姓致富，小集镇建设等方面。当然我们现在的工作重点也就是这些。

问：目前乡里社保情况怎么样？

答：社保方面按照上面的政策，60岁以上的已经全面覆盖，其他年龄的正努力做工作，让其提前缴纳保险金；医保方面也是按上面政策有序运行，主要靠新农合这一块，其他的还有一些零散的民政社会救助，但是比较少；低保按政策办理。主要还是鼓励老百姓自主创业。我们乡里有一个社会事务办，专门负责这一块的工作。

问：请您谈谈全乡下一步的发展规划

答：谈不上大的规划。一是前面我提到的，思考一下马铃薯产业的扩大和优化，做强做优马铃薯品种。有些村子种的是新品种，但还是有很多村子种的是老品种，虽然它有产量，但是卖不出价格。二是有组织，适当地发展中药材种植。三是在适合的地方发展经果林种植。有一些比较热的地方，比如去年我们在营河村搞了1000多亩的红富士苹果树种植，大概2年左右就可以挂果了。我们将看其他村还有没有适合的地方发展经果林。四是前段时间，我们刚刚争取规划了一条小城镇建设街道，然后我们拟了一个报告，我么也有一些想法，但是涉及到我们这里的用地规划，今年我们这里的用地指标已经安排完了。目前我们正在积极协调县规划、国土等部门，排队争取把我们政府所在地的一半耕地调整为建设预留地，就可以开发出一条小的街道来 然后主要是通过找第三方投资的方式来运作这个事情，加快小城镇建设步伐，提高我们的城镇化率。基本上和第三方已经达成了一致，准备实际操作这个事情。

问：招商引资方面呢？

答：目前在招商引资方面没有大的项目。我们这里最大的固定资产投资就是路。二田村有一个煤矿，目前也是处于一个停工状态，做的不算太好。

问：最后一个问题，您现在是两地分居，孩子还在云南，家人能理解吗？

答：我个人觉得，我是属于幸福指数比较高的那种人。我自己没有什么太大的追求。父母对自己的工作都还是比较支持，我的爱人也是非常理解我、支持我。尤其是我的公公婆婆，在给我带孩子，可以说给我解决了最大的后顾之忧。我生下孩子40多天就上班了，孩子都是他们在带。孩子生病他们一般也都不告诉我。虽然与家人三地分居，但是爱人和家人都很支持、关心工作。

### 六　被访谈人：李某某（男，麻乍镇党委副书记）

问：请您先介绍一下个人基本情况。

答：我是1974年出生，回族，大专学历，毕业于黔南民族行政管理学院，学的行政管理专业，麻乍人。1994年参加工作，此后一直在麻乍工作。1999年任戛利管理区党工委书记，2002年任麻乍乡团委书记，2004年任麻乍乡计生办主任，2011年任麻乍乡党委委员，计生办主任，2013年8月任麻乍镇党委副书记，分管计生工作。

问：请您介绍一下全乡人口情况。

答：全乡17个行政村，113个村民组，总人口42991人，居住着汉、回、彝、苗、布衣等民族，少数民族占38%。

问：乡里的农民一般能要几个孩子？

答：根据《贵州省计划生育条例》，夫妻双方均为农村户口的少数民族，可以生两个小孩；夫妻双方均为农村户口的汉族，如果只生育有一个女孩，经批准原则上还可再生育一胎；夫妻双方均为农村户口，一方是少数民族、一方是汉族的，可以生第二个；夫妻双方或一方是独生子女的可以生第二个。

问：现在的实际情况呢？

答：全乡现在不管男孩女孩，只要一个孩子的，只有30多户，独生子女户很少；80%以上都还是想多生。很多家庭都是在外打工生育后才返乡做节育手术。生育政策和群众的意愿还是有差距。但最近几年还是有好转。90年代我搞计划生育，那才是恼火。当时是"通不通、三分钟；再不通、龙卷风"。我参加过牵牛、参加过赶马、参加过推房子，这些都搞过。计生工作现在是以开展优质服务、宣传教育为主。现在变化还是大的。

问：您现在一般怎么开展计生工作？

答：调查清楚人口底数是关键。为了搞清楚人口底数，17个村每村配备一个计生特岗工作人员，这个类似于教育上的特岗教师，计生特岗人员的工资都是县财政出。我们按照县里面的要求，开展"五访五防"。具体说来就是，一访未婚青年，防非婚生育、早生早育；二访已婚无孩妇女，防流出逃避政策外生育；三访已婚一孩家庭，防弄虚作假生育；四访已婚二孩家庭，防计划外生育；五访已婚多孩家庭，防"逃术（节育手术）漏费（社会抚养费）")"工作。

问：咱们计生站现在有几名工作人员？

答：计生站有两名工作人员。计生站全名叫人口和计划生育妇幼保健服务站。这个马上就要和镇卫生院合并了。下面的特岗人员有17名，一个村一个。村里面也要抓。村里面按"三按月"开展计生工作。具体来说就是按月个案分配任务，按月督促落实，按月兑现绩效奖惩，就是兑现绩效工资。村干部包组到户。每月制定月绩效考核机制，对各村进行月目标考核，并将每月的考核结果报县人口领导小组。这个跟村干部的工资都是挂钩的。村支书、村长、副村长，每个月基础工资是400元，其他的作为绩效。我们对计生特岗也有考核。考核分值为100分，每月考核得分低于75分且排名后三位的计生特岗，第一次由分管领导对其进行预警谈话，年终绩效工资评定不高于80%；第二次有乡长对其进行警示谈话，取消年终评选选优资格，对考核评定降一个档次，年终绩效工资评定不高于50%；第三次有五人小组（党委书记、乡长、副书记、纪委书记、政法书记）对其进行诫勉谈话，年终考核不得评为合格以上档次，绩效工资评定不高于20%。

问：你们的常住人口符合政策生育率是多少？

答：我们的常住人口符合政策生育率是95.5%，县里下发指标都是95%以上。我在计生办的时候，开始是82%，后来是85%、92%，现在是95.5%。这个指标要求不算高。指标要求过高，压力会很大。从外面到我乡的流动人口只有6人，一般都是做生意的，是四川人，他们也要纳入我们的人口管理。我们乡外出打工的有2900多人。他们有些会跑出去躲着生。

问：能不能讲讲您在抓计划生育工作中发生的印象最深刻的事情？

答：这个不太方便讲。我们现在都尽量文明执法。

问：咱们乡现在生小孩生的最多的有几个？

答：5个。现在比以前少多了。他们生一个是姑娘，生第二个还是姑娘，生第三个还是姑娘，一直要生出一个儿子才算完。

问：现在全乡性别比是多少？

答：全乡性别比106。

问：你们的社会扶养费是怎么征收的？

答：根据《贵州省计划生育管理办法》、《贵州省人口与计划生育条例》，农民计划外生育一个孩子的，征收夫妇双方社会抚养费4000元，计划外生育两个子女的，征收夫妇双方社会抚养费8000元，计划外生育三个子女的，征收夫妇双方社会抚养费10000元，超生孩次每提高一个，社会抚养费征收增加一倍。这个标准马上就要提高了，今年7月份会出台新的规定，农民计划外生育一个子女的，征收双方社会抚养费14032元；计划外生育两个子女的，征收夫妻双方社会抚养费21048元；计划外生育三个子女的，征收夫妻双方社会抚养费28064元；超生孩次每提高一个，社会抚养费征收增加一倍。

问：征收的钱交到哪里？

答：乡财政所，由乡财政所上交给县里。然后会返还20%作为办公经费。

问：除控制数量外，在优生方面的主要做法有哪些？

答：除开展优质服务、宣传教育外，还是以行政强制执行为主。

问：能不能谈谈对国家计生政策的看法？

答：希望国家以后能普遍实行二孩政策，这样我们就能轻松很多，现在的政策不好管理。

**七　被访谈人：杨某某（男，星光种养殖专业合作社理事长，种养殖大户）**

问：请您先介绍一下自己的基本情况。

答：我叫杨国亮，1969 年出生，汉族，高中文化，现在是麻乍镇双包塘村村主任。全家共有四口人，除我和爱人外，有一男一女两个孩子，大孩子 1996 年的，今年 18 岁，就读于威宁实验三中，小的孩子是 1998 年的，今年 16 岁，在威宁六中读高一。全家年收入 5 万元左右，总支出 3 万元左右，有耕地 3 亩。

问：我知道您办了个合作社，给我介绍下合作社的基本情况吧。

答：我们的合作社叫星光种养殖合作社，2013 年 3 月正式成立，发起人有 5 个人，每人投入 40 万，总投资 200 万。2000 年我在云南呈贡县打工，看到那里有万亩大棚蔬菜，觉得我们这里也适合发展大棚蔬菜。2006 年回到家乡后我就开始实施蔬菜种植。2006 年种植大蒜，2007 年种白菜。最近是以辣椒为主，现在种植的是辣椒，这个品种叫辣椒王子，是在山东寿光培训时发现的，然后我们就引进了。这种辣椒与威宁本地辣椒的区别在于，这个品种的特点是成熟时间晚，晚熟，作果强，结的多，耐运输、成效好，适合做酱。现在共种 1300 余亩辣椒，红辣椒全部都是供给四川一个做酱的加工厂。我们与这个酱厂签订了供销合同，青辣椒主要由自己去卖，向市场销售，主要销售给湖南怀化、长沙等城市。我们本省的市场没有外省的市场大。

问：合作社的开办过程中有什么困难，你们又是怎么克服的？

答：当时主要是这样。2006 年最开始搞大棚种大蒜的时候，没有多少效益，老百姓不太能够接受，所以我们基本是在作出效益后，让老百姓看到效益后，他们才参与。现在每亩收入超过 4000 元，比烤烟还高。之所以后来不种大蒜、只种辣椒，主要是因为大蒜对水源要求多，但是辣椒就比较耐旱。经过多年实践，我们发现这里最适合种植的就是辣椒，所以就一直种下来了。现在为我们合作社工作的有五六十人人，固定的有 30 余人。

问：那么下一步你们有什么打算？

答：我想争取建一个冷库和一个蔬菜批发市场。建一个冷库大概需要

120 余万元。建个冷库起来，有利于蔬菜储存和对外销售，就能够提高销售价格，增加销售收入。比如原来种的大辣椒就没有现在的辣椒王子时间晚，所以冷库对辣椒王子很有作用。批发市场考虑建在麻乍，这种做法有利于减少销售过程中的毁损。目前麻乍的蔬菜已经能自给自足。我们还在申请向全乡学校供给营养餐的蔬菜。作为村主任我还想在我们村把原来种植玉米和土豆的土豆全部改种为蔬菜。因为我们村的土地不太适合种植土豆，另外土豆和玉米的价格也低。还有就是发展林业经济，保护好原有的山林，这样以后每家将有一笔很大的收入，经果林收入方面主要是发展核桃种植，收益好的时候，每一棵树能收入两三千块钱，每家20颗，那个平均收入就不得了了。我们的大核桃树很多，一般情况下，平均每户每年大概可以有10000元左右收入。我们全村405户，2060人。我是2008年担任村主任的，挺累的，因为老百姓要慢慢相信，慢慢接受，你做得成他们就相信你，做不好他们就不相信你。2008年的时候没有种蔬菜，当时对市场了解的不好，有局限性。现在我们对市场都在探索之中，寻找发展出路。这个职务并不好做，我没做村主任前曾做过建筑工程，在云南打工，后来之所以做村主任是想带领大家一起致富。

问：能不能讲一讲你的打工经历。后来为什么要回来？

答：我是在2000年去云南呈贡县打工的。是在一家冷冻厂里，主要是做蔬菜种植和冷藏、包装。当时家里盖房没钱，便想着去打工挣钱。当时到了昆明后，有去个旧矿上的，当时有朋友去矿上，我没去，就选择了去呈贡打工，并学习大棚蔬菜种植。后来又到山东寿光参观学习了一段时间。我觉得，如果不能带领大家致富，这个村支书就白当了几年，我要带领大家致富，要做给他们看，这就更加坚定了我发展大棚蔬菜带领群众致富的决心。

八　被访谈人：邓某（女，麻乍镇双包塘村普通村民）

问：请你介绍下家里的基本情况。

答：我叫邓琴，是汉族，1971年出生，小学文化，家中六口人，4个孩子，最大的20岁，最小的14岁。大孩子在湖南怀化读幼师，小孩子在黑石读初中。另外两个孩子在水城矿中读高中。两个男孩两个女孩。现全家年收入3万元左右，支出有4、5万元左右。支出主要是孩子读书费用，读幼师的要花钱，那两个读高中的也要花钱，初中也要花钱，要吃早、晚两顿饭。读幼师的花钱没有高中的厉害，每个孩子读书平均1万元左右。读幼师的要八千元，水城的要交择校费、学费、生活费。

问：孩子为什么不在本地读书，要去水城呢？

答：之所以要在那里读而不在本地读书，是因为那里教学质量好。尤其是在水城读书的孩子，一年要近2万元左右的费用。我是想自己已经很苦了，要让孩子读书才有出路。现在的收入主要是在星光合作社给他们种辣椒和爱人外出打工。种辣椒5亩，如果没有天灾，每亩收入毛账近5000元。我们孩子多，负担重，要靠合作社他们。合作社让种什么就种什么。种辣椒比种玉米和土豆要累点，但是效益高点，收入好，种了由合作社负责收。合作社提供种子、农药等。

问：能不能谈谈你每天的生活及工作情况。

答：早上起来去找猪草，然后把猪喂好，一般都不吃早餐。然后就是自己做午饭吃。午饭孩子在的时候一般炒两到三个菜，一个肉菜，一个红豆，一个白菜。一个人的时候吃碗面条就可以啦，吃的很简单。吃完午饭后到地里干农活。除了辣椒，还有玉米。玉米有3亩多点。山地有2亩，好地有3亩，只有十二丈，6分地盖房子，2分地种儿丈。现在种辣椒的地主要是租来的，出租的人出去打工不在家，一亩租金在700元左右。没有那么多精力再扩大多种地了。

问：你爱人在哪里打工？

答：在外面的工地上做，在县城里，有时一个月回来一次，有时三个月回来一次，主要是风力发电的工程，月收入3000元左右。

问：你家现在负债，钱从哪里来？

答：主要向亲戚和朋友借，都借遍了，没有办法。

问：你养了多少头猪？

答：4头猪。养猪不赚钱，只有赔钱的。我不是贫困户，还没有达到那个贫困户的线。收入还可以，就是开支太大了。

问：在家做饭用什么器具？

答：电磁炉，比较快。

问：买东西一般在什么地方？一年能去几次县城？

答：就在本乡，很少去县城，一年去县城也就是一次。

问：房子怎么样？

答：房子盖了十多年了，一层楼，三间屋。我从没有出去打过工。

问：家用电器有哪些？

答：只有一个小电视。

问：你爱人去打工是谁介绍的？去了多长时间，具体做什么？

答：他家叔叔介绍的，去两年了，算算账、搞管理、带工。

问：他有保险吗？

答：养老保险在乡里新农保每人每年 100 元，医保每年每人交 70 元，生病了就在镇医院看病。住院报销 80%—90%，最高限 20 万元；门诊报销 200 元。

问：你对现在的生活满意吗？

答：很满意。靠种地维持生活很辛苦，等孩子毕业就好了，负债也会减少。孩子学习不错，学校两千名学生，名次大概在 400 名左右。我最大的希望就是孩子们都能考上大学。

**九　被访谈人：管某某（男，麻乍镇双包塘村普通村民）**

问：请先讲讲您的基本情况。

答：我 1962 年出生，汉族。全家 4 口人，两个孩子，一男一女。女儿是 1989 年的，目前幼师毕业，在威宁县城里的幼儿园当老师。儿子是 1991 年的，在贵阳的贵州玉泰职业学院读大专，学建筑工程管理专业。房子 183 平米，两层楼，是 90 年代盖的。

问：家里有几亩地，都种些什么，收入怎么样？

答：自己家里有 5 亩地，加上租的种大棚的地一共有 8 亩。种的有红豆、番茄、白菜等。种大棚有两三年了。每年收入 5 万元左右。

问：养殖情况呢？

答：养了三头猪，四只羊，没有喂牛。

问：家里有哪些家用电器。

答：只有电视机、洗衣机。

问：谈谈您每天的作息情况。

答：一般早上 7 点起床，不吃早餐，简单的洗漱后，8、9 点钟就去大棚干活。浇水、拔草，干三、四个小时后，回家吃饭。一般都是我媳妇在家里做好饭。中午饭一般吃大米，炒两三个菜。菜自己地里都有，炒几个。一般都是用电磁炉做饭的。家里也有沼气，有煤炉，但都没有电磁炉快，所以用得少。吃完午饭，休息一两个小时，下午2点左右再去地里干活，到晚上天黑，6、7点左右回家吃饭。

问：我看您生活很规律呀，那每天有什么娱乐活动吗？

答：没有什么娱乐活动，只是赶场上一下街，玩一下，就是乡里的街。

问：您打麻将吗？村里面打的人多不多？

答：我不会打，村里面打的人也不多，年轻人很多都出去打工了。

问：每年家里的总支出大概有多少？

答：大概3万多。主要是孩子读书要用2万多元，别的就是自己日常开销。

问：孩子多久回来一次？

答：儿子一般要两三个月，女儿出嫁后一般是一两个月回来一次。

问：为什么想到种大棚蔬菜，接受过相关的培训吗？

答：村里有人种，于是我也就跟着种了。种这个有政府和村里人的指导。

问：一个大棚一般用多久？维护费用怎么样？

答：大棚可以用两三年，每次维修要600元。

问：衣服一般在哪里买，多久去一次县城？

答：衣服都在乡里买，一般一年也就去一次县城。

问：你对自己现在的生活满意吗？有什么打算？

答：很满意。有机会想进一步扩大大棚的种植规模。

**十　被访谈人：李某某（男，麻乍镇菁岩村支书）**

问：请先介绍下您的基本情况吧。

答：我1978年出生，2012年入党，初中文化。家里5口人，3个孩子。最大的孩子12岁，读初一，第二个孩子11岁，读五年级，最小的孩子9岁，读二年级，都在威宁县城读书。媳妇在县城专门照顾孩子。

问：孩子在县城读书受限制吗？

答：没有什么限制，办个暂住证就可以了。

问：像你这样把孩子都送到县城里读书的情况多吗？

答：有是有，但并不算多。在农村读书，你回到家后要做家务，学习时间没有在县城里充足，这样可能就会影响到成绩。我们本乡的教育质量还是可以的，在全县是中上等。今年全县高考上600分的有30个，麻乍镇就有4个，比例还是很高的。麻乍中学的中考成绩提升了28位，在全县是进步最大的。

问：介绍下你过去的经历吧。

答：以前我是炉山镇安监站的聘用工。最开始我在麻乍乡护林队，后来知道炉山镇安监执法队招人，就去应聘并聘用上了，担任炉山镇安监执法队中队长，2009年至2010年又去了威宁广电局保卫科。

问：我看您从事的工作大都跟保卫有关。那么后来为什么又不在威宁县城工作，要回到村里来？县城多好呀。

答：是的。为什么我会回来呢？因为2010年时，我们村有一个群访事件，有一二百人的群访事件。这个群访事件主要是我老家的人，5、6、7组的人。当时我正好回麻乍玩，在半路遇到了他们。当时我还遇到了我们村的老村干部，还有工委的书记，乡里的书记。他们就让我做他们的思想工作。我对上访的人讲，你们无论去哪里上访，最后都还是要回到麻乍来处理。经我劝说后，老百姓就转回去了。这以后老百姓要求我担任村干部，这样他们才不会去上访。他们上访的主要原因是，当时的村干部在涉农资金的发放问题上有些优亲厚友啦，以及各方面一些问题。他们对村干部很不满意，想要把那一届的村干部全部免掉。于是就要求我转回来做村干部，他们就不闹了。

问：那看来当地的老百姓对你都还是很信任的。

答：老百姓对我还是可以的。老百姓提出来以后，镇领导考虑后也同意了，于是我就回来了，担任副村长兼会计。从经济上讲我肯定是在威宁好，回到这里我一年要损失二、三万元钱，这里是农村，也要吃苦点，但想到都是乡里乡亲，回来后做村干部能为家乡做点事情，为老乡做些贡献。从这方面考虑，所以我就转回来了。

问：您现在做村支书一个月有多少钱？

答：每个月保底是400元，副职是300元。如果工作干得好了，可以达到1000多。

问：这个收入确实不多。你能不能介绍下全村的大致情况。

答：我们村的面积是44.2个平方公里，总人口4996人，在麻乍算最大的村。我们村贫富差距有点大。一共7个组，一、二、三、四组的经济条件可以，主要是他们的位置好，就在周边，主要种植土豆和玉米，5、6、7组的经济条件差，他们的位置差一些，土地少，主要种植烤烟和土豆，但烤烟种植的条件也不好，主要是缺水，没有水源，烤烟很容易干死。你如果错过了季节，它就长不起来，所以没有经济效益。

问：您觉得支书工作好干吗？

答：有点累，工作杂。主要是围绕乡政府的工作，比如计生、农村危改、调解纠纷等。大家有纠纷都会找我来协调。比较突出的比如林地纠纷。最难的，最让我头疼的是涉农资金的发放。比如说低保户的评审。每一年都要重新评议。今年评到了，下一年没评到，老百姓就不同意、不理解，随时就跑来找我要低保。说为什么不让他再享受了。涉农资金的发放，我们都是经过村民委员会，村民代表，村民要在一起民主评议。民主评议的时候，你把政策讲给他听。要按照政府的文件，政府的政策，条件达到了才能享受，条件达不到就不能享受。我们要分清什么档次的不能享受低保，大家一起来评议。在这种情况下就是比较公平的。有些人老是来找我问我，可能来问个10次8次，多的能问个20来次。你反复给他解释，他就是不听。有些可能是单亲，有些可能是残疾，但我们不是按个人，而是按他整个的家庭收入来评议。但有些人就认为我家有残疾的，有些人认为我就是单亲呀，就认为我该享受。

问：咱们现在的低保是个什么条件？危房改造的标准呢？

答：低保线是人均纯收入在1960元以下的。同时还根据他的家庭情况分为几个档次。危改是根据房屋的破烂程度来定。房屋破损程度在15%在30%之间的，就要维修，给你一笔钱去维修。破损程度在30%以上的，就是给他重建。重建房屋的又分为几个档次，根据他是低保户、困难户以及家庭整体情况等来定他的档次，再根据家庭贫困程度给予相应的危改补助金，比如有10000元的，有12600元的，今年有23600的。

问：有些困难户，他说我没钱，我不盖房子呢？

答：像这种情况我们村就有比如邓长万家和杜小花家。他家房子要垮，但他自己不管。在这种情况下，我就要拿这点钱，用来购买材料，来请人给他盖。其他人一般都还是能够盖起的。

问：村委会现在收入支出情况怎么样？你们村有负债吗？

答：村委会办公经费有 8000 元，计生有 16000 元，加起来大概有 24000 元左右。我们的支出是远远超过这个数的，总支出大概在 30000 元左右。这个钱只能我们自己补上了。中午我们村委会干部吃饭都是你请我吃一顿，我请你吃一顿。

问：现在计生工作压力大不大？

答：现在计生工作压力不算特别大。我们村外出务工的人比较多，他们出去后看到外面的计生形势，他们都不愿意多生。比如我们村有一家是去云南打工，他媳妇是云南蒙自的，只生有一个小姑娘。有人问他，你为什么不生个儿子？他说我是不生的。所以外出务工还是影响比较大的。大部分的人不愿多生，有一部分人能自己控制生育。我们村三分之二是回族，彝、汉、苗能占三分之一。

问：咱们村有多少外出务工人员？

答：整户外出务工大概有 200 余户。主要分布在云南和浙江。因为在昆明，有本地几个人已经是小老板了，在那里搞建筑，做钢架，做房子的外装，工程在整个云南省都有，甚至在缅甸、泰国他们也有工程，所以有很多人去投奔他们。假如说去了找不到工作，他们会帮忙给介绍工作。在浙江的主要是做水晶，灯的装饰，工艺品呀，有几个包工头，大家出去是投奔他们。

问：你下一步对全村的发展有什么打算？

答：我个人的想法是，一二三四村民组引进一些中药材并大力搞养殖，重点打造中药材基地和现代养殖业，而在五六七村民组打算种植油用牡丹。我这些天联系了云南的一个老板，准备拿过来 2000 颗，如果 2015 年试验成功了就大面积推广，种个两三千亩。这个老板是昆明人，他家媳妇是我们这边的，跟我是亲戚，原来是搞房地产，现在转搞农业，在云南有 3000 亩地，已经签了合同。跟我们的合作有两个方案，一个方案是把村民的土地流转过来，由他找人来种，或找你村民来种，开工钱给你，多少钱一天。第二个方案是他出苗、出技术指导，村民自己种。种了之后他定价回收。这个方案对老百姓来说效益更高一点。如果土地流转的话，老百姓收入不高，每亩地就一两千块钱。而且土地流转出去后，要再回转给老百姓，就特别不好操作。所以我想采取第二个方案。这个牡丹生长地要在海拔2300——3000米之间，它是多年生植物，一次种植，多年可收。种植三年之后每亩可收入近万元，同时可以用来观赏，打造旅游景点，这个牡丹非常好看。另一个就是劳务输出，这也是个发展趋势。现在每年每个外出务工人员收入可达2.6万元至3万元，我们外出务工人员主要集中在5、6、7三个组，其他组很少有外出务工的。这三个组原来非常恼火，吃都成问题，连吃都不能解决。现在只要有外出务工的人家生活都还可以了。

问：您现在除了做村干部，自己还做点什么，种地吗？

答：以前我不种。2013年，我办了一个种养殖专业合作社。今年我种植了500多亩辣椒。合作社名称叫麻乍镇新农种养殖专业合作社，一共7个人合办，注册资金70万元。

问：今年合作社估计能收入多少？

答：今年恼火了，被暴雨冲了170多亩。

问：您种的什么辣椒？

答：我种辣椒主要有两种，大方皱椒和甜椒，主要供贵阳和成都，大方皱椒市场价格好，稳定，销路广。甜椒也叫太空椒，收益大，产量高，每亩产量应该在6000斤以上。甜椒已签订保底销售合同，每市斤6角。只要产量达到，每亩都是在3000元以上。种这两种都比其他的好，所以我才选这两种。

**十一　被访谈人：邓某某（男，麻乍镇菁岩村村民，外出务工人员）**

问：请先介绍下您的基本情况。

答：我是1987年出生，已婚，家里有三个女儿。大女儿6岁，先天性的脑瘫。二女儿4岁，小女儿2岁，都没有上幼儿园，妻子在家照顾孩子。家里有2亩地。

问：怎么出去打工的？打工时的待遇怎么样？

答：自己是初中文化，2004年就开始出去打工。本来我在毕节读职校一年级，但是因为读书的钱借不到，就出去打工。当时是北京一家保安公司去我们学校招聘，包吃包住，于是我就去了。去北京的时候每月600元。2008年能拿到1000多元，当时我当上了保安班长，比一般的保安工资要高一点。2008年我回来，去学电焊工，到毕节、贵阳等地做电工，也一些大公司做钢架外装。

问：去北京的时候，跟那个保安公司签合同了吗？

答：没有签。只是谈好了，干一个月给一个月的工资，假如你要走，还要押一个月的工资。

问：每天工作多长时间？

答：每天工作6个小时，时间不长，但我们没有双休。

问：有没有被克扣工资的情况？

答：没有。

问：当时在北京有保险吗？

答：没有。

问：现在有保险吗？

答：我在村里交养老保险和医保。

问：为什么后来不做保安了，要回来做电工。

答：做保安毕竟不长久，还是要学点技术，才有前途。

问：电焊工是怎么去学的？

答：2008年回来后，我开始是去昆明，跟着我们的一些老乡学的，包括学做钢架，也是那个时候。我在昆明打工学了两年，后来又到贵阳做一些工程，学了一些技术。

问：那你先在是给别人打工，还是自己单干？

答：别人有工程就请我去做，相当于包工。

问：现在在毕节有房子吗？

答：没有，都是在工地搭简易房子。

问：你大女儿的病能治吗？治疗情况如何？

答：两年前我带着女儿去过昆明，经检查无法医治。

问：现在每年收入多少？

答：大概一两万元。

问：在家种地也能挣这么多吧。

答：在家种地要看天吃饭，还是在外面好一些。

问：在外打工，有什么娱乐活动？

答：一般没有什么娱乐，就是看看电视，有时逛逛街。

问：喜欢看书吗？

答：书有时会看，喜欢看点历史类的书。

问：打工时办了什么证吗？

答：我有焊工证。

问：打工时交过什么费用吗？

答：没有什么费。

问：工地生活怎么样？

答：每天早上不吃早餐，我们大点的工地一般有八九十人，买五六十元的肉，炒几个菜。中饭和晚饭都差不多。

问：现在打工遇到的最大困难是什么？

答：做电焊工竞争性还是大。

问：你现在最需要政府给予什么帮助？

答：主要就是大的疾病需要帮助，我的大女儿脑瘫。

问：有没有在毕节安家的想法？

答：不想，因为买房买不起的。

问：今后有什么打算？

答：争取把焊接工程做大做好。